江苏省"十三五"重点图书出版规划项目

UPGRADING STRATEGY FOR
REGIONAL SOFT-POWER IN JIANGSU PROVINCE

刘金源 邵政达 等 著

江苏区域软实力提升战略

南京师范大学出版社
NANJING NORMAL UNIVERSITY PRESS

图书在版编目(CIP)数据

江苏区域软实力提升战略/刘金源等著. —南京：南京师范大学出版社,2018.6
 ISBN 978-7-5651-3464-7

Ⅰ.①江… Ⅱ.①刘… Ⅲ.①区域经济发展—研究—江苏 Ⅳ.①F127.53

中国版本图书馆CIP数据核字(2018)第013598号

书　　名	江苏区域软实力提升战略
作　　者	刘金源　邵政达　等
策划编辑	郑海燕
责任编辑	庞　昊
出版发行	南京师范大学出版社
地　　址	江苏省南京市玄武区后宰门西村9号(邮编:210016)
电　　话	(025)83598919(总编办)　83598412(营销部)　83598297(邮购部)
网　　址	http://www.njnup.com
电子信箱	nspzbb@163.com
照　　排	南京理工大学资产经营有限公司
印　　刷	兴化印刷有限责任公司
开　　本	710毫米×1000毫米　1/16
印　　张	16.5
字　　数	259千
版　　次	2018年6月第1版　2018年6月第1次印刷
书　　号	ISBN 978-7-5651-3464-7
定　　价	50.00元
出 版 人	彭志斌

南京师大版图书若有印装问题请与销售商调换
版权所有　侵犯必究

前　言

在 21 世纪初的今天,"软实力"的概念已为人们所熟知。早在 20 世纪 90 年代,美国哈佛大学教授约瑟夫·奈(Joseph Nye)就提出了这一概念。在阐释国家的综合国力时,约瑟夫·奈明确区分了"硬实力"和"软实力"概念。在他看来,"硬实力"是指处于支配地位的要素总和,包括基本资源(如土地面积、人口、自然资源)、军事力量、经济力量和科技力量等;"软实力"则指国家的凝聚力、文化被普遍认同的程度和参与国际活动的程度,是让他人自愿地按你的意图做事的力量。作为一种"无形力量资源",软实力在当今综合国力竞争中地位越来越重要,其主要通过吸引力、说服力、影响力以实现国家的目标,达到"不战而屈人之兵"的效果。

"区域软实力"是"软实力"概念从国家层面延伸至区域层面而衍生出的一个新概念。它的提出,既是对国家软实力概念的发展,也是对已有区域竞争力的补充。进入 21 世纪后,随着经济社会的迅猛发展,中国各省市之间的区域竞争越来越激烈,区域软实力在区域竞争力中的地位越来越引起社会各界的关注。如何提升区域软实力,进而增强区域竞争力,成为政界与学界关注的焦点。正是在这种背景下,一股研究区域软实力的热潮在中国开始兴起。

位于中国东部沿海的江苏省,辖江临海,扼淮控湖,经济繁荣,教育发达,文化昌盛。江苏地跨长江、淮河南北,京杭大运河从中穿过,拥有中原、江淮、金陵、吴四大多元文化,是中国古代文明的发祥地之一。在当今区域综合实力竞争中,江苏的"硬实力"尤其是经济实力长期位居全国前列,经济发展成就令其他各省市瞩目。在"软实力"方面,作为文化大省的江苏,有着深厚的传统文化积淀,近年来在软实力建设方面也取得了令人欣喜的成就。但相对而言,与其"硬实力"在全国所处地位相比,江苏"软实力"的提升还有一定空间。如何在新形势下提升江苏区域软实力,进而将区域软实力建设纳入江苏宏观经济社会发展战略之中,成为身处江苏福地、关心江苏发展的学者们所关注和思考的问题。

学术研究既要立足于现实,同时也要有现实关怀。从 20 世纪 90 年代起,笔者一直从事世界现代化进程研究,尽管研究对象主要是西方国家,但对于中国尤其是江苏现代化建设一直给予高度关注。在现代化研究中,笔者认识到,在世界历史上,主要大国的崛起,往往是现代化促进其综合国力提升的结果。在各国现代化过程中,软实力建设与提升尤为关键。这一结论不仅适用于国家间竞争与大国崛起,在很大程度上也适用于当前中国各省市之间的竞争与部分省市的崛起。就江苏而言,其经济总量近年来一直位居全国第二,这在很大程度上奠定了江苏在区域综合实力竞争中名列前茅的地位,但同时也表明,江苏通过增加经济总量来提升区域综合实力的空间较为有限。因此,以软实力提升战略为突破点,强化江苏区域竞争力,进而增强江苏区域综合实力,必然成为 21 世纪江苏现代化发展战略的重要方向。

正是出于这样一种认识,2011 年初,我们以"提升江苏区域软实力的理论与政策研究"为题,申报江苏省高校哲学社会科学研究重点项目,且于当年 7 月获得批复并立项。此后数年间,课题组所开展的工作如下:

第一,进行广泛的调查研究。区域形象是区域软实力的核心要素,而区域形象的测度相对困难。基于此,课题组专门设计了一份关于"江苏区域形象提升战略"的调查问卷,该问卷共设计了 70 道题。2012 年 3 月,课题组随机发放问卷 220 份,回收 206 份。在对问卷调查结果进行仔细统计的基础上,课题组对问卷调查结果做出深入分析,完成了一份约 20 000 字的分析报告。该报告得到中共江苏省委研究室专家的充分肯定,专家们在鉴定意见中指出:该报告"对如何提升江苏的区域形象提出了中肯的建议,为政府职能部门制定相关政策提供了参考和借鉴"。

第二,发表与课题有关的研究成果。在研究期间,课题组发表相关论文 10 篇,其中 5 篇发表于《学海》《江苏社会科学》《社会科学家》等 CSSCI 期刊,另有 5 篇发表于《区域经济评论》《中国社会科学报》等核心期刊,在学术界产生较大反响。

第三,如期完成政策咨询报告《提升江苏区域软实力的政策建议》。该报告于 2014 年提交江苏省委研究室。研究室专家在出具的采纳意见中给予其高度评价:"该政策咨询报告立论准确、内容充实、论证充分、观点精辟,政策建议合理可行。

该报告具有较高的理论价值与较强的现实意义,为江苏省委、省政府'十二五'规划中的相关决策提供了重要参考和借鉴。"

通过课题组成员的共同努力,2014年底,预定各项研究任务如期完成。课题组完成的政策咨询报告《提升江苏区域软实力的政策建议》被江苏省委、省政府政策研究部门所关注并采纳,社会效应与反响良好。2015年12月,《提升江苏区域软实力的政策建议》荣获江苏发展研究奖优秀成果三等奖。2016年12月,该报告又荣获江苏省第十四届哲学社会科学优秀成果二等奖。这既是对课题组已有研究成果的充分肯定,也成为督促我们继续开展相关研究的巨大动力。

本书是在"提升江苏区域软实力的理论与政策研究"课题结项成果基础上修改而成。无论是国家软实力,还是区域软实力,其在中国的研究热潮方兴未艾。本书以江苏为个案,对于区域软实力所做的研究,仅仅是一个初步性探讨,希望抛砖引玉,引起学界更多关注。

刘金源

2017年12月30日

目 录

前 言 ··· 001

导 论 ··· 001

第一章　从"软实力"到"区域软实力" ························· 021
第一节　"软实力"的概念辨析 ································ 021
第二节　软实力与综合国力竞争 ································ 030
第三节　"区域软实力"的概念辨析 ···························· 039
第四节　区域软实力与区域发展 ································ 045

第二章　区域软实力的综合评价体系 ································ 052
第一节　区域软实力的构成要素 ································ 052
第二节　区域软实力提升指标体系的构建 ····················· 055
第三节　区域软实力发展战略的综合评价 ····················· 065
第四节　SWOT分析法的应用假设 ····························· 068

第三章　区域文化建设 ·· 071
第一节　江苏思想文化凝聚力 ···································· 072
第二节　江苏文化事业影响力 ···································· 081
第三节　江苏文化产业辐射力 ···································· 093
第四节　江苏区域文化建设的对策 ······························ 103

第四章　政府公信力建设 ··· 111
第一节　政府公信力概述 ·· 111
第二节　江苏政府公信力建设现状 ······························ 116
第三节　江苏政府公信力建设的对策 ··························· 124

第五章 人口素质建设 ··· 133
第一节 人口素质概述 ·· 133
第二节 江苏人口素质建设的成就 ···································· 138
第三节 江苏人口素质建设的不足 ···································· 148
第四节 江苏人口素质建设的对策 ···································· 163

第六章 区域形象建设 ··· 176
第一节 区域形象概述 ·· 176
第二节 江苏区域形象建设现状 ······································· 179
第三节 江苏区域形象建设的对策 ···································· 203

结 语 ·· 227

参考文献 ·· 236

附 录 ·· 245

后 记 ·· 254

导　论

"软实力"(soft power)概念①自问世以来便受到极大关注,已然成为国际社会的关注热点。软实力日益为各国政府看重,各国纷纷将之纳入国家发展战略。软实力成为一个国家在国际舞台上进行竞争的重要内容与手段,软实力的强弱攸关一国的国际地位与国际影响力,也是衡量一国综合国力不可或缺的重要组成部分。特别是在全球化形势下,和平与发展成为时代的主题,软实力在国际竞争中的地位与作用更加凸显。在这样的世界形势下,中国国家领导人将发展软实力作为国家的战略决策。

一、研究缘起

2006年11月,胡锦涛同志在中国文联第八次全国代表大会、中国作协第七次全国代表大会上明确使用"软实力"概念。2007年10月,胡锦涛同志在党的十七大报告中明确提出"文化软实力"概念,并指出:"当今时代,文化越来越成为民族凝聚力和创造力的重要源泉、越来越成为综合国力竞争的重要因素,丰富精神文化生活越来越成为我国人民的热切愿望。要坚持社会主义先进文化前进方向,兴起社会主义文化建设新高潮,激发全民族文化创造活力,提高国家文化软实力,使人民基本文化权益得到更好保障,使社会文化生活更加丰富多彩,使人民精神风貌更加昂

---

①　中国学界在译介"软实力"理论的过程中,将"soft power"译为"软实力""软力量""软权力"等。本文采用使用频率最高的"软实力"译法。胡锦涛同志在党的十七大报告中明确使用"软实力"概念,他还在其他多个场合明确要求提高国家文化软实力。参见《胡锦涛:深化文化体制改革增强中国文化软实力》,http://www.chinanews.com/gn/2010/07-23/2422727.shtml.《胡锦涛:提高国家文化软实力》,http://www.chinadaily.com.cn/dfpd/17jlzqh/2011-10/21/content_13949502.htm.

扬向上。"①这表明,软实力已经成为中国政府的战略决策,是增强民族凝聚力、提升国际地位与国际竞争力的重要内容。

在国际学界和政界的积极关注下,"软实力"研究已经取得大量成果。然而,总体而言,"软实力"研究仍然是以国家为分析单位,这对于具有地区或区域多样性与复杂性的国家而言,需要具体问题具体分析、具体区域具体衡量。中国作为一个疆域辽阔的大国,各区域差异性大,难以用单一标准来衡量各地区与区域的软实力,因此中国学者在"软实力"研究过程中将"软实力"理论应用到区域社会经济的分析中,提出了"区域软实力"概念。

区域软实力可以视为国家软实力在区域层面的某种延伸,但区域软实力与国家软实力又具有不同之处。因此,我们有必要在国家软实力理论的基础上,建构区域软实力理论。随着经济社会的迅猛发展,中国各省市间的区域竞争越来越激烈,而综合实力竞争决定着一个区域在未来秩序中的排序。综合实力由硬实力和软实力构成,近年来,作为一种"无形力量资源"的软实力越来越受到重视。区域软实力也是科学发展观的内在要求与题中之义。科学发展观是"坚持以人为本,树立全面、协调、可持续的发展观,促进经济社会和人的全面发展",按照"统筹城乡发展、统筹区域发展、统筹经济社会发展、统筹人与自然和谐发展、统筹国内发展和对外开放"的要求推进各项事业的改革和发展的一种方法论。区域软实力对区域发展意义重大,有助于推动科学发展观的贯彻落实。

江苏省在新千年第一个十年提出了"文化强省"战略。江苏省作为一个人文大省、文化大省,素来注重文化发展。如何将"文化大省"转变为"文化强省"是江苏省委、省政府的工作重心。"江苏正处于全面建成更高水平小康社会并向基本实现现代化迈进的关键阶段,"时任中共江苏省委书记罗志军说,"加快建设文化凝聚力和引领力强、文化事业和文化产业强、文化人才队伍强的文化强省,尤其是更加注重江苏人的精神建设。"②江苏省提出在"2015年基本建成文化强省",为江苏"两个率

---

① 胡锦涛:《高举中国特色社会主义伟大旗帜 为夺取全面建设小康社会新胜利而奋斗——在中国共产党第十七次全国代表大会上的报告》,http://politics.people.com.cn/GB/8198/6429194.html.
② 《江苏省目标:2015年实现文化强省》,http://cf.youth.cn/html/2012/09/1UiKqDrAv10210220.shtml.

先"建设提供了强大的精神动力和有力的文化支撑。江苏省"十二五"规划认为,"十二五"时期是全面实现小康并向基本实现现代化迈进的重要时期,也是加快转变发展方式、推动经济转型升级的关键阶段。"大力实施科教与人才强省、创新驱动、城乡发展一体化、经济国际化、区域协调发展、可持续发展战略,统筹做好改革发展稳定各项工作。"①江苏省在"十二五"期间提出"加快转变经济发展方式、积极建设创新型省份"的战略目标,其中区域软实力的提升对实现目标至关重要。因此,对"十二五"期间江苏提升区域软实力的理论与政策进行研究不仅是可行的,而且是必需的。

本书将国际关系领域内国家层面的软实力概念推及江苏省区域层面,并与区域发展和现代化理论结合起来考察,这既是对软实力原初理论的发展,也是对区域发展和现代化理论的补充。本书从区域层面对软实力所做的研究,有助于学术界跳出国际关系的视野,进行跨学科整合与对话,开拓新的思维模型和学科范式,具有重大理论意义。

二、研究现状

"软实力"概念最早由美国学者约瑟夫·奈在20世纪90年代明确提出,此后相关研究层出不穷。② 中国学界关于"软实力"的研究始于20世纪90年代初,以王沪宁教授的文章③为开端。在CNKI中国学术期刊网络出版总库中以"软实力"为主题进行检索,可窥见中国学者对"软实力"的研究概况(图Ⅰ)。

1990—2000年十年间中国学界共有6篇主题为"软实力"的研究文章,而2010—2011年一年间便有2 687篇相关文章,后者是前者的400多倍。由此可见,"软实力"研究是当今中国学术研究的热门领域。笔者通过CNKI中国学术期刊网络出版总库,以"区域软实力"为主题检索相关研究,得出的相关数据可以与"软实力"研究形成对照,也可以对当下中国学界关于"区域软实力"研究现状有一个直观

---

① 《江苏省"十二五"规划纲要》,http://wenku.baidu.com/view/9008dafa941ea76e58fa04f6.html.
② 关于"软实力"的研究综述,参见范跃进:《对我国软实力研究现状评述及未来主要研究方向的思考》,《济南大学学报》(社会科学版)2011年第4期;蒋英州、叶娟丽:《国家软实力研究述评》,《武汉大学学报》(哲学社会科学版)2009年第2期;黄金辉、丁忠毅:《中国国家软实力研究述评》,《社会科学》2010年第5期。
③ 王沪宁:《作为国家实力的文化:软权力》,《复旦学报》(社会科学版)1993年第3期。

的了解(图Ⅱ)。

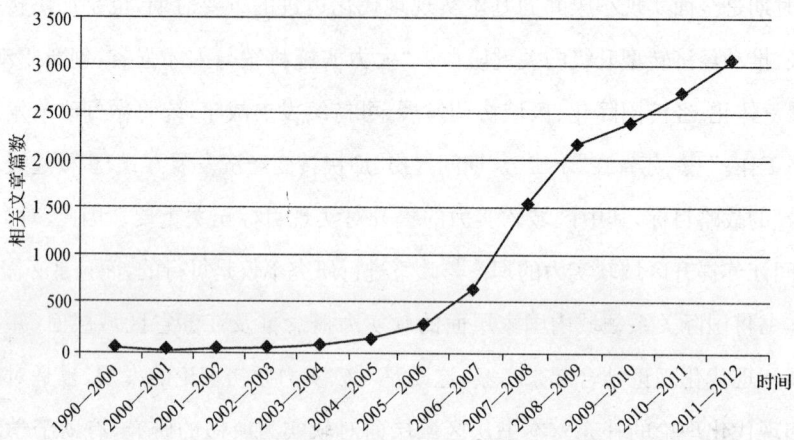

图Ⅰ 中国学者关于"软实力"的研究论文数据

数据来源:CNKI 中国学术期刊网络出版总库,http://acad.cnki.net/Kns55/brief/result.aspx? dbPrefix=CJFQ.2012 年 8 月 20 日登录。

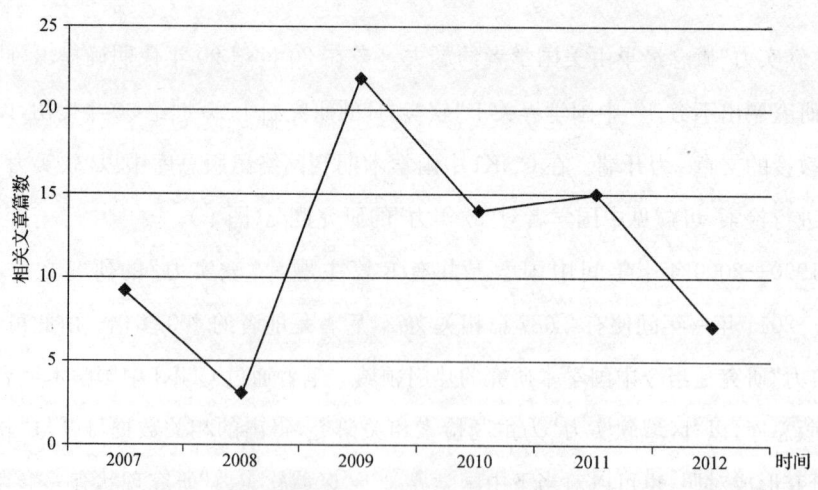

图Ⅱ 中国学者关于"区域软实力"的研究论文数据

数据来源:CNKI 中国学术期刊网络出版总库,http://acad.cnki.net/Kns55/brief/result.aspx? dbPrefix=CJFQ.2012 年 8 月 20 日登录。

由图Ⅱ可知,中国的"区域软实力"研究开始于 2007 年,目前仍处于起步阶段,有大量问题等待研究。从世界范围看,"区域软实力"研究也才刚刚起步,中国学者是世界区域软实力研究的主力军。随着从国家到地方对软实力的重视,区域软实力研究如雨后春笋般地发展起来。① 总体而言,中国的区域软实力研究侧重于区域软实力基本理论的研究,包括区域软实力的概念界定、构成要素、评价体系等。此外,很多研究以某个地区为例来进行案例分析,加深了区域软实力研究的深度,为区域软实力理论的发展提供了个案支撑。为便于梳理区域软实力研究的学术史,我们将按以下类别对区域软实力研究成果进行系统梳理与回顾,并就区域软实力的研究趋势做出初步判断,希望不仅可以为学界提供比较全面系统的学术史梳理,也可以为未来的区域软实力研究提供有价值的指导。

(一)区域软实力的理论建构与探讨

区域软实力是软实力理论在区域层面的反映,也是软实力理论发展的一个主要表现。区域软实力作为软实力的衍生理论,其理论也是以软实力理论为基础进行逐步完善的。在区域软实力的建构过程中,如何处理软实力理论在区域层面的表现、区域软实力理论的特色(包括含义、构成要素等)、区域软实力的理论与实践等问题是研究者着重考虑的问题。根据区域软实力理论探讨的范围及表现形式,我们可以将区域软实力的理论建构与探讨分为宏观研究与微观研究两类。宏观研究以区域软实力理论为一个整体,涵盖区域软实力的概念、内涵、构成要素、评价体系等内容;微观研究则是从某一个视角来建构区域软实力理论。

1. 宏观研究

《区域软实力的理论与实施》作为最早的一部以区域软实力为研究对象的专著,系统介绍了"软实力"概念如何从国家层面延伸到区域层面的过程,构建了较为完整的区域"软实力"体系,归纳了区域"软实力"研究的一般模式与方法。该书认为,区域软实力有两个基本的理论构件,即软实力理论与区域竞争力理论;区域软

---

① 这可以从近几年发表的文章及申请的课题中看出。相关课题包括:2008年度河北省社会科学发展研究委托课题"提高河北省文化软实力的政策体系研究"(项目编号:200805007)、教育部人文社会科学研究一般项目"区域软实力指标体系、定量化测度及综合评价方法的实证研究"(项目编号:10YJA910013)、全国统计科学研究计划项目"区域软实力指标体系及测度方法研究"(项目编号:2010LC30)、浙江省统计局2009年度统计学术类重点课题"浙江区域经济'软实力'综合评价体系探索"(项目编号:200980)、山东省软科学研究计划项目(项目编号:2010RKGB2102)、江苏省教育厅高校哲学社会科学研究基金项目"城市软实力的发展研究——以南通为研究对象"(项目编号:2011SJD840003)等。

实力概念也可以结构化为四个层次结构,即目的层、表现层、资源层和"元软实力层",并在此基础上对区域软实力的概念和基本内涵进行了界定。① 北京大学中国软实力课题组对区域软实力的概念与构成要素进行了较为详细的论述,认为区域软实力应该具有与国家软实力不同的内涵,并对区域软实力进行了重新定义。② 朱孔来等认为,区域软实力的理论基础是国家软实力理论和区域竞争力理论;区域软实力理论框架体系一般包括如下内容:概念及内涵,与综合实力和硬实力的关系,表现形式、来源及其功能,主要构成要素及其系统结构,衡量指标以及测度方法,提升路径等。围绕这些理论问题,该文在分析评述国内外现有成果的基础上,综合运用国家软实力、区域竞争力、区域经济、系统学、科学发展观等理论进行阐释,初步形成了具有中国特色的区域软实力理论体系的基本框架。③ 唐丽艳等首先对区域软实力进行概念界定,然后在分析区域软实力构成要素的基础上构建区域软实力的评价指标体系,进而根据区域软实力评价的特性提出相应的评价方法:语意评估转换与Choquet模糊积分。④《区域软实力研究与建构》一书对区域软实力的概念、构成要素、评估体系、与区域社会和经济发展的关系,以及我国区域软实力的现状及提升路径进行了系统分析。⑤ 姜运仓、周晓宏、秦琴等在相关论文中分析了区域软实力的概念、内容、构成要素、评估体系。⑥ 胡玲敏通过概述区域软实力理论,分析经济转型升级背景下区域软实力的内涵与构成要素,探讨区域软实力及其综合评价指标体系。⑦ 李正治、张凤莲分析了区域软实力与区域经济发展的关系,介绍了区域软实力概念提出的背景,界定了区域软实力的概念,阐释了区域软实力的基本要素,指出了区域软实力在区域经济发展中的作用。⑧ 张敏在综述

---

① 马庆国、楼阳生等:《区域软实力的理论与实施》,北京:中国社会科学出版社,2007年。
② 北京大学中国软实力课题组:《软实力在中国的实践之三——区域软实力》,http://theory.people.com.cn/GB/49157/49165/6968055.html。
③ 朱孔来、亓庆亮、郭春燕:《对区域软实力理论框架体系的思考》,《济南大学学报》(社会科学版)2011年第6期。
④ 唐丽艳、张埔境、王国红:《基于模糊积分的区域软实力评价研究》,《价值工程》2010年第2期。
⑤ 徐京波、翟建军:《区域软实力研究与建构》,北京:红旗出版社,2011年。
⑥ 姜运仓:《区域软实力的概念、要素及评估指标体系》,《桂海论丛》2010年第3期;周晓宏、王小毅、谢荷锋:《区域软实力及其综合评价体系研究》,《技术经济》2007年第6期;秦琴:《区域软实力及作用机理分析》,《管理现代化》2012年第2期。
⑦ 胡玲敏:《区域软实力及其综合评价指标体系探讨》,《统计科学与实践》2010年第8期。
⑧ 李正治、张凤莲:《试论区域软实力与区域经济的发展》,《理论月刊》2009年第5期。

国内外软实力研究成果后,对区域软实力的理论基础(概念、层次理论、指标评价体系的研究模型)进行了探讨。①

2. 微观研究

赵学琳分析了区域文化软实力的发展路径问题,论证了文化软实力是区域综合实力的重要维度,指出了我国区域文化软实力存在的主要问题,提出了整体构建区域文化软实力的发展路径。② 张勇通过梳理"软实力"概念的提出和应用情况,归纳软实力的概念和特征,从有形和无形的角度提出了全面观察区域经济资源禀赋的一个新视角,并建立了新的分析框架,为做出合理的发展战略选择奠定了坚实的基础。③ 周晓宏、郭文静认为"软实力"是区域综合实力及区域可持续发展能力的重要组成部分,并提出区域软实力的提升策略。④ 吕淑丽通过对"区域软实力"研究现状的评述,分析了社会资本视角下区域软实力的内涵和形成机理,提出了从资源禀赋全面观察区域经济的一个新视角。⑤ 吴光芸、李建华认为,社会资本是一种不同于物质资本、人力资本的无形资本形式,以社会参与网络为载体,以信任、合作、规范及文化认同为核心,是区域经济发展的软实力。⑥ 吴光芸、唐兵分析了区域软实力对区域经济发展的影响,并探讨了提升区域软实力的途径。⑦

在区域软实力之外,有学者提出县域软实力与城市软实力研究。王春选在梳理国内外有关软实力研究的观点理论后,归纳形成了县域软实力的概念,并分析其与科学发展观的关系,夯实县域软实力研究的理论支撑。在此基础上,其从县域软实力基本要素分析着手,研究探讨县域软实力发挥作用的生成机制、外在表征及其发挥作用的规律、特点。⑧ 李屏南、王春选研究了县域软实力提升的内涵和路径,认为提升县域软实力是贯彻科学发展观的根本要求,也是提升县域综合实力的必

---

① 张敏:《区域软实力评价指标体系研究与实证分析——以内蒙古自治区为例》,《内蒙古社会科学》(汉文版)2012年第2期。
② 赵学琳:《区域文化软实力发展路径的整体构建》,《河南师范大学学报》(哲学社会科学版)2009年第2期。
③ 张勇:《软实力:观察区域经济资源禀赋的新视角》,《新视野》2007年第1期。
④ 周晓宏、郭文静:《软实力与区域发展简论》,《思想战线》2009年第2期。
⑤ 吕淑丽:《基于资源禀赋的区域软实力的形成机理》,《系统科学学报》2011年第1期。
⑥ 吴光芸、李建华:《社会资本:区域经济发展的软实力》,《未来与发展》2009年第7期。
⑦ 吴光芸、唐兵:《论区域软实力对区域经济发展的影响》,《现代经济探讨》2009年第6期;吴光芸、唐兵:《论区域软实力及其对区域经济发展的影响》,《学习与实践》2009年第5期。
⑧ 王春选:《科学发展观视阈下的县域软实力研究》,湖南师范大学博士学位论文,2011年。

然选择。县域软实力是以体制、机制为核心,以思想观念、政府效能、人力资源、人文环境等为主要内容的软实力综合要素。提升县域软实力,需要着力提高科学发展力、政府社会整合力,发挥文化影响力,增强科技创新力,提升地区形象力。[①] 李屏南、王春选还从县域软实力的作用机理、表现形式和实践意义三个方面探析了县域软实力的作用。[②]

马志强分析了软实力在城市发展中的地位和作用,论述和揭示了这样一个规律:软实力较强的城市,其城市化发展的态势往往较好,竞争力较强,对外影响力也较大;而软实力较弱的城市,其经济往往较落后,对外影响力也较小,其竞争力也较弱。[③] 陶建杰分析了城市软实力的内涵、构成要素、评价指标体系等内容,主张构建一个中国城市软实力评价体系。[④] 龚娜等在参考和借鉴"国家软实力"概念的基础上,分析框定了"城市软实力"的概念及其内涵,尝试建立了城市软实力综合评价指标体系,并对其评价方法进行了阐述探讨。[⑤]

关于区域软实力理论的建构与探讨仍是目前区域软实力研究的主要内容之一,区域软实力理论建构问题仍处于初步阶段,将来会有越来越多的相关研究成果涉及区域软实力理论建构问题。通过以上综述,我们还可以看到各位学者均是从自己的研究领域对区域软实力进行研究,一方面这是区域软实力理论发展的主要动力,另一方面我们也提倡进行跨学科研究以丰富区域软实力理论。

(二)区域软实力的评价体系

区域软实力的评价体系是对一个地方进行软实力评估的参考标准,也是各地提升区域软实力的重要参照。通过建立区域软实力的评价体系,对区域软实力进行较为全面、客观的评价,是区域软实力评价体系的目的与诉求。同时,通过区域软实力的评价体系,可以看出一个区域的软实力概况,明晰该区域软实力的强项与弱项,由此可以有针对性地弥补和提升,使区域软实力达到最优化。

---

① 李屏南、王春选:《县域软实力提升的内涵和路径研究》,《深圳大学学报》(人文社会科学版)2010 年第 5 期。
② 李屏南、王春选:《县域软实力作用探析》,《当代世界与社会主义》2011 年第 3 期。
③ 马志强:《论软实力在城市发展中的地位和作用》,《商业经济与管理》2001 年第 4 期。
④ 陶建杰:《城市软实力评价指标体系的构建与运用——基于中国大陆 50 个城市的实证研究》,《中州学刊》2010 年第 3 期。
⑤ 龚娜、罗芳洲:《"城市软实力"综合评价指标体系的构建及其评价方法》,《沈阳教育学院学报》2008 年第 6 期。

国内外软实力研究成果后,对区域软实力的理论基础(概念、层次理论、指标评价体系的研究模型)进行了探讨。①

2. 微观研究

赵学琳分析了区域文化软实力的发展路径问题,论证了文化软实力是区域综合实力的重要维度,指出了我国区域文化软实力存在的主要问题,提出了整体构建区域文化软实力的发展路径。② 张勇通过梳理"软实力"概念的提出和应用情况,归纳软实力的概念和特征,从有形和无形的角度提出了全面观察区域经济资源禀赋的一个新视角,并建立了新的分析框架,为做出合理的发展战略选择奠定了坚实的基础。③ 周晓宏、郭文静认为"软实力"是区域综合实力及区域可持续发展能力的重要组成部分,并提出区域软实力的提升策略。④ 吕淑丽通过对"区域软实力"研究现状的评述,分析了社会资本视角下区域软实力的内涵和形成机理,提出了从资源禀赋全面观察区域经济的一个新视角。⑤ 吴光芸、李建华认为,社会资本是一种不同于物质资本、人力资本的无形资本形式,以社会参与网络为载体,以信任、合作、规范及文化认同为核心,是区域经济发展的软实力。⑥ 吴光芸、唐兵分析了区域软实力对区域经济发展的影响,并探讨了提升区域软实力的途径。⑦

在区域软实力之外,有学者提出县域软实力与城市软实力研究。王春选在梳理国内外有关软实力研究的观点理论后,归纳形成了县域软实力的概念,并分析其与科学发展观的关系,夯实县域软实力研究的理论支撑。在此基础上,其从县域软实力基本要素分析着手,研究探讨县域软实力发挥作用的生成机制、外在表征及其发挥作用的规律、特点。⑧ 李屏南、王春选研究了县域软实力提升的内涵和路径,认为提升县域软实力是贯彻科学发展观的根本要求,也是提升县域综合实力的必

---

① 张敏:《区域软实力评价指标体系研究与实证分析——以内蒙古自治区为例》,《内蒙古社会科学》(汉文版)2012年第2期。
② 赵学琳:《区域文化软实力发展路径的整体构建》,《河南师范大学学报》(哲学社会科学版)2009年第2期。
③ 张勇:《软实力:观察区域经济资源禀赋的新视角》,《新视野》2007年第1期。
④ 周晓宏、郭文静:《软实力与区域发展简论》,《思想战线》2009年第2期。
⑤ 吕淑丽:《基于资源禀赋的区域软实力的形成机理》,《系统科学学报》2011年第1期。
⑥ 吴光芸、李建华:《社会资本:区域经济发展的软实力》,《未来与发展》2009年第7期。
⑦ 吴光芸、唐兵:《论区域软实力对区域经济发展的影响》,《现代经济探讨》2009年第6期;吴光芸、唐兵:《论区域软实力及其对区域经济发展的影响》,《学习与实践》2009年第5期。
⑧ 王春选:《科学发展观视阈下的县域软实力研究》,湖南师范大学博士学位论文,2011年。

然选择。县域软实力是以体制、机制为核心,以思想观念、政府效能、人力资源、人文环境等为主要内容的软实力综合要素。提升县域软实力,需要着力提高科学发展力、政府社会整合力,发挥文化影响力,增强科技创新力,提升地区形象力。① 李屏南、王春选还从县域软实力的作用机理、表现形式和实践意义三个方面探析了县域软实力的作用。②

马志强分析了软实力在城市发展中的地位和作用,论述和揭示了这样一个规律:软实力较强的城市,其城市化发展的态势往往较好,竞争力较强,对外影响力也较大;而软实力较弱的城市,其经济往往较落后,对外影响力也较小,其竞争力也较弱。③ 陶建杰分析了城市软实力的内涵、构成要素、评价指标体系等内容,主张构建一个中国城市软实力评价体系。④ 龚娜等在参考和借鉴"国家软实力"概念的基础上,分析框定了"城市软实力"的概念及其内涵,尝试建立了城市软实力综合评价指标体系,并对其评价方法进行了阐述探讨。⑤

关于区域软实力理论的建构与探讨仍是目前区域软实力研究的主要内容之一,区域软实力理论建构问题仍处于初步阶段,将来会有越来越多的相关研究成果涉及区域软实力理论建构问题。通过以上综述,我们还可以看到各位学者均是从自己的研究领域对区域软实力进行研究,一方面这是区域软实力理论发展的主要动力,另一方面我们也提倡进行跨学科研究以丰富区域软实力理论。

(二) 区域软实力的评价体系

区域软实力的评价体系是对一个地方进行软实力评估的参考标准,也是各地提升区域软实力的重要参照。通过建立区域软实力的评价体系,对区域软实力进行较为全面、客观的评价,是区域软实力评价体系的目的与诉求。同时,通过区域软实力的评价体系,可以看出一个区域的软实力概况,明晰该区域软实力的强项与弱项,由此可以有针对性地弥补和提升,使区域软实力达到最优化。

---

① 李屏南、王春选:《县域软实力提升的内涵和路径研究》,《深圳大学学报》(人文社会科学版)2010 年第 5 期。
② 李屏南、王春选:《县域软实力作用探析》,《当代世界与社会主义》2011 年第 3 期。
③ 马志强:《论软实力在城市发展中的地位和作用》,《商业经济与管理》2001 年第 4 期。
④ 陶建杰:《城市软实力评价指标体系的构建与运用——基于中国大陆 50 个城市的实证研究》,《中州学刊》2010 年第 3 期。
⑤ 龚娜、罗芳洲:《"城市软实力"综合评价指标体系的构建及其评价方法》,《沈阳教育学院学报》2008 年第 6 期。

马庆国等建构了区域软实力的评价指标体系,该指标体系由4个一级指标(区域文化、人口素质、公共服务、区域形象)和23个二级指标构成。在建立指标体系后,即可对搜集的数据进行SWOT分析,具体分析区域的优势、劣势、机会、威胁等方面,为区域软实力的发展战略和规划制定提供了指导。[1] 周晓宏等在区域软实力综合评价体系研究中借鉴了马庆国等的评价指标体系,并用模糊数学方法进行综合评价。[2] 唐丽艳等发展和完善了周晓宏等使用的模糊数学方法来评价区域软实力,通过区域软实力对区域经济发展的影响程度建构了区域软实力的评价体系,该体系包括区域软实力的构成要素(区域文化、公共服务、人力素质、生态环境)和指标(创业精神、信用观念、合作意识、创新意识;政府公信力、民主法制建设水平、社会公益事业质量;思想道德水平、科学文化程度、技术操作水平;空气质量、绿化程度、气候适宜人居状况),以模糊积分的方式进行评价测度。[3] 徐京波等系统论述了区域软实力的评估体系,认为构成区域软实力评估问题的要素共有四种,即建立评估指标、确定权重系数、建立评估模型、评估者的重要性,评估方法则有定性和定量两种。[4]

陈志等提出了包含基本效应力、内部和谐力、外部影响力、综合创造力等4个一级指标、20个二级指标在内的城市软实力评估比较的简易模型。[5] 龚娜等提出了包含城市文化、政府管理、开放程度、人力素质、城市形象等5个一级指标、17个二级指标、42个三级指标在内的城市软实力综合评价指标体系,通过因子分析客观赋权。[6] 庄德林等从软实力资源视角,围绕国际大都市的软实力资源,从城市文化、公共管理、城市创新、生活质量和国际沟通等5个维度构建了一个由44个指标构成的三级评价体系。[7] 陶建杰认为,城市软实力的评价体系包含文化号召力、教育发展力、政府执政力、城市凝聚力、社会和谐力、形象传播力、区域影响力、环境舒适力等8个大类、21个二级指标、44个三级指标,并运用该指标体系,对中国城市

---

[1] 马庆国、楼旭生等:《区域软实力的理论与实施》,北京:中国社会科学出版社,2007年,第26-46页。
[2] 周晓宏、王小毅、谢荷锋:《区域软实力及其综合评价体系研究》,《技术经济》2007年第6期。
[3] 唐丽艳、张埔境、王国红:《基于模糊积分的区域软实力评价研究》,《价值工程》2010年第2期。
[4] 徐京波、翟建军:《区域软实力研究与建构》,北京:红旗出版社,2011年,第107-117页。
[5] 陈志、杨拉克:《城市软实力》,广州:广东人民出版社,2008年,第131页。
[6] 龚娜、罗芳洲:《"城市软实力"综合评价指标体系的构建及其评价方法》,《沈阳教育学院学报》2008年第6期。
[7] 庄德林、陈信康:《国际大都市软实力评价研究》,《城市发展研究》2009年第10期。

竞争力前50强城市的软实力进行了实证评价。①

胡玲敏主张构建由6个维度(特色文化感召力、区域政府公信力、人才资源创造力、社会凝聚力、环境舒适力、区域影响力)、3个层次、16个二级指标、34个具体指标组成的软实力综合评价体系,并使用因子分析法进行评价。② 张敏从区域软实力指标体系的构建理念、构建原则、指标、数学模型及检验结果等方面分析了区域软实力评价指标体系的构建问题,认为区域软实力指标体系由4个一级指标(区域文化、公共服务、人才科技、宜居环境)、10个二级指标、51个三级指标构成,并以内蒙古自治区为例进行实证研究。③ 周国富、吴丹丹从文化软实力的内涵出发,选取文化传统、文化活动、文化素质、文化吸引、文化体制及政策等方面的25个评价指标,形成一个分层次、可操作性强且适合中国国情的区域文化软实力评价指标体系,并据此对各省区的文化软实力进行了综合评价,分析了各省区文化软实力的优势与劣势及其与区域经济发展之间的关系。④

姜运仓所建立的评价体系没有使用定量分析法,而是使用描述性的定性分析法,即针对某一区域的各软实力指标尽可能详细地进行描述,最后在对比的基础上给出一个粗线条的评定。姜运仓的评估体系指标包括管理与服务、区域文化、人力资源、区域形象、生活环境。⑤

区域软实力评价体系的建构主要有定性分析和定量分析两种方法。各研究者对评价指标见仁见智,区域软实力评价体系的差异主要体现在评价指标的选择和构成方面。因此,在建构区域软实力的评价体系时,研究者必须根据区域具体情况,因地制宜地选择评价指标以进行有针对性的区域软实力评估。

(三)区域软实力的个案研究

在构建区域软实力理论体系的过程中,有学者采用个案研究来佐证相关理论。不仅如此,个案研究也是区域软实力从理论到实践的一个表现形式,避免了空洞的

---

① 陶建杰:《城市软实力评价指标体系的构建与运用——基于中国大陆50个城市的实证研究》,《中州学刊》2010年第3期。
② 胡玲敏:《区域软实力及其综合评价指标体系探讨》,《统计科学与实践》2010年第8期。
③ 张敏:《区域软实力评价指标体系研究与实证分析——以内蒙古自治区为例》,《内蒙古社会科学》(汉文版)2012年第2期。
④ 周国富、吴丹丹:《各省区文化软实力的比较研究》,《统计研究》2010年第2期。
⑤ 姜运仓:《区域软实力的概念、要素及评估指标体系》,《桂海论丛》2010年第3期。

理论叙述,使区域软实力理论的骨架丰满、生动起来。个案研究从某一区域到某一省、市、乡村等各个层面,丰富了区域软实力理论。

李正治等从区域软实力的视角出发,提出振兴辽宁老工业基地的建议与对策。① 李正治等还分析了区域软实力与东北老工业基地振兴的关系,认为区域软实力是东北老工业基地综合实力与竞争力的重要组成部分,是东北老工业基地振兴的重要因素。在文章中,李正治等阐释了区域软实力在东北老工业基地振兴中的作用,分析了东北老工业基地软实力的现状,提出了提升东北老工业基地软实力的建议与对策。② 王振东以区域软实力为视角分析了黑龙江省服务贸易的发展,指出区域软实力是实体经济与虚拟经济不可缺少的桥梁,也是整合服务产业的重要黏合剂。③ 张威等分析了大连提升城市软实力的对策。④

张敏在分析了区域软实力评价指标体系的构建问题后,以内蒙古自治区为例进行了实证研究。⑤ 申秀清、修长柏论证了区域软实力在内蒙古经济发展中的重要作用,分析了内蒙古地区软实力的发展现状,进而提出了提升内蒙古地区软实力的对策。⑥

伊莉曼·艾孜买提、吴晓永探讨了如何充分发挥新疆的"区域软实力",发展留学生教育,并以留学生教育合作为契机,塑造新疆的区域形象,提升新疆"区域软实力",以进一步拓展新疆与中亚之间教育合作的空间。⑦

孙爱霞、韩培花研究了软实力与河北区域发展的关系,认为提升软实力对河北区域发展至关重要,并且提出了提升河北区域软实力必须采取的综合措施。⑧ 《河北学刊》组织了加强河北文化软实力研究的专题讨论,针对河北省文化软实力发展

---

① 李正治、杨洪泽、傅金亭:《刍议区域软实力视角下的辽宁老工业基地振兴》,《辽宁省社会主义学院学报》2009年第2期;李正治、杨洪泽:《区域软实力概述及其提升对策实例探讨》,《商业时代》2011年第3期。
② 李正治:《试论区域软实力与东北老工业基地振兴》,《理论月刊》2010年第10期。
③ 王振东:《以区域软实力推进黑龙江省服务贸易发展》,《商业经济》2008年第9期。
④ 张威、程现昆:《大连提升城市软实力的对策探析》,《大连干部学刊》2010年第10期。
⑤ 张敏:《区域软实力评价指标体系研究与实证分析——以内蒙古自治区为例》,《内蒙古社会科学》(汉文版)2012年第2期。
⑥ 申秀清、修长柏:《试论区域软实力与内蒙古经济的可持续发展》,《商业时代》2012年第18期。
⑦ 伊莉曼·艾孜买提、吴晓永:《提升新疆"区域软实力"开辟留学生教育发展新路径》,《新疆师范大学学报》(哲学社会科学版)2011年第3期。
⑧ 孙爱霞、韩培花:《"软实力"提升与河北区域发展》,《河北学刊》2009年第5期。

现状,对河北省文化软实力发展进行建设性探讨。这组专题讨论中的三篇文章从不同角度探讨了河北省文化软实力发展的优势与劣势以及所面临的机遇和挑战,并采用科学的分析方法,提出了河北省文化软实力发展的对策和措施。①

闫永等从传播学的视角,以"您好,新河南!"活动为例,从传播创意、观念创新和传播新模式等三个层面解析地区软实力传播的内涵与形式、受众与载体。② 王春选在提出县域软实力理论之后,全面剖析河南县域软实力发展现状、存在的问题及原因,探寻提升县域软实力的着力点。③ 左倩等以开封城市文化为例,认为城市文化是一个城市生存的基础,是城市人生活的精神支柱,更是城市发展的永恒动力。开封是历史文化名城,有着深厚的文化底蕴,因此,以城市文化资本的有效运作来促进城市软实力提升将是开封未来发展的重要策略之一。④

蒋海升从区域软实力视角分析山东"情义"文化的源流、价值与品牌传播,认为文化品牌是一个国家或地区文化软实力的集中体现。⑤ 李建伟运用SWOT分析方法研究了当前烟台软实力提升中存在的优势、劣势、机遇及挑战,以便为经济转型升级背景下烟台提升自身软实力提供政策依据。⑥ 霍雨慧等在探讨了文化软实力的内涵及其现代价值的基础上,基于文化视角,对济宁这座历史悠久的文化名城的城市软实力建设进行思考,并对济宁市文化软实力的构成要素以及提升济宁城市软实力的路径进行了分析。⑦

赵冬菊等撰文论述地域文化资源与重庆软实力提升的关系,认为应充分重视地域文化资源的软实力作用,加强文化资源向文化资本的转化,重视和引进高端文化人才,拓展文化投融资渠道等。⑧ 薛大东认为,重庆作为五大国家中心城市之

---

① 《加强河北文化软实力研究(专题讨论)》,《河北学刊》2009年第5期。
② 闫永、王笑圆:《创意 创新 创造——从"您好,新河南!"公益文化活动看区域软实力传播》,《新闻爱好者》(理论版)2007年第11期。
③ 王春选:《科学发展观视阈下的县域软实力研究》,湖南师范大学博士学位论文,2011年。
④ 左倩、汤琳:《城市文化资本与城市软实力提升研究——以开封城市文化为例》,《今日南国》(理论创新版)2010年第4期。
⑤ 蒋海升:《山东"情义"文化的源流、价值与品牌传播——以增强区域"软实力"为视角》,《山东社会科学》2011年第6期。
⑥ 李建伟:《基于经济转型升级视角下的区域软实力研究——以烟台市为例》,《中国物流与采购》2011年第23期。
⑦ 霍雨慧、樊海涛、沙世蕤:《文化视角下济宁市城市软实力的构建与提升研究》,《兰州教育学院学报》2011年第5期。
⑧ 赵冬菊、王永红、陈丽:《地域文化资源与重庆文化软实力提升》,《重庆社会科学》2012年第3期。

一,其软实力水平与国家中心城市的定位之间还存在一定差距。重庆应瞄准城市软实力的四大基本来源,即公共管理、人口素质、区域文化和人居环境,根据重庆具体的市情民情制定相应政策措施,加快提升城市软实力水平,为打造名副其实的国家中心城市提供软件支持。①

陆誉蓉、王燕霞以湖北省为例研究了区域软实力在中部崛起中的作用。② 秦尊文以武汉市为例,对区域软实力进行研究,在分析软实力、区域软实力对于城市转型的重大意义的基础上,分析武汉软实力现状,并提出了基于软实力的武汉城市发展转型的路径。③ 方芳分析了区域软实力对鄱阳湖生态经济区的作用,从提高政府公信力、凸现特色文化、利用资源禀赋和提升区域形象四个角度,提出构建鄱阳湖生态经济区软实力的建议。④ 张笃勤等在对国内外有关软实力理论及城市软实力社会实践进行研究梳理的基础上,分析了武汉软实力现状,并提出了武汉软实力建设的对策思路。⑤

曾红元等从株洲市城市软实力发展现状、提升株洲城市软实力存在的主要问题、提升城市软实力的措施等方面分析了株洲市"两型社会"建设之城市软实力提升问题。⑥

李湘云分析了吴文化区域软实力的四种表现——地域凝聚力、政治统治力、资本兑换力和心智创造力。⑦ 陶莹、陈钰芬基于区域软实力的概念及其内涵,结合浙江省经济社会发展的实际状况,构建了具有可操作性的区域软实力评价体系,利用2008年浙江省11个地市实际数据,运用当量平均值法和聚类分析等统计分析方法,对浙江省11个地市区域软实力的建设状况进行了综合评价分析。⑧ 马庆国等总结丽水市实际,给出了一个具有代表性的发达经济省份(经济圈)中欠发达地区

---

① 薛大东:《国家中心城市定位下的重庆软实力发展思考》,《经济师》2010年第10期。
② 陆誉蓉、王燕霞:《区域软实力在中部崛起中的作用研究——以湖北省为例》,《时代经贸》(学术版)2007年第6期。
③ 秦尊文:《区域软实力研究——以武汉市为例》,《学习与实践》2007年第10期。
④ 方芳:《区域软实力对鄱阳湖生态经济区作用的思考》,《科技广场》2010年第4期。
⑤ 张笃勤、但瑞华:《国内软实力研究现状与武汉软实力建设对策》,《长江论坛》2009年第2期。
⑥ 曾红元、刘明伟:《株洲市"两型社会"建设之城市软实力提升探析》,《湖南工业大学学报》(社会科学版)2010年第3期。
⑦ 李湘云:《吴文化区域软实力的四种表现》,《江南论坛》2011年第3期。
⑧ 陶莹、陈钰芬:《浙江省11市区域软实力评价体系的构建及测度》,《统计科学与实践》2011年第5期。

依靠软实力提升区域综合竞争力的全面规划方案。① 郭宝宏探讨了宁波提升软实力的策略问题,从占领软实力建设的制高点、创造高度文明的社会主义政风、坚持不懈地狠抓文化精品建设等七个方面,提出了宁波进一步提升软实力的构想。②

郑仕杰分析了区域软实力与东莞经济转型问题,认为东莞可以通过发展和培育富有现代工业精神的区域文化、提升区域人力资源素质、改善和增加区域公共服务等举措来增强自身的软实力,突破经济发展瓶颈,实现经济成功转型。③

王均以广西北部湾为例提出了提升北部湾区域软实力的战略思考,认为区域软实力主要包括文化感召力、人力素质、政府公信力及体制活力四个要素,应从战略高度出发,不断挖掘文化底蕴、提高人力素质、增强政府公信力、激发体制活力来提升北部湾的区域软实力。④

李宜强通过分析欧盟构建区域软实力的经验,认为区域合作"软实力"的整合应基本包括区域文化认同整合、社会政策的构建与共同价值的整合,并以泛北部湾经济合作区为例来论述构建区域合作中的软实力。⑤

徐京波、翟建军在《区域软实力研究与建构》一书中选取北京、上海、杭州、青岛、西安等五个城市,就其软实力建设进行了区域软实力的类型比较。⑥

综上,关于区域软实力的个案研究已经比较广泛地覆盖中国大部分地区,绝大多数的相关研究集中探讨了如何结合本地实际,利用优势资源,提升本地区的区域软实力问题,可以为当地政府决策人员提供有益的参考。在区域软实力成为各地发展规划的重点方向的形势下,加强区域软实力研究已是大势所趋,相关个案研究也将层出不穷。

(四)江苏省区域软实力的研究动态

江苏省是文化大省,近年来正加快步伐,从"文化大省"向"文化强省"迈进。

---

① 马庆国、楼阳生等:《区域软实力的理论与实施》,北京:中国社会科学出版社,2007年。
② 郭宝宏:《提升宁波软实力的若干策略》,《三江论坛》2008年第9期。
③ 郑仕杰:《区域软实力与东莞经济转型初探》,《特区经济》2010年第11期。
④ 王均:《提升北部湾区域软实力的战略思考》,《传承》2009年第12期。
⑤ 李宜强:《关于区域软实力的研究》,《技术经济与管理研究》2011年第8期。
⑥ 徐京波、翟建军:《区域软实力研究与建构》,北京:红旗出版社,2011年。

"十二五"时期,江苏省"大力实施科教与人才强省、创新驱动、城乡发展一体化、经济国际化、区域协调发展、可持续发展战略,统筹做好改革发展稳定各项工作"①,区域软实力的发展与提升为江苏省完成"两个率先"、实现"十三五"规划提供了强有力的支撑和动力。

陈清华研究了江苏提升文化软实力的路径,在分析江苏文化软实力现状和存在问题的基础上,提出了构建社会主义核心价值体系、扬弃文化传统、优化文化生态、创新文化建设、推进文化惠民和做强文化产业等既符合江苏省情又符合文化软实力建设规律的主导型策略。②邵政达、刘金源分析了江苏区域形象的提升战略,认为江苏区域形象的提升要从以下几个方面开展工作:一是凝聚区域内部各方力量,形成以政府为主导、以公众为主体、以企业品牌和媒体为先锋、以民间团体为助力的战略结构,共同推动江苏区域形象的提升;二是要协调江苏南北发展,重点扭转苏北和苏中地区的弱势形象,提升江苏整体形象;三是充分发挥江苏特色的优势资源在区域形象提升中的先导作用,有效利用江苏的多元特色,塑造江苏"特色强省"的魅力形象。③城市形象也是衡量城市软实力最为重要的一个指标,杨惠、戴海波以江苏省淮安市为个案,通过分析近年来其城市形象网络传播的现状和存在的问题,提出通过发挥网络人际传播力量、加大网络议程设置力度、优化门户网站"城市形象"频道宣传力度等措施来提升淮安市的城市形象,以期能对其他城市形象的网络建构有所借鉴和启示。④胡衬春考察了江苏省南通市城市形象的网络建构,通过分析近年来各大新闻网站和商业网站与南通相关的新闻报道,以及南通本地最受欢迎的论坛——濠滨论坛的相关主题,比较官方话语和民间话语在城市形象的建构中所表现出来的特点及形成原因,以期这些分析能对城市形象的传播有所启示。⑤王翼凡以江苏省连云港市为案例进行研究,分析了当前城市形象广告的问题及解决策略,指出当前部分城市形象广告中,城市形象定位不明确、制作手法欠新意、传播渠道显单一,其提出的解决办法包括打造城

---

① 《江苏省"十二五"规划纲要》,http://wenku.baidu.com/view/9008dafa941ea76e58fa04f6.html。
② 陈清华:《江苏文化软实力提升路径研究》,《学海》2011年第6期。
③ 邵政达、刘金源:《江苏区域形象的提升战略》,《学海》2012年第3期。
④ 杨惠、戴海波:《城市形象网络传播及其建构策略研究——以江苏省淮安市为例》,《新闻知识》2012年第11期。
⑤ 胡衬春:《城市形象的网络建构——以江苏省南通市为例》,《新闻爱好者》2011年第1期。

市核心吸引元素、打造城市主题文化品牌、塑造具有冲击力的城市形象、寻找多元传播渠道等。①

黄云峰从提升城市软实力和推进城市国际化的角度,提出了提升区域软实力的对策建议,认为应努力营造江苏沿海地区在外商投资环境上的比较优势,形成招商引资的独特竞争力。②许佩倩从体制和环境、经济结构和产业、企业经营和人力资本三个层面分析了影响江苏区域综合竞争力的主要因素,并从转变增长方式、促进产业集聚、鼓励技术创新三个方面,提出了提高江苏经济综合竞争力的思路和对策。③

汤艳、丁德军分析了南通城市软实力的创新构建问题,在追寻南通城市建设的历史、分析城市软实力的定义及构成要素后,提出了南通城市软实力创新构建的内容。④张杰分析了吴齐文化的人文精神,以及其对提高吴齐文化发源地无锡、淄博两市城市软实力的启示。张杰认为,吴齐文化的人文精神主要包括谦让精神、孝道精神、重教精神,这些人文精神对提高公民道德素质、提高城市吸引力等均有重要作用。⑤李四海分析了如皋打造文化强市面临的问题及其应对措施,提出要推进文化大发展大繁荣,增强城市竞争软实力。⑥

与其他省份相比,江苏省区域软实力的相关研究并不居于前列,与江苏省的经济发展不相协调,距江苏省建设"文化强省"的目标还有距离,因此需要大力加强江苏省区域软实力的研究。只有这样,才能为江苏省又好又快发展提供支持和保障。

总体而言,国内学术界主要围绕区域软实力的概念、构成要素、评价体系、区域软实力与区域经济社会发展、区域软实力的提升途径等方面展开研究,但区域软实力理论还需要深化,研究维度也需要拓宽。我国的区域软实力研究还处于初始阶段,存在着以下不足:首先,区域软实力的概念没有统一,各种各样的定义并用容易

---

① 王翼凡:《当前城市形象广告的问题分析及解决策略——以江苏连云港市为例》,《声屏世界》2012年第8期。
② 黄云峰:《江苏沿海地区优化外商投资环境的思考》,《淮海工学院学报》(人文社会科学版)2011年第1期。
③ 许佩倩:《提高江苏区域综合竞争力的思考》,《江苏商论》2006年第9期。
④ 汤艳、丁德军:《"中国近代第一城"——南通城市软实力的创新构建》,《延边党校学报》2012年第2期。
⑤ 张杰:《吴齐文化的人文精神及对提高城市软实力的启示——以无锡淄博两城市为例》,《山东理工大学学报》(社会科学版)2012年第3期。
⑥ 李四海:《推进文化大发展大繁荣 增强城市竞争软实力——关于如皋打造"文化强市"的思考》,《江苏政协》2010年第3期。

导致误解、误用。其次,区域软实力与科学发展观、区域社会经济发展的关系论述不够。科学发展观与区域软实力有相同点,也有不同点,需要做出分析。再次,区域软实力的评价体系还需要完善,特别是区域软实力的评价模型仍有待完善。不同的区域软实力评价体系对评价指标的选择存有很大差异性,很多体系缺乏科学论证与可操作性。最后,区域软实力研究的覆盖面还有扩展空间。虽然区域软实力研究已经覆盖了不少地区,但由于中国地域广阔、地区差异性大,仍有很多地区尚未进行区域软实力的研究。

鉴于区域软实力研究的不足,我们认为,未来区域软实力研究有以下发展方向:第一,区域软实力研究将以区域个案为基础,通过个案研究丰富区域软实力的概念与评价体系。第二,区域软实力研究的覆盖面将会极大拓展,将会有越来越多的研究以某个省、市、县为研究对象,因地制宜,具体区域具体分析地开展区域软实力研究。第三,深化区域软实力研究与社会实践的联合,用区域软实力的研究成果指导区域发展,提升区域竞争力。第四,开展区域软实力的实证研究。通过田野调查与模型建构对区域软实力进行实证研究,具有客观性等优势。随着各省市对区域软实力的重视,区域软实力研究将会成为地方研究的热点,为地方政府决策提供强有力的智力支持。

三、研究理论与方法

区域软实力研究作为一个跨学科的研究领域,需要统合历史学、政治学等学科的理论与实例进行检验和支撑。不同的学科拥有不同特征,作为区域软实力研究的理论与方法来源,我们需要综合各相关学科的优势,协同创新,为建构合理、有效的区域软实力研究理论与方法提供支持。同时,区域软实力作为一个新兴研究领域,其研究理论与方法尚在建构与讨论中,这就要求我们一方面紧跟相关研究成果,了解相关研究动态,另一方面积极思考区域软实力的研究理论与方法,为建构区域软实力的新理论与新方法提供智力支持。在本书中,我们主要采用了文献研究法、案例分析法、跨学科分析法、理论联系实际法、历史分析法、定性与定量相结合方法、辩证分析法、实证研究法、比较研究法等。

——文献研究法。利用图书馆、网络资源等途径查阅关于"软实力""区域软实力"等基本理论概念的发生与发展史、硬实力与软实力的关系、软实力的构成要素与评估体系等内容。在此基础上,广泛阅读与江苏省有关的文献资料,为研究提供资料支撑、方法借鉴。

——案例分析法。本书以江苏省为个案,采用案例分析法。由于各个区域差异性大,具体到某个区域来分析区域软实力将做到具体问题具体分析,这样获得的结论会具有更明显的针对性,通过案例分析可以为江苏省建设"文化强省"提供咨询、政策借鉴和智力支持。

——跨学科分析法。充分利用跨学科的研究方法,统合政治学、历史学等学科,将理论与实际结合起来。通过把国际政治领域中的"软实力"理论应用到区域层面,以江苏省为考察对象,对江苏省的历史发展与现实进行考量,并借鉴发展理论与现代化理论,对江苏省的区域软实力进行研究,为"十三五"规划的实施提供借鉴。

——理论联系实际法。将软实力理论从国家层面运用到区域层面,将理论与现实联系起来,将区域软实力与区域发展联系起来,将软实力理论与江苏省的发展实际联系起来,这些都蕴含着理论联系实际的方法。

——历史分析法。从江苏省的历史发展及文化传统视角出发,构建提升区域软实力的战略框架。江苏省素以文化大省著称,拥有丰富的文化资源,本书将对江苏省的文化资源进行历史分析,用历史眼光挖掘江苏省丰富的文化资源,提炼江苏省的精神资源,为江苏省"十三五"规划和贯彻科学发展观提供支撑。

——定性与定量相结合方法。对区域软实力的内涵及范畴做出描述性定性,在此基础上,运用社会学、统计学等方法,建立区域软实力的综合评价体系,将软实力指标加以量化,为制定政策提供数据依据。这样,本书并不是单纯的理论叙述,而是将理论上的定性与实际中的定量相结合,运用定性分析与定量分析相结合的方法进行研究。

——辩证分析法。对江苏区域软实力的现状及其存在问题做出辩证分析和评价,使得政策更具针对性。本书并不是一边倒地颂扬江苏省的区域软实力,而是实事求是地辩证分析江苏区域软实力的现状,找出问题,了解优势与劣势,对症下药,提出增强区域软实力的发展对策。

——实证研究法。本书将采用问卷调查的方法调查江苏区域形象构建问题，通过采样问卷调查，对江苏省区域形象进行实证分析。问卷调查有助于我们掌握江苏省居民对于江苏的总体印象，确保江苏区域形象的真实、客观，为开展江苏区域软实力研究提供有益的参考。

——比较研究法。"他山之石，可以攻玉"，本书拟在适度比较研究的基础上，总结其他国家或省份软实力建设的成功经验，为江苏区域软实力提升战略提供借鉴。

以上研究方法的运用，不仅可以将理论探讨与实际运用结合起来，使理论不流于空谈，避免盲目甚至错误的实践；也可以将个案研究与区域研究结合起来，可以兼顾从乡村、县镇到市、省等各个层次；也可以通过研究其他国家或省份关于区域软实力的研究经验或区域软实力建设的经验教训，为江苏省的区域软实力研究与建设提供参考和借鉴。

四、研究框架与内容

本书主要分为理论、政策与总结几大部分。

理论部分，拟构建区域软实力的理论与范式，包括软实力的概念、研究状况、构成要素、评价体系等。

政策部分，拟把区域软实力理论贯彻到江苏的实践中，提出江苏区域软实力建设的思路与政策，具体包括：一是区域文化建设。江苏是文化大省，要利用其丰富的文化资源，大力推行文化产业化，优先发展创意文化产业，推进"文化强省"战略，以提升江苏的区域竞争力、感召力。二是政府公信力建设。强调深化政府改革，建立高效、廉洁政府；加强政府对公共领域的主导作用，建立与健全服务型政府；实现政府决策的公开化、民主化，提升政府形象与公信力。三是人口素质建设。人口素质的高低直接决定着软实力的强弱，提升人口素质就要大力发展教育与科技，二战后德国与日本的崛起为我们提供了很多成功经验。在教育资源与科技创新方面，江苏一直位居全国前列，但依然要居安思危，继续加大对教育、科研的投入，努力推进"教育兴省""科研强省"战略。四是区域形象建设。区域形象是区域凝聚力、吸引力和辐射力的基础，是一种无形的财富。区域形象分为硬形象（包含自然环境、国家级风景区数、知名企业数等）与软形象（包括区域知名度、区域精神、社会治安、人文环境等），江苏要采取软硬结合的方式，尤其要在知名企业数、区域精神、人文环境等方面加大力度，构建良好的区域形象。

总结部分，本书拟从宏观上探讨提升区域软实力与贯彻科学发展观之间的关系。科学发展观是一种以人为本，全面、协调、可持续的发展观，旨在促进经济、社会和人的全面发展。科学发展观的提出，标志着新形势下中国现代化战略目标的转变，即不能唯经济增长马首是瞻，而要在经济发展基础上促进人的全面发展以及社会的和谐进步。从本质上而言，一个健康社会的发展不能仅仅追求经济指标等可见的"硬实力"的增长，还要注重社会全面健康发展所不可或缺的"软实力"建设。因此，大力推行软实力建设，是科学发展观的重大实践，也是包括江苏在内的各区域贯彻科学发展观的必然选择。

第一章 从"软实力"到"区域软实力"

自约瑟夫·奈提出"软实力"概念以来,"软实力"已经成为当今国际政治的关键词,也是全球政府首脑着力考虑的战略方向。20余年来,经过各国学者、政治家等的阐释,"软实力"的意涵与外延获得极大丰富。特别是在中国语境下,软实力与中国传统的"和"文化、中国崛起的国家战略等联系在一起,深受学者关注。软实力作为一种隐性力量,是一国综合国力的重要组成部分,对一个国家的战略发展与国际地位的提升具有重要意义。特别是自冷战结束以来,全球性战争发生的可能性大大降低。在和平与发展成为时代主题的背景下,世界各国之间的竞争更大地依赖本国的软实力,而不是军事实力等硬实力。由此,软实力的发展成为国家发展战略的重要组成部分,也是国家间竞争的主要方面,更是国际新秩序与新格局构建的最主要推动力。近年来,随着软实力研究的深入和拓展,人们开始关注区域软实力。区域软实力作为软实力在区域层面的投射,越来越引起地方政府的重视。

第一节 "软实力"的概念辨析

"软实力"概念经由美国国际关系理论家约瑟夫·奈提出后便被广泛地应用于国际政治分析与国家间博弈的外交格局中。尽管人们已经对"软实力"一词并不陌生,然而对"软实力"的具体内涵、理论架构却仍没有达成一致看法。"软实力"一词的发明者约瑟夫·奈在不同的场合对"软实力"的定义也不尽相同,这就更使得"软实力"概念具有模糊性,引起了更大的争论。我们将根据已有的研究成果对"软实力"概念予以辨析,并探讨"软实力"在中国语境中的具体内涵。

一、约瑟夫·奈与"软实力"概念的提出

约瑟夫·奈生于 1937 年,曾出任美国卡特政府助理国务卿、克林顿政府国家情报委员会主席和助理国防部长,现任哈佛大学肯尼迪政府学院教授。约瑟夫·奈是国际关系理论中新自由主义学派的代表人物,以最早提出"软实力"概念闻名。近年来,约瑟夫·奈开始关注中国的"软实力"发展,并于 2005 年底在《华尔街日报》刊文《中国软实力的崛起》,探讨中国软实力的发展问题。①

2012 年,中国文化软实力研究中心主任张国祚教授在与约瑟夫·奈的对话中问及"软实力"概念提出的背景时,约瑟夫·奈坦言其软实力理论受惠于英国现实主义学者卡尔(E. H. Carr)。卡尔把国际权力划分为三种类型:军事权、经济权和话语权(舆论控制权)。军事权体现胁迫力,经济权体现收买力,这两者都是硬实力,而话语权则体现一种吸引力。在此基础上,约瑟夫·奈将卡尔的理论进行了深度阐发,把软实力的定义与话语权联系起来,把通过吸引和说服获得更优结果的能力概括为"软实力"。②

约瑟夫·奈提出"软实力"概念与美国国内关于"霸权衰落论"的争论密切相关,在某种程度上,可以说"软实力"是这场争论的产物。1987 年,美国耶鲁大学教授保罗·肯尼迪(Paul Kennedy)出版《大国的兴衰:1500—2000 年的经济变迁与军事冲突》一书,引发了"霸权衰落论"的争论。以保罗·肯尼迪为代表的"衰落派"(declinists)认为,美国和历史上的霸权国一样,由于过度的对外扩张而耗尽精力,不可避免地走向衰落。③ 而以约瑟夫·奈为代表的复兴派(revivalists)则认为,尽管美国的权力遇到了来自苏联、中国以及欧洲和日本的挑战,还有来自权力本身的变迁和国内的挑战,但是美国并没有衰落,美国的软实力——文化吸引力、意识形态和国家制度作为一种同化行为的权力有助于继续维持美国的领导地位。④ 美苏

---

① Joseph S. Nye,"The Rise of China's Soft Power," *The Wall Street Journal Asia*, December 29, 2005. 参见《小约瑟夫·S. 奈:中国软实力崛起》,http://biz.163.com/06/0106/11/26PI2MH600020QBO.html.
② 张国祚:《中国的事要多听中国人说——与约瑟夫·奈的对话》,《中国社会科学报》2012 年 7 月 4 日。
③ [美]保罗·肯尼迪:《大国的兴衰:1500—2000 年的经济变迁与军事冲突》,陈景彪等译,北京:国际文化出版公司,2006 年。
④ 方长平:《中美软实力比较》,载门洪华主编:《中国:软实力方略》,杭州:浙江人民出版社,2007 年,第 149-150 页。

争夺世界霸权的斗争成为软实力理论产生的历史背景。东欧剧变后,以约瑟夫·奈、塞缪尔·亨廷顿(Samuel Huntington)为代表的学者提出美国在意识形态、价值观念、政治经济制度、文化等方面占有绝对优势,这些是美国主导全球的根本。约瑟夫·奈与保罗·肯尼迪针锋相对,他们发挥了美国政府的智库作用,为美国政府的政策提供借鉴。现在看来,约瑟夫·奈在这场争论中占据了上风,软实力不仅为美国政府所看重,并且为世界各国所借鉴。

另外,全球化在一定意义上也构成了"软实力"概念得以确立并大行其道的背景。在全球化背景下,软实力具有更重要的战略和政策意义。全球化打破了各国之间的疆域壁垒,使产品、劳动力、资本等在全球范围内流通,各国在全球范围内寻求本国利益的最大化。各个国家也积极加强文化交流,努力输出本国的文化,同时竭力抵制国外文化的输入。由此,当今世界各种观念、思想、文化等在全球范围内竞争话语权,而这便是"软实力"的题中之义。

关于"软实力"的概念内涵,见仁见智,莫衷一是。即使"软实力"这一概念的提出者约瑟夫·奈也没有明确界定。1989年,约瑟夫·奈率先提出"软实力"概念。[1] 1990年,约瑟夫·奈在《外交政策》杂志发表《软实力》一文,首次提出"硬实力"和"软实力"的基本内涵,认为"硬实力"是指处于支配地位的要素总和,包括基本资源(如土地面积、人口、自然资源)、军事力量、经济力量和科技力量等;"软实力"则指国家的凝聚力、文化被普遍认同的程度和参与国际活动的程度,是让他人自愿地按你的意图做事的力量,它源于文化和意识形态的吸引力。[2] 同年,约瑟夫·奈在《美国定能领导世界吗》一书中声称,"同化式的实力表现靠的是一个国家思想的吸引力或者确立某种程度上能体现别国意愿的政治导向的能力","这种左右他人意愿的能力,同文化、意识形态以及社会制度等这些无形力量资源关系密切。这一方面可以认为是软力量,它与军事和经济实力这类有形力量资源相关的硬性命令式力量形成对照"。[3] 软实力,与硬实力相对照,是左右他人或他国意愿的能力,与文

---

[1] [美]约瑟夫·奈:《硬权力与软权力》,门洪华译,北京:北京大学出版社,2005年,第7页。
[2] Joseph S. Nye, Jr., "Soft Power," *Foreign Policy*, Issue 80, Fall 1990, pp. 153-171. 马庆国、楼阳生等:《区域软实力的理论与实施》,北京:中国社会科学出版社,2007年,第5页。
[3] [美]约瑟夫·奈:《美国定能领导世界吗》,何小东、盖玉云等译,北京:军事译文出版社,1992年,第25页。

化等无形力量资源关系密切。

在《美国霸权的困惑：为什么美国不能独断专行》一书中，约瑟夫·奈指出："我说的软实力到底指什么呢？军事力量与经济力量都是有形的、能起到支配作用的力量，可以用来促使他人改变立场。硬实力依赖引诱（'胡萝卜'）或威胁（'大棒'）。除此之外，还有一种间接使用力量的方法。在国际政治中，一个国家达到了它想要达到的目的，可能是因为别的国家想追随它，崇尚它的价值观，以它为学习榜样，渴望达到它所达到的繁荣和开放程度。在这个意义上，在国际政治中制订纲领计划和吸引其他国家，与通过威胁使用军事和经济手段迫使它们改变立场一样重要。这种力量——能让其他人做你想让他们做的事，我称为软实力。它强调与人们合作而不是强迫人们服从你的意志。"[1]在这里，软实力是一种间接使用的力量，不同于军事与经济力量，是一种吸引力，让他人通过合作来达到自己的目的的力量。

约瑟夫·奈在2004年出版的《软实力：世界政坛成功之道》中指出，"软实力"不仅仅是影响力和说服力，更是一种吸引力，而吸引常常导致默认。[2] 在他的论文《软实力的再思考》中，约瑟夫·奈认为，所谓权力，就是指在得到你想要的东西时，你改变他人的能力。实现权力有三条基本的路子：高压政治（俗称"大棒"）、金钱（俗称"胡萝卜"）、吸引力（就是"软实力"）。[3] 约瑟夫·奈在接受采访时强调，所谓"软实力"，是指国家、团体或个人通过自身的吸引力而非威慑来达到自己的目的的动力。[4] 在北京大学的演讲中，约瑟夫·奈认为，"软实力即一个国家通过内在吸引力在国际上获得其渴望的利益的能力"，"软实力"主要包括国家的政治价值观、军事政策与文化吸引力三层内容。[5] 约瑟夫·奈再次强调了软实力是一种吸引力，通过软实力可以获取利益。

尽管约瑟夫·奈对软实力的来源及其内涵界定的具体表述并不完全一致，但

---

[1] ［美］约瑟夫·奈：《美国霸权的困惑：为什么美国不能独断专行》，郑志国等译，北京：世界知识出版社，2002年，第9页。
[2] J. Nye, *Soft Power: The Means to Success in World Politics*, New York: Public Affairs, 2004, p. 6. ［美］约瑟夫·奈：《软力量：世界政坛成功之道》，吴晓辉、钱程译，北京：东方出版社，2005年。
[3] J. Nye, Think Again: Soft Power, *Foreign Policy*, No. 2, 2006.
[4] 杨晴川：《中国提升"软实力"乃明智之举——专访美国著名国际问题学者约瑟夫·奈》，《参考消息》2006年8月10日。
[5] ［美］约瑟夫·奈：《中国软实力的崛起》，北京大学国际关系学院学术讲座，2007年12月14日。

总体而言,约瑟夫·奈的"软实力"内涵包括:软实力的形态是隐性的,发挥作用的形式是间接的;软实力的来源有文化(能够吸引他者)、政治价值观(当国家内政外交都坚持的时候)和外交政策(当他者认为其有合法性和道德权威的时候)三个方面;软实力的目标是通过吸引力、说服力、影响力以达到国家想要达到的目的。

二、"软实力"的概念之争

约瑟夫·奈的"软实力"概念导源于美国的战略现实,目的是为美国的国家战略和战略意图提供实现的途径,在基本概念的界定上也多模糊不清。这也决定了约瑟夫·奈的定义只是软实力定义中的一种,它是基于美国经验特别是冷战期间和冷战后美国的世界经验得出的。所以,这种概念界定具有特殊性,不能广泛地运用到其他国家与地区。故此,各国学者基于各自国家的国情提出了不同的软实力概念,赋予了软实力不同的内涵与外延。

1. 从软实力的形态来定义软实力的概念

江原规由认为,软实力一般来讲就是一个国家的文化、政策和制度等具有该国特色的、能够吸引别人的一种魅力。[①] 美国兰德公司2005年上半年出版的《评估国家实力》报告认为,软实力是从经济实力及人们的心智的提升中发展出的力量,它取决于共同的认识,取决于以支配性的力量行事时是否考虑其他国家的利益。简言之,软实力就是外界的人们对这个国家有什么观感,在看待这个国家时会首先联想到什么。[②] 阮宗泽认为,硬实力是指看得见、摸得着的物质力量;软实力是指精神力量,包括政治力、文化力、外交力等软要素。[③] 阎学通认为,软实力是一国的内外政治动员能力,即对国内外硬实力的调动和使用的能力。[④] 杰克·库科勒认为,软实力指的是动员国家资源和"潜在能力"的能力。[⑤]《今日中国》原副总编辑沈苏儒认为,软实力是指这样一种能力,它能通过吸引而不是施压或施惠来达到预期的

[①] [日]江原规由:《中国要创国际名牌》,《经济学人》2006年9月5日,转引自孟亮:《大国策:通向大国之路的软实力》,北京:人民日报出版社,2008年,第23页。
[②] 《新华每日电讯》2005年9月18日。
[③] 阮宗泽:《软实力与硬实力》,《人民日报》2004年2月13日。
[④] 阎学通:《从和谐世界看中国软实力》,《环球时报》2005年12月16日。
[⑤] Jacek Kugler, William Domke, "Comparing the Strength of Nations," *Comparative Political Studies*, Vol. 19, No. 1, April, 1986, pp. 39-69.

目的或效应。这种吸引力主要来自一个国家的文化、价值观和内外政策等各方面，同时兼具亲和力和影响力。① 左学金指出，软实力是相对于国内生产总值、国防力量等硬实力而言的，是指一国的文化、价值观念、社会制度等影响自身发展潜力和国家感召力的因素。② 除此之外，楚树龙、张小明、李希光、刘德斌等在约瑟夫·奈的"软实力"概念的基础上略为改进，继承了"软实力"的初始概念。③ 就软实力的形态而言，软实力是一种间接的力量，是通过吸引力发挥作用的力量。

2. 从软实力的构成要素来定义软实力的概念

代表人物主要包括汉斯·摩根索（Hans Morgenthar）（民族性格＋国民士气＋外交质量＋政府质量）、R. S. 克莱因（R. S. Cline）（战略意图＋国家意志）、阿尔温·托夫勒（Alvin Toffler）（知识）、尼古拉斯·斯拜克曼（Nicolas Spykman）（民族同质性＋社会综合程度＋政治稳定性＋国民士气）、王沪宁（政治系统和政治领导＋民族士气和民族精神＋社会的国际形象＋国家的对外战略＋确定国际体制的能力＋科技）、俞新天（观念＋制度＋政策）、黄硕风（政治力＋文教力＋外交力）等。④ 此外，还有人认为除了军事实力外都是软实力，如乔舒亚·库兰齐克⑤、尼古拉斯·欧维那⑥等。软实力的构成要素繁多，简单而言，软实力就是除去经济、军事之外的一切力量。

3. 其他定义

郭树勇从软实力与外部世界互动的角度界定软实力的内涵，认为软实力至少包括三个方面的能力，即合秩序性发展的能力、对战争施以合法性限制的能力，以及树立良好国际形象的能力。⑦ 刘杰认为，软力量是由核心价值、政治制度、文化

---

① 韩勃、江庆勇：《软实力：中国视角》，北京：人民出版社，2009年，第6页。
② 戴业炼、陈宏愚：《软实力研究述评》，《科技进步与对策》2006年第11期。
③ 徐艳红、伍小乐：《中国软实力理论研究综述》，《前沿》2008年第6期。徐京波、翟建军：《区域软实力研究与构建》，北京：红旗出版社，2011年，第4页。
④ 参见黄硕风：《综合国力论》，北京：中国社会科学出版社，1992年，第63－64页；[美]阿尔温·托夫勒：《权力的转移》，刘江等译，北京：中共中央党校出版社，1991年，第444－445页；韩勃、江庆勇：《软实力：中国视角》，北京：人民出版社，2009年，第6页；王沪宁：《作为国家实力的文化：软权力》，《复旦学报》（社会科学版）1993年第3期；俞新天等：《强大的无形力量：文化对当代国际关系的作用》，上海：上海人民出版社，2007年；谢晓娟：《论软权力中的国家形象及其塑造》，《理论前沿》2004年第19期；郭敏洁：《论软权力的基础、条件及运用准则》，《现代国际关系》2006年第3期；庞中英：《中国软力量的内涵》，《瞭望新闻周刊》2005年11月7日；郑永年：《中国软实力悄然崛起》，《参考消息》2005年1月13日。
⑤ [美]乔舒亚·库兰齐克：《中国的魅力：中国软实力的影响》，《参考消息》2006年7月6日。
⑥ 韩勃、江庆勇：《软实力：中国视角》，北京：人民出版社，2009年，第6页。
⑦ 郭树勇：《大国成长的逻辑：西方大国崛起的国际政治社会学分析》，北京：北京大学出版社，2006年，第250页。

理念和民族精神等要素蕴含的力量资源及其内化于国家行为而产生的影响力和驱动力。① 根据软实力的属性判定,软实力是有关主体之间的一种关系性权力,而非因果性权力。关系性权力是指行为体交往中因为知识、沟通、信息等因素而产生的彼此关系中的影响与被影响、支配与依附的状态;因果性权力则指能够直接改变别人意志与方向的权力。② 他们将软实力提升至国际竞争层面,认为软实力是一国合秩序性、发动战争与树立国家形象的能力,它是国家行为,是一种关系性权力,涉及国与国之间的竞争关系。

面对存在的如此众多的软实力定义,我们认为,软实力是通过间接方式表现出来的一种隐性力量,它主要来源于文化传统、政治价值、民族精神、国民素质、外交政策等方面,以达到该国想要达到的目的。软实力在国际竞争中具有重要作用,特别是在当前形势下,和平与发展成为当今世界的主题,战争的可能性极大降低,军事力量与经济力量的重要性相对下降,软实力因而具有攸关国家发展的决定性作用。

三、"软实力"的中国语境

中国作为新兴的经济强国,是"金砖五国"之一,又是拥有绵延不断五千年中华文明史的传统文化大国,是当今世界不容忽视的力量。特别是在近年来金融危机波及全球、对世界经济造成持续影响的情况下,中国作为第二大经济体对世界经济的复苏做出了不容忽视的重要贡献。随着中国经济的持续发展,中国国力的提升,中国文化在海外的传播,特别是中国和平发展的国家战略的实施,加之中国领导人对国家文化软实力的肯定与重视,中国软实力成为世界软实力的重要组成部分。

世界见证了中国经济的持续快速发展和中国国力的迅速提升,同时,中国的发展也引起了一些国家特别是西方国家和中国周边国家的担心与恐惧。西方国家担心中国破坏既有的国际政治经济秩序,而与中国存有历史纠纷的周边各国担心中国的发展对他们不利。在这种国际形势下,中国要想在国际舞台上取得话语权,表

---

① 上海社会科学院世界经济与政治研究院编:《国际体系与中国的软力量》,北京:时事出版社,2006年,第103页。
② 苏长和:《国际制度与中国软实力》,载门洪华主编:《中国:软实力方略》,杭州:浙江人民出版社,2007年,第112-115页。

明自己和平崛起与和平发展的战略,凸显中国是负责任的国家,就需要发展软实力,通过间接、隐性的力量来达到国家的目的。中国作为第三世界国家的"老大哥",一直以来都是第三世界国家的领头羊,"中国模式"在今天的发展与成果的取得,使之成为发展中国家学习的模式。在这种形势下,中国更需要总结本国发展的经验与教训,以便又好又快地发展,也为其他国家寻求发展之路提供借鉴。加之中国作为现存的最大的社会主义国家,一直是资本主义国家关注的对象。不论从哪一方面来分析,中国都需要发挥软实力,塑造负责任的大国形象,取得在国际社会上的话语权,在时机成熟时改变旧有的国际经济政治秩序。基于此,中国软实力研究既有紧迫性,更有必要性。

中国的软实力研究是在中国的综合国力继续增强、国际地位提升的背景下开始的。这与美国展开软实力研究的背景不同,也在一定程度上决定了中美两国在软实力内涵、构建策略等方面的差异。我们不能照搬约瑟夫·奈的软实力理论,而是要提出与构建具有中国特色的软实力理论。

中国具有丰富的软实力资源,我们需要充分发挥本国独特的软实力优势与资源。英国考文垂大学和平与和解研究中心高级研究员阿兰·亨特认为,中国的软实力在于:海外华人;在东南亚和非洲的政治存在;大学;语言文学;对亚太地区的媒体的影响;旅游和体育;宗教和传统文化。[1] 约瑟夫·奈在讨论中国软实力时,认为中国的软实力资源存在于:富有魅力的传统文化;全球流行文化,如电影、体育、旅游资源;在政治价值观方面,中国的发展模式——"北京共识"在广大的亚非拉国家正变得越来越比"华盛顿共识"更有吸引力;在外交上,积极参与多边机制。[2] 新加坡东南亚研究所盛利军认为,中国软实力在于:一个开放、稳定、持续和具有吸引力的国内政治、社会和经济体制;强大的文化、政治和道德的吸引力和感召力;知识的贡献;战略预测和外交技巧;在国内和国际上的有效治理,包括有效地动员国际和国内的资源(特别是非军事资源);文化教育程度高的人口;很高的生活

---

[1] Alan Hunter,"China: Soft Power and Cultural Influence,"转引自方长平:《中美软实力比较》,载门洪华主编:《中国:软实力方略》,杭州:浙江人民出版社,2007年,第153页。

[2] Joseph S. Nye,"The Rise of China's Soft Power," *The Wall Street Journal Asia*,December 29, 2005. 转引自方长平:《中美软实力比较》,载门洪华主编:《中国:软实力方略》,杭州:浙江人民出版社,2007年,第153页。

标准。① 概括而言,中国软实力包括中国固有的传统宗教与文化、中国在亚太地区乃至世界的影响力、中国外交的成果、教育程度和人口素质的提高等要素。

方长平在分析以上相关论述后,认为"和谐、共存、发展是中国政治文化的核心,是中国软实力的重要来源,基本取向是'异质共存'"②。门洪华认为,中国软实力包含文化(基础)、观念(主脉络)、发展模式(重要组成部分)、国际制度(重要支撑)、国际形象(核心要素)。③ 国家形象、发展模式、国际影响力都是软实力内涵的组成部分。郭树勇认为,"只要一种力量,在国际互动过程中,得到别人的肯定,虽然没有成为人家仿效的对象,也可以作为一种软实力"。"国际认同、比较优势而不是国际吸引力或绝对优势,才是软实力的最低要求。"④因此,中国软实力需要充分利用与发扬本国传统文化,制定有理、有力、有利的外交政策,塑造良好的国家形象。只有这样,中国才能更好更快发展。

中国软实力的研究特色是以文化软实力为中心,文化软实力是软实力的核心,是维系软实力的灵魂。这种看法与我国领导人的论述是一致的,与中国国情也是相适应的。"中国文化软实力"相对于约瑟夫·奈的软实力理论,具有自己的特色。一是中国文化软实力着眼于综合国力的提升,而非国际政治博弈的手段;二是从内涵上强调文化软实力。社会主义核心价值观是中国文化软实力的核心要素。⑤ 中国的文化软实力是要培养中国人对本国文化身份的认同,整合所有有益的文化资源,构建社会主义核心价值观。中国文化软实力关乎中华民族的兴衰、国际地位的升降、人民生活的贫富,因此具有重要战略意义。

尽管中国传统文化中蕴含丰富的软实力因子,但是中国软实力现状却令人担忧。第一,改革开放以来,中国专注于经济发展,在某种程度上忽视了软实力的发展,由此造成了软实力与硬实力的结构性失调。第二,当中国开始关注软实力

---

① Sheng Lijun, "China and the United States: Asymmetrical Strategic Partners," *The Washington Quarterly*, Vol. 22, Issue 3, Summer 1999, pp. 147 - 164. 转引自方长平:《中美软实力比较》,载门洪华主编:《中国:软实力方略》,杭州:浙江人民出版社,2007年,第154页。
② 方长平:《中美软实力比较》,载门洪华主编:《中国:软实力方略》,杭州:浙江人民出版社,2007年,第154页。
③ 门洪华:《中国软实力评估与增进方略》,载门洪华主编:《中国:软实力方略》,杭州:浙江人民出版社,2007年,第11-13页。
④ 胡鞍钢、门洪华等:《知己知彼:加强中国软实力研究》,载门洪华主编:《中国:软实力方略》,杭州:浙江人民出版社,2007年,第285-290页。
⑤ 张国祚主编:《中国文化软实力研究报告(2010)》,北京:社会科学文献出版社,2011年,第24页。

的发展后,对软实力资源内部没有协调发展,过分考量中国的"国学",建立海外"孔子学院",但软实力建设与经济发展现实尚有差距。因此,中国软实力的构建之路依然漫长。但只要我们坚持正确的方向,以增强国家软实力为导向,中国软实力建设定会取得令人瞩目的成就,中国传统文化国际影响力的增强便是一个极好的注脚。

第二节　软实力与综合国力竞争

当今世界,综合国力的竞争日趋激烈。在综合国力的竞争中,软实力的战略地位日益凸显,软实力日益成为衡量一个国家国际地位和国际影响力的重要指标。作为综合实力两大组成部分之一的软实力,是具有战略意义的综合国力的构成部分,注定要受到世界各国的关注;在"硬实力"的影响逐渐式微,文化与价值观的影响力却日渐增强的背景下,"软实力"就具有了空前的战略重要性。

一、"综合国力"的概念辨析与构成要素

当今世界,国际局势正在发生深刻变化,综合国力竞争日趋激烈。综合国力的研究也称为"国力学"。[①] 随着国家的出现,形成了各种国力思想,出现了古代重农国力学派、重军国力学派以及由于战争有关因素形成的综合国力学派的萌芽。近代国力理论在西方发展迅速。一战前,西方政治理论家们提出了"国家权力—国力"的概念,一般是指一国通过"强权政治"对另一国所施加的强制力或影响力,即以军事实力为中心的国力论。例如,汉斯·摩根索将国家权力定义为"人对他人意志与行为的控制"。雷蒙·阿隆(Raymond Aron)将权力定义为某一政治单位将自己的意志强加给其他政治单位的能力。K. J. 霍尔斯蒂(K. J. Helsti)认为,国家权力是一个国家控制别国的一般能力。R. S. 克莱因认为,在国际舞台上的所谓实力,简言之,乃是一国之政府影响他国政府去做本来不愿意为之的某一事情之能

[①] 中国学者黄硕风在20世纪80年代便已经系统研究"国力学",其代表性著作包括《综合国力论》(1992)、《大较量:国力、球力论》(1992)、《综合国力新论——兼论新中国综合国力》(1999)等。

力,或者使他国不敢去做本来跃跃欲试的某一事情之能力,而不论其影响方式是说服、威胁或明目张胆地诉诸武力。约瑟夫·奈认为,实力的意思就是去做某些事情和控制别国,使别国去做没有外力驱使便不会去做的某一事情的一种能力。我们认为,综合国力就是在国家竞争中使他国按照一国的意志行事的能力。

关于综合国力的构成要素也是聚讼纷纭。克莱因的"国力方程"将国力要素分为物质要素和精神要素两大类。物质要素包括基本实体(人口和领土)、经济能力(国民生产总值、能源、矿物、工业生产、粮食、世界贸易)、军事实力(战略力量和常规力量)。精神要素包括战略意图和国家意志。日本经济企划厅综合计划局提出的国力概念包括国际贡献能力(经济实力、金融实力、科学技术实力、财政实力、对外活动的积极性、在国际社会中的活动能力)、生存能力(地理、人口、资源、经济实力、防卫实力、国民意志、友好同盟关系)、强制能力(军事实力、战略物质和技术、经济实力、外交能力)。[①] 黄硕风在1984年提出"综合国力"概念,并建立了旨在综合评估世界各国综合力量的"综合国力动态方程"模型。他认为,"综合国力,是指一个主权国家生存与发展所拥有的全部实力——物质力和精神力及其对国际影响力的合力"[②]。这是总括性的划分综合国力的构成要素。

如果按具体要素来划分综合国力,便产生了不同的定义。尼古拉斯·斯拜克曼把国力要素分为十项:领土状况、边界特征、人口规模、原料多寡、经济与技术的发展、财力、民族同质性、社会结合程度、政治稳定性、国民士气。汉斯·摩根索将国力构成要素分为九项:地理、自然资源、工业能力、军备状况、人口、民族特征、国民士气、外交质量、政府质量。雷蒙·阿隆把国家权力归结为三大基本要素:某一政治单位所占据的空间、资源(包括物力和人力)、集体行动能力(涉及军备组织、社会结构和质量等)。考克斯和杰考伯逊对国力构成要素选取了五项指标:国民生产总值、人均国内生产总值、人口、核能力、国际威信。考尔将国力要素分为六个指标:领土(面积)、人口、钢消费量、标准能源消费量、国民生产总值和总军事力量。[③]

[①] 黄硕风:《综合国力新论——兼论新中国综合国力》,北京:中国社会科学出版社,1999年,第6-8页。
[②] 黄硕风:《综合国力论》,北京:中国社会科学出版社,1992,第102页;《综合国力新论——兼论新中国综合国力》,北京:中国社会科学出版社,1999年,第5页。
[③] 黄硕风:《综合国力新论——兼论新中国综合国力》,北京:中国社会科学出版社,1999年,第8页。

这是国外学者关于综合国力构成要素的分析。由此可见,综合国力的构成要素主要包括资源、地理位置、外交力量、军事力量、政府力量等。

中国学者在综合国力研究中提出了自己的看法。吴春秋认为,综合国力的构成要素包括自然力、人力、经济力、科技力、教育力、国防力、政治力。① 李天然认为,综合国力的构成要素包括基础实力(包括地理位置、具有一定质量和数量的人口、资源、民族凝聚力)、经济实力(包括一定规模的工业实力、农业实力、科技实力、金融实力、商业实力)、防御实力(包括战略物资、技术、一定规模的陆海空常规武装力量,乃至合理足够的核打击力量)、外交实力(包括切合实际的外交政策、处理国际事务的态度、立场和对外交流及对外援助等)。② 陈崇北等人认为,综合国力的要素包括国家的基本体积(主要包括领土、地理位置、自然资源、天候、地形、国家控制的地理疆域之外的战略疆域及其资源)、人口、经济力量(包括经济实力和潜力)、科学技术(包括科技队伍、科技装备、科技结构、科技政策、科技发展水平等)、国防能力(包括军事实力、军事潜力、军事理论的发展水平)、政治力量(包括国家性质、政治制度、政治体制、国家的领导、组织、决策能力等)、精神力量(包括人民的政治信仰、信念、民族精神和意志等)、对外关系力量(指国家对外政治关系、对外经济关系、对外军事关系等)。③ 黄硕风认为,综合国力的构成要素可概括为政治力、经济力、科技力、国防力、文教力、外交力、资源力等七个方面。④ 杨建华将综合国力的构成要素分为三大类:物质性因素(地理因素、自然资源、人口能力、经济能力、军事能力、科技能力)、政府性因素(政体、政府权威性、政府的外交质量)和精神性因素(民族性格、国民士气)。⑤ 可见,中国学者更多地关注经济、军事与外交在综合国力中的作用。

综上所述,中外学者对于综合国力的概念与构成要素的看法见仁见智。我们认为,综合国力是囊括一切国家力量在内的力量之和,但并不是各种综合国力要素的简单叠加,而是有机组合的力量。综合国力包括物质性要素和精神性要素两个

---

① 吴春秋:《综合国力论及其对我国发展战略的启迪》,《国际技术经济研究》1989 年第 1 期。
② 李天然:《关于综合国力问题》,《国际问题研究》1990 年第 2 期。
③ 陈崇北、寿晓松、梁晓秋:《威慑战略》,北京:军事科学出版社,1989 年,第 189 - 190 页。
④ 黄硕风:《综合国力新论——兼论新中国综合国力》,北京:中国社会科学文献出版社,1999 年,第 12 - 13 页。
⑤ 杨建华:《试析综合国力的构成要素》,《解放军测绘学院学报》1998 年第 2 期。

部分,它集中体现在国内与国外两个维度和政治、经济、文化、外交四个层面之上。综合国力对一国在国际社会中的地位具有举足轻重的作用,是决定各国在国际世界领导权的力量,也是衡量各国维护国际利益、实现国家目标的决定性力量。

二、软实力与硬实力的辩证关系

约瑟夫·奈首先将国家的综合实力划分为"软实力"与"硬实力",为当今通过国际政治理论分析国家综合国力提供了有益的视角,但是约瑟夫·奈并没有解决软实力与硬实力的关系问题。加之对软实力与硬实力区分的多样性及其各自内容的复杂性,要想简单地对软实力与硬实力的关系做出说明是比较困难的。

我们认为,软实力与硬实力恰如鸟之双翼,缺一不可;二者更是矛盾的统一体,既对立又统一。硬实力和软实力构成了综合国力不可或缺的两个方面,它们既互相区别,又紧密联系,相辅相成、相互制约和相互转化。

一方面,硬实力是软实力的载体,可以为软实力的发展提供条件。硬实力包括基本资源(如土地面积、人口、自然资源)、军事力量、经济力量和科技力量等处于支配地位的要素总和。硬实力的这种性质就决定了它是软实力的载体和支撑。软实力是在硬实力的基础上发生与发展的。如果没有硬实力做后盾,软实力将是无本之木、无水之源。以作为软实力核心组成部分的文化为例,在现代社会,文化一般主要是以文化产业为其物质载体。[1] 文化依靠文化产业进行传播,创造价值。因此,文化产业是文化的物质载体,是一种硬实力资源。在文化产业之外的与文化相关的组织与机构也是一国文化的载体。无形中,全球跨国公司在输出产品的同时也输出了本国的文化。正如遍布全球的肯德基、麦当劳等快餐公司以及苹果等电子产品,它们既作为一国的硬实力资源,也传递着一国的价值观与生活方式等软实力内容。

另一方面,软实力对硬实力也具有重要作用,硬实力对思想、文化、制度等软实力资源具有依赖性,或者说思想、文化、制度等软实力资源是硬实力发展的前提。[2]

---

[1] 韩勃、江庆勇:《软实力:中国视角》,北京:人民出版社,2009年,第43页。
[2] 韩勃、江庆勇:《软实力:中国视角》,北京:人民出版社,2009年,第50页。

硬实力是国家在国际社会行动的基础,软实力则是国家的精神和灵魂,能使国家具备独特性和区分度。① 软实力具有硬实力不具备的能力,能够通过隐性的手段达到目的。当思想、文化等软实力因素更新发展后,就会推动硬实力资源的发展。比如,新中国成立后关于解放思想的大讨论表明,只有思想解放了,其他的硬实力资源才能够物有所用,促进社会又快又好地发展。再如,马克斯·韦伯关于新教伦理对于资本主义发生与发展的分析,也佐证了软实力的发展为硬实力的发展提供必要的前提。如果思想等软实力资源使用不当,也会对硬实力造成极大损害。例如,德国法西斯主义的兴起与日本军国主义的兴起,导致第二次世界大战爆发,不仅对其他国家造成了巨大损失,德国和日本也受到了灾难性惩罚。因此,软实力具有重要作用,影响着硬实力的发展。

软实力与硬实力的关系复杂多变,有时硬实力可以促进软实力的增强,但有时又会造成损害。软实力的发展可以促进硬实力的提升,但在某些情况下又会破坏硬实力。正是由于软实力与硬实力关系的矛盾统一,我们在分析软实力与硬实力时,不能教条、僵化,应该具体问题具体分析,将软实力与硬实力纳入变化的视野来考察。

三、软实力与综合国力竞争的关系

通过对"综合国力"的概念辨析与构成要素及软实力与硬实力的辩证关系分析看,软实力是综合国力不可或缺的重要组成部分。软实力是增强综合国力的重要途径,是综合国力提升的关键。特别是在经济全球化时代,软实力的发展与增强和维护国家主权、保存本国文化传统、提升本国的国际竞争力息息相关,关系国家与民族存亡,具有重要战略意义。

正是基于软实力的重要性,俞可平指出:"在全球化时代,提高硬实力,即促进经济发展、增加国家经济总量、提高人民生活水平、巩固国防力量,是增强综合国力的基本途径。但国家软实力更加重要,如国民的文化、教育、心理和身体素质,国家

---

① 胡宗山:《大国经验与中国的崛起应对战略》,载唐晋主编:《大国策:软实力大战略》,北京:人民日报出版社,2009年,第45页。

的科技水平,民族文化的优越性和先进性,国家的人才资源和战略人才的储备情况,政府的凝聚力,社会团结和稳定的程度,经济和社会发展的可持续性等。在全球化时代,要有效维护国家主权,增强国家实力,仅仅依靠经济和军事力量不够,还必须有政治、文化和道义力量。"[1]因此,一个国家在全球化时代想要保持独立自主的地位,自主地发展,必须依靠软实力。软实力包括国民素质、国家的科技水平、民族文化、政府的凝聚力、经济和社会发展的可持续性等。综合国力的竞争要增强软实力,软实力的竞争要提升国民素质,保存国家文化,发展国家科技,增强国家凝聚力。

软实力理论的最大贡献,在于揭示了由于国家实力来源的变化而引起国家战略重心的转移和世界权力竞争态势的改变,从理论上把以文化为主要因素的软实力提升到国家战略层面的高度,为国家制定发展战略及参与国际竞争提供重要的理论参照。"文化国力"已经作为软实力的一种重要形态以及国家综合国力的重要指标,成为国际力量平衡对比的重要因素。当今世界许多国家都极为重视文化国力建设,如日本政府早在1998年就提出"文化立国"的战略;法国于近年提出"文化欧洲"的设想,谋求建立欧洲文化共同体;美国也在注重发挥传统权力资源优势的同时,更注重在文化、经济和科技等领域的影响和渗透。[2] 中国在2007年提出了发展文化软实力的目标。随着国家软实力的发展,地域性与城市性软实力理论相继出现,并成为软实力研究的新热点。

作为软实力内涵之一的制度,是国家在国际社会中的重要资本,构成国家关系性实力的重要组成部分。国家制度主要指国际关系中的行为体在相互交往过程中形成的用以规范与组织彼此关系的原则、准则、程序以及规则,通俗地说,它们是国际社会交往以及社会秩序赖以展开及形成的规则与规范。[3] 制度可以规范各国的行为,当一个国家能够确立好的制度,它就会赢得其他国家的尊重与支持,增强它的软实力。制度是当今国际关系中最具合法性的外交活动场所,国家意志与利益

---

[1] 俞可平:《"中国模式":经验与鉴戒》,载俞可平等主编:《中国模式与"北京共识"——超越"华盛顿共识"》,北京:社会科学文献出版社,2006年,第19页。
[2] 罗建波:《中国崛起的对外文化战略——一种软权力的视角》,载唐晋主编:《大国策:软实力大战略》,北京:人民日报出版社,2009年,第70-71页。
[3] 苏长和:《中国的软权力》,载唐晋主编:《大国策:软实力大战略》,北京:人民日报出版社,2009年,第111页。

可以围绕制度而得到汇聚、表达和贯彻。国家借助制度可以获得更多的共同信息,通过成员预期的汇聚而更容易明确地判断彼此的行为,仰赖多边集体性决策而赋予自身行动以正当性,借助制度将治理理念传播到他国并在他国产生内化效应。对重要国家来说,制度还承载着其治理与秩序理念。[①] 作为软实力的制度成为国家在国际层面相互竞争的重要载体,对于一国的综合国力具有重要意义。正如美国向全球输出的民主制度观念,它可以潜移默化地通过制度的吸引力达到美国的国家目的。因此,制度建设是增强综合国力的一个重要方面,是软实力发挥作用的一个重要领域。

除了作为软实力内涵之一的制度对综合国力竞争具有重要性外,作为软实力构成部分的综合国力在国际竞争中也具有不容忽视的重要作用。美国乔治敦大学战略与国际研究中心主任克莱因在20世纪80年代系统提出综合国力的概念,提出了"国力方程",即综合国力=(资源力+经济力+军事力)×(战略意图+战略意志)。根据该方程,我们可以看出,综合国力是软实力与硬实力的乘积,如果有一方为零,那么综合国力便为零。由此可见,软实力对于一国综合国力的强弱至关重要。

软实力的特性在于无须付出高昂的军事与经济代价便可以获得一国想要得到的东西或想要达成的目的。我们知道,软实力不同于硬实力,软实力是通过吸引力而不是军事制裁和经济诱压起作用,它能够使他国主动追随,可以通过间接性力量(如文化、制度、外交等)使他国屈服。因此,发挥软实力的作用可以免除军事与经济力量的介入,从而避免大规模的军事投入与经济消耗。从这个意义上讲,软实力在国际综合国力竞争中具有独有的优势与特性。

约瑟夫·奈在论证软实力对国家实力和国家竞争的重要性时指出:"如果一个国家能够使其权力在别国看来是合法的,那么它在实现自己意志的时候就会较少受到抵抗。如果它的文化和意识形态具有吸引力,那么别的国家就会更愿意效仿。如果它能建立起与其社会相一致的国际规范,那么它需要改变自己的可能性就会

---

① 苏长和:《中国的软权力》,载唐晋主编:《大国策:软实力大战略》,北京:人民日报出版社,2009年,第113-114页。

很小。如果它能够帮助支持那些鼓励其他国家按照主导国家所喜欢的方式采取或者限制自己行为之制度,那么它在讨价还价的情势中就可能没有必要过多地行使代价高昂的强制权力或硬权力。"①如果一个国家能够合理发展与运用本国的软实力,那么它就可以获得事半功倍的效果,不仅可以在世界舞台上按自己的意志办事,还可以不用变动本国的制度,更可以省却需要付出的昂贵的硬实力代价,增强本国的综合国力,占据国际竞争的主动权。

历史是一面明镜,可以为我们提供借鉴。反观世界历史,我们可以分析出16世纪至20世纪霸主国所拥有的权力资源,如表1-1所示。②

表1-1 主要国家及其主要权力资源(1500—2000年)

时期	霸主国	主要权力资源
16世纪	西班牙	黄金、殖民地、雇佣军、王朝联系
17世纪	荷兰	贸易、资本市场、海军
18世纪	法国	人口、乡村工业、公共管理、军队、文化(软实力)
19世纪	英国	工业、政治凝聚力、金融和信贷、海军、自由准则(软实力)、易于防守的岛屿位置
20世纪	美国	经济规模、科技领先地位(软实力)、军事力量和盟国、普及性文化(软实力)、自由的国际机制(软实力)

从世界近代以来大国兴衰更替的历史规律看,任何时期的霸主国之所以能够取得霸主地位,通常是硬实力与软实力共同作用的结果。参照英国、美国的霸权资源,我们可以看出,软实力在这些国家称霸中的作用逐渐凸显。英国之所以成为霸主国,在于它的工厂制度、自由准则等软实力因子。美国成为当今唯一的超级大国也缘于它的软实力。而苏联在与美国争霸的过程中失利,在某种程度上可以说是软实力不足导致的,苏联僵化的政治经济体制等原因断送了它的霸主梦。据此可以断言,软实力已经成为国际力量竞争中的重要因素。特别是在全球化时代,软实

---

① [美]约瑟夫·奈:《硬权力与软权力》,门洪华译,北京:北京大学出版社,2005年,第7、119页。[美]约瑟夫·奈:《美国霸权的困惑:为什么美国不能独断专行》,郑志国等译,北京:世界知识出版社,2002年,第14页。
② 参见罗建波:《软实力与中国外交》,载唐晋主编:《大国策:软实力大战略》,北京:人民日报出版社,2009年,第270页。

力的重要地位日益凸显。

发展软实力可以改善国家形象,提高国际吸引力,增加国际话语权,提升国际威望。在当今全球信息时代,软实力的相对重要性日益提升,而在信息时代可能获得软实力的国家主要具备以下几项条件:该国的主导文化和理念更接近于普遍性的全球规范;该国拥有最多的传播渠道,因而对如何解释问题拥有更大的影响力;该国因其国内外所作所为而获得信誉的增强。[1] 简言之,软实力在于话语权、制度与规范优势以及国家形象。

具体到中国而言,自从中华人民共和国成立以来,软实力作为中国综合国力的重要组成部分,对中国综合国力的提升发挥了重要的作用。特别是作为软实力组成部分的外交政策,对于中国综合国力的增强与提升发挥了积极作用。新中国成立后奉行的"一边倒"(倒向苏联)外交政策使西方国家视中国为"异己",欲除之而后快。随着中国外交政策的改善,中国与主要西方国家逐渐建立正常的外交关系,国际形势也在发生变化。但随着近年中国经济的增长,中国跃居为世界第二大经济体,"中国威胁论"甚嚣尘上。为了抵消这种消极的、负面的评价,中国积极宣传"和平崛起",不断增强自己的软实力,全面提升综合国力。

2004年12月至2005年1月,英国广播公司国际广播电台在全球22个国家进行了有关中国国家形象的抽样调查。调查内容主要有:第一,如何看待中国对世界的影响;第二,是否希望中国在经济上进一步强大;第三,是否希望中国在军事实力上进一步强大。调查结果显示,有14个国家的绝大多数或多数民众对中国持正面看法。而对美国的类似调查则显示,在21个被调查国家中,只有6个国家的多数受访者认为美国对世界的影响是积极的。[2] 国家形象也是国家软实力的重要构成部分,中国国家形象的改善说明中国政府注重软实力的增强,并且取得了积极成果。中国国家形象在历史上经历了重要转变,从"东亚病夫"到体育强国,从弱国无外交到成为联合国常任理事国,中国软实力的发展令人欣喜。我们要更加注重软

---

[1] [美]约瑟夫·奈:《硬权力与软权力》,门洪华译,北京:北京大学出版社,2005年,第7、153页。[美]约瑟夫·奈:《美国霸权的困惑:为什么美国不能独断专行》,郑志国等译,北京:世界知识出版社,2002年,第73页。

[2] "22 - Nation Poll Shows China Viewed Positively by Most Countries Including Its Asian Neighbors," http://www.globescan.com/news_archives/bbcpoll3.html.

实力的发展,积极运用软实力维护我国利益,提升我国综合国力与国际地位。

随着中国国力的提升与软实力的发展,中国传统文化在国际社会获得了越来越多的认可。穿唐装、学汉语成为热潮,甚至有一些中国语汇进入了英语中。每年来中国旅游的人也越来越多,2016年赴中国旅游的外国游客达5 930万人次,中国成为世界第四大旅游目的地国。"中国模式""北京共识"均是当今世界讨论的焦点,提高了中国的国际吸引力。"中国模式"也为中国赢得了话语权,中国在当今世界发出了属于自己的声音。中国在解决贫困问题方面的经验成为非洲国家效仿的对象。中国的和谐世界观念也在国际社会产生广泛影响。所有这一切昭示着中国话语权的增加,有助于中国综合国力的提升,使中国在综合国力竞争中拥有发言权和话语权。

美国大战略家布热津斯基曾在1995年出版的《大棋局》中预测,2015年的世界是"三强"的世界:大中华、美国和欧洲合众国。中国的走向、定位、性质是决定21世纪人类命运的重大趋势之一。约瑟夫·奈认为未来世界发展将主要由三大因素所主导:中国的实力及其使用方式、"政治伊斯兰"及其发展方式、美国的实力及其使用方式。由此可见,中国硬实力和软实力的发展提升了中国的国际威望,中国应该更好地利用软实力,发挥软实力的作用,助推中国崛起与和平发展。

第三节 "区域软实力"的概念辨析

国家软实力作为一国综合国力至关重要的组成部分,发挥着越来越重要的战略作用,因此国家软实力成为学者和政治家关注的对象。在关注和研究国家软实力的过程中,人们发现软实力不仅在国家层面发挥至关重要的作用,而且在区域与地方层面也发挥了巨大作用。特别是当一个国家具有广阔的领土或多个经济、政治、文化等发展区域时,国家层面的软实力已经不适合区域层面的软实力建设与发展。在这种背景下,"区域软实力"作为国家软实力的衍生概念,开始受到关注,由此催生了"区域软实力"的概念界定、体系构建与实际运用等方面的思考和研究。

区域软实力是在国家软实力概念的基础上,为了解释和预测区域竞争力而形成的一个崭新的概念。该概念的提出,既是对国家软实力概念的发展,也是对已有的区域竞争力概念的有益补充。① 区域软实力是软实力的一种衍生概念,是通过类比国家软实力出现的。区域软实力与国家软实力不同,一方面,区域竞争不考虑存亡问题,没有军事活动的空间;另一方面,意识形态与制度安排主要是中央政府的事情,地方政府难有作为。② 2004年,《中国城市"十一五"核心问题研究报告》指出,越来越多的迹象表明,影响和决定一个城市、一个地区综合竞争力和持续发展能力的因素很多,但城市软实力至关重要。该研究报告不仅提出软实力因区域而不同,各个地方在提升自身软实力的问题上还有相当大的操作空间,而且强调软实力是区域竞争的关键着眼点和着力点,对于区域社会经济发展至关重要。

区域软实力在新世纪被提出具有特殊的背景,具体到中国而言,区域软实力的提出与中国当今社会经济发展模式的转型具有重要关联。中国传统的社会经济发展模式是粗放式、外延型发展模式,在当下中国已经难以为继。因此,寻找新的经济增长点,维持社会和谐、实现人与自然的和谐共处,成为摆在中国政府面前亟待解决的新问题。在这种形势下,科学发展成为中国的必然选择。中国将科学发展观作为国家发展战略也是基于这种情况下的选择。区域作为国家的直接组成部分,必须贯彻科学发展观,重视软实力的作用与价值。没有区域的配合,国家对于软实力的重视就会沦为空中楼阁,流于空谈。当然,前提是区域拥有一定的可以自主支配的软实力资源,或者是对于某些软实力资源拥有一定程度的自由支配权,事实也证明确实如此。实际上,虽然相对于国家而言,区域操作的自由度明显有限,但是在某些方面,区域主体仍然可以有所作为。而这些方面,也便构成区域软实力的资源基础或者说载体。③ 这正印证了《中国城市"十一五"核心问题研究报告》关于地方具有相当大的操作空间的论断。在科学发展观的统领下,区域软实力的发展是必要的,也是科学发展观的题中之义。

既然区域软实力是当今中国发展的必然选择,那么什么是区域软实力呢?尽管很多学者、官员大谈特谈区域软实力,但是鲜有明确界定区域软实力概念的。区

---

① 马庆国、楼阳生等:《区域软实力的理论与实施》,北京:中国社会科学出版社,2007年,第8页。
② 韩勃、江庆勇:《软实力:中国视角》,北京:人民出版社,2009年,第27—29页。
③ 北京大学中国软实力课题组:《软实力在中国的实践之三——区域软实力》,http://theory.people.com.cn/GB/49157/49165/6968055.html。

域软实力是在软实力理论与区域竞争力理论的基础上发展出来的。相对于国家软实力概念,区域软实力的概念是在区域竞争理论的框架下,将软实力概念从国家层面向区域层面投射的结果。与区域竞争力比较,区域软实力又是区域竞争力的重要组成部分,对区域竞争产生举足轻重的作用。关于区域软实力的概念主要有以下几类观点。

一、根据构成要素来定义区域软实力

马庆国、楼阳生等指出,区域软实力是指在区域竞争中,建立在区域文化、政府公共服务(服务制度和服务行为)、人力素质(居民素质)等非物质要素之上的区域政府公信力、区域社会凝聚力、特色文化感召力、居民创造力和对区域外吸引力等力量的总和。① 陈正良认为,从区域发展的角度看,软实力至少涵盖以下内容:政治公信力、社会凝聚力、区域文化的感召力和辐射力、制度创新形成的体制活力、区域人口素质特性和区域信用的独特作用力、区域形象影响力。② 胡建林则将区域软实力定义为:一个特定的区域,依靠其特色文化、人文素质、精神风貌、生态环境、体制机制、发展模式等产生的创新力、凝聚力和影响力。③ 周晓宏认为,区域综合实力是指一个区域生存和发展所拥有的、包括物质力量和精神力量在内的全部实力和对外影响力,如果把其中的物质力量称为区域生存和发展所必须拥有的硬实力,那么区域在生存和发展中所逐渐积累起来的各种精神力量、文化力量和对外影响力则称为区域的软实力。④ 中共台州市委在文件中指出:"软实力是一个地区综合竞争力的重要组成部分,主要表现为区域创新力、凝聚力与影响力,也表现为精神的力量、思想的力量、文化的力量以及环境竞争力和可持续发展的能力。"⑤ 吴光芸等认为:区域软实力是指在区域竞争中,通过文化、公共服务、人力素质等非物质要素的建设,不断增强区域政府公信力、社会凝聚力、特色文化的感召力、人才资源的创造力,充分发挥其对社会经济运作系统的协调、扩张和倍增效应,从而全面提

---

① 马庆国、楼阳生等:《区域软实力的理论与实施》,北京:中国社会科学出版社,2007年,第11页。
② 陈正良:《论增强区域发展的"软实力"》,《社会主义研究》2005年第2期。
③ 胡建林:《提升四川省软实力对策研究》,四川大学硕士学位论文,2007年,第18页。
④ 周晓宏、王小毅:《区域软实力及其综合评价体系研究》,《技术经济》2007年第6期。
⑤ 台州市发展和改革委员会课题组:《弘扬人文精神 提升台州软实力》,《浙江经济》2006年第18期。

升区域社会、政治、经济和文化的发展品味,塑造良好的区域形象,提高区域竞争力,为区域经济社会的和谐、健康、跨越式发展提供有力支持的无形力量。[1] 胡玲敏认为,区域软实力是在区域竞争中,建立在区域文化、公共服务、人口素质、社会和谐等非物质要素之上的,包括文化号召力、人才创造力、政府公信力、区域创新力、区域影响力、环境舒适力、社会凝聚力等在内的一种合力。这一力量最终通过内部公众对区域的认可和区域对外部公众(其他地区居民)的吸引产生作用,尤其表现为对外部公众的吸引力、感召力、说服力、影响力。[2] 秦琴认为,区域软实力主要指在一个国家内,某一个区域在文化力、制度力和居民素质力基础上所形成的对区域内外行为体的感召力、凝聚力、创造力与吸引力。其中,文化是观念前提,制度是支撑和保障,人力素质是关键和核心。[3] 以上众多关于区域软实力的界定均是从区域软实力的构成要素着眼,认为区域软实力是通过区域文化、公共服务、人口素质、可持续发展等因素形成的一种吸引力。

二、根据形态来界定区域软实力

北京大学中国软实力课题组认为,区域软实力是指一个地区通过直接诉诸心灵——或者说精神——的方式,发展、动员和发挥区域内外的心智能力的作用来达到区域的社会和经济目标的能力。这样说来,区域软实力实际上包括两部分:一是区域征服、占领外部心灵的能力。众所周知,征服、占领心灵不能靠武力,也不能靠任何其他的强制手段来实现,只能以吸引、感化和道理说服的途径来达到。而这种通过动之以情、晓之以理的方式争取对象的能力就是软实力的一部分。二是区域内部的心智潜力。动员区域内部的心智潜力,有赖于激发民众的创造激情和提升、实现他们的创造潜力。也就是说,一个区域只有充分发展、调动、整合区域内外的资源、能量,才能最大限度地发展自己。[4] 徐京波、翟建军在《区域软实力研究与建

---

[1] 吴光芸、唐兵:《论区域软实力及其对区域经济发展的影响》,《学习与实践》2009年第5期。
[2] 胡玲敏:《区域软实力及其综合评价指标体系探讨》,《统计科学与实践》2010年第8期。
[3] 秦琴:《区域软实力及作用机理分析》,《管理现代化》2012年第2期。
[4] 韩勃、江庆勇:《软实力:中国视角》,北京:人民出版社,2009年,第33页。北京大学中国软实力课题组:《软实力在中国的实践之三——区域软实力》,http://theory.people.com.cn/GB/49157/49165/6968055.html.

构》一书中就采用了该定义。① 李正治、张凤莲也赞成这种定义,认为区域软实力实际上是由两部分组成的:一是区域内的,即激发区域内民众的创造激情和提升、实现他们的创造潜力的能力;二是区域间的,即以吸引、感化和道理说服的途径来争取区域外对象的能力。② 这种定义实际上将区域软实力限定在精神或心灵层面,注重征服、占领心灵。姜运仓认为,区域软实力是指在一个国家内一个区域可用以动员区内外的资源来实现其经济、社会、文化等全面发展的非物质力量。③ 浙江大学管理学院课题组认为,区域软实力是指在区域竞争中,通过文化、公共服务、人力素质等非物质要素的建设,不断增强区域政府公信力、社会凝聚力、特色文化的感召力、人才资源的创造力,充分发挥它们对社会经济运作系统的协调、扩张和倍增效应,从而全面提升区域社会、政治、经济和文化的发展品位,塑造良好的区域形象,提高区域竞争力,为区域经济社会的和谐、健康、跨越式发展提供有力支持的无形力量。④ 朱孔来等则将区域软实力定义为:在区域竞争中,能够整合并优化配置区内外各种资源以谋求区域全面协调可持续发展的各种非物质要素所形成的力量总和。⑤ 孙爱霞、韩培花认为,区域软实力是指区际竞争关系中区域所表现出的非物质实力,包括价值观念、制度体制、居民素质、特色文化、创新能力、公共服务、区域形象等无形要素所产生的凝聚力和影响力。⑥ 该类观点将区域软实力定义为一种非物质力量或精神力量,通过无形要素或心灵的征服使区域经济社会在区域竞争中获得优势。

三、区分广义与狭义的区域软实力

戴业炼和陈宏愚认为,广义的区域软实力是指区域内以软资源为基础、软设施为平台、软环境为保证、软产业为主体、软投入为支撑、区域形象为标志、软能力为关键、软人才为根本的"8S"要素集成所形成的区域创新力、凝聚力和影响力。狭义

---

① 徐京波、翟建军:《区域软实力研究与建构》,北京:红旗出版社,2011年,第26页。
② 李正治、张凤莲:《试论区域软实力与区域经济的发展》,《理论月刊》2009年第5期。
③ 姜运仓:《区域软实力的概念、要素及评估指标体系》,《桂海论丛》2010年第3期。
④ 浙江大学管理学院课题组:《浙江省丽水市"十一五"软实力建设研究课题总报告》,2006年。
⑤ 朱孔来、亓庆亮、郭春燕:《对区域软实力理论框架体系的思考》,《济南大学学报》(社会科学版)2011年第6期。
⑥ 孙爱霞、韩培花:《"软实力"提升与河北区域发展》,《河北学刊》2009年第5期。

的区域软实力,是指区域内以文化事业为基础、以文化创意产业为先导、以文化产业为主体、以文化贸易为标志的区域创新力、凝聚力和影响力。① 由此可见,广义的区域软实力涉及区域内的各种非物质力量,而狭义的区域软实力则是文化软实力。

区域软实力作为软实力的衍生概念,具有软实力的一般特征,同时又具有自身的独特特征。第一,与硬实力相比,区域软实力发挥作用的手段或方法是间接的,不易觉察的,是一种无形的精神力量。第二,与国家软实力相比,区域软实力更多地关注区域在竞争中的利弊,较少考虑政治性因素或意识形态因素,强调区域经济社会的可持续发展。第三,区域软实力来源途径具有多元性。② 从来源途径来看,它来源于一个区域特有的文化、公共管理、人力素质、区域形象等多种渠道。

区域软实力与区域硬实力的关系类比软实力与硬实力的关系。一方面,区域硬实力是区域软实力的基础。作为有形载体的区域硬实力,可以为区域软实力的发展创造优良的环境。另一方面,区域软实力促进区域硬实力的发展。"区域软实力不仅仅可以在微观层面上影响区域经济的发展,而且还可以在宏观上实现区域社会发展模式的跨越。"③区域软实力与区域硬实力相辅相成,缺一不可。区域软实力为区域硬实力提供智力支持,区域硬实力为区域软实力提供保障,二者在区域发展的历史变迁中的地位会有所变化。在一个地区发展的初级阶段,区域硬实力是区域发展追求的目标。但当一个地区的经济发展达到一定水平后,区域软实力便发挥越来越重要的作用。因此,区域软实力在区域竞争中具有举足轻重的地位。

总结关于区域软实力的定义,我们可以看出几个关键词:非物质力量(包括价值观念、制度体制、居民素质、特色文化、创新能力、公共服务、区域形象等)、创新力、凝聚力、影响力等。就区域软实力的载体而言,区域软实力包括政府、人口、文化、形象等方面。基于此,我们认为,区域软实力基本上来源于区域文化、公共管理

---

① 戴业炼、陈宏愚:《软实力研究评述》,《科技进步与对策》2006年第11期。
② 秦琴:《区域软实力及作用机理分析》,《管理现代化》2012年第2期。
③ 徐京波、翟建军:《区域软实力研究与建构》,北京:红旗出版社,2011年,第29-40页。

(公共服务)①、人口素质、区域形象等四个方面。区域软实力是间接发挥作用的隐性力量,通过区域文化、政府公信力、人口素质、区域形象产生区域软实力,发挥创新力、凝聚力和影响力,以达到区域社会经济最优发展的目标。

第四节 区域软实力与区域发展

区域软实力是一个地区综合实力和可持续发展能力的重要组成部分,是增强地区竞争力与区域发展的内在要求,对区域经济发展具有战略指导意义。区域软实力与硬实力相互作用,相互增强,对区域经济社会的可持续发展产生重要影响。

一、增强区域软实力的必要性

增强区域软实力是贯彻可持续发展观的内在要求,也是建设和谐社会的基本保障,更是区域竞争力提升的主要途径。区域软实力影响区域发展环境,能够增加区域社会资本,塑造良好的区域形象,带动区域产业发展,促进产业升级,实现区域经济转型。

1. 区域软实力影响区域发展环境

区域发展环境是区域经济社会发展的基本前提,良好的区域发展环境有助于区域社会经济发展。区域软实力影响区域发展环境,为区域发展环境提供资源与保障。区域软实力所涵盖的区域文化、政府公信力、人口素质、区域形象都对区域发展环境有至关重要的作用。政府是区域发展环境中的决策者与管理者,政府的行为直接关系到区域发展环境的形成与发展。一些地方政府在经济活动中或者不履行承诺或者姑息违法违规行为,有的甚至把一些境外或发达地区淘汰的、国家法律明令禁止的生产企业和工艺引进本地。② 一些地方政府制定政策随意轻率、朝

---

① 韩勃、江庆勇认为公共管理是一个更加宽泛的概念,它不仅包括公共服务,而且还包括公共行政。公共服务是有政府行为介入的一种服务机制,可以由公民根据个人需要进行一定程度的选择,涉及的人与人之间的关系是平等的;而公共行政则是以政府为主体的一种权力机制,带有强制性,公民必须接受,涉及的人与人之间的关系是自上而下的等级式的。众所周知,地方政府的政策一般都是带有强制性的,属于公共行政范畴,可这些政策也是一种软实力资源。参见北京大学中国软实力课题组:《软实力在中国的实践之三——区域软实力》,http://theory.people.com.cn/GB/49157/49165/6968055.html。

② 吴光芸、唐兵:《论区域软实力对区域经济发展的影响》,《现代经济探讨》2009 年第 6 期。

令夕改、出尔反尔,使地方政府公信力大为削弱。这些现象极大地损害了区域经济社会发展,不利于区域经济的可持续发展。建设廉洁高效政府,提高政府管理、服务社会水平和信用水平,能够带动民风、社会风气和市场秩序的不断好转,是能够获得社会民众信任支持的重要前提。① 因此,必须增强政府公信力,建立守信、有能力的决策性政府。区域文化浓缩了区域发展的基本精神内核,为区域发展提供精神支持。开放包容的区域文化可以吸引更多的区域外资源,为区域经济社会发展提供支持。区域形象作为区域的"脸面",是区域发挥吸引力的主要途径和方式,而区域人口素质关系到区域人口的技术水平和受教育水平,这些均对区域竞争具有重要作用,影响着区域发展环境。

2. 区域软实力能够增加区域社会资本

区域社会资本是一种基于地缘、业缘、史源、文源之上形成的规则体系、网络体系、信任体系、区域文化、区域认同与区域历史积淀等。其中,规则体系主要指社会规范,包括制度化的规则体系和非制度化的规则体系;网络体系主要指社会关系网络,包含公民参与、人际关系;信任体系主要指社会信任,包含社会互动中的行为承诺等方面;区域文化包括价值理念、信仰系统与行为范式等;区域认同即区域内行为主体间的认同和归属;区域历史积淀则是区域内各种有形的、无形的政治、经济、文化等要素的长期累积。② 规则体系、网络体系和信任体系是公共管理的内容,区域文化、区域认同、区域历史积淀均可划归区域软实力中的区域文化。政府制定的规则体系关系到一个区域能否顺利发展,是束缚还是促进区域发展。政府公信力是政府声誉的表现形式,直接影响政府在行使公权力时的合法性与有效性。良好的政府公信力能够激发公民参与的积极性,提高社会信任度,有利于区域内企业、政府、集群等交流与合作,从而在区域内企业、政府、中介机构、大学与科研机构之间,通过正式或非正式组织的交流和沟通网络形成社会关系网络,推动区域内企业、政府等之间的交流与合作,为区域经济发展提供良好的社会资本氛围。③ 区域文化对区域认同的形成与区域历史沉淀有直接影响。因此,区域软实力可以规范

---

① 陈正良:《论增强区域发展的"软实力"》,《社会主义研究》2005 年第 2 期。
② 吴光芸、唐兵:《论区域软实力对区域经济发展的影响》,《现代经济探讨》2009 年第 6 期。
③ 吴光芸、唐兵:《论区域软实力对区域经济发展的影响》,《现代经济探讨》2009 年第 6 期。

规则体系,扩展网络体系,建立与完善信任体系,也可以发展区域文化,形成区域认同,积累区域历史积淀,增加区域社会资本。

3. 区域软实力能够塑造良好的区域形象

区域形象是区域凝聚力、吸引力和辐射力的基础,是区域软实力建设中的重要一环。区域形象是区域在人们头脑中形成的总体印象,包括区域经济、政治、文化等各个层面,是区域综合实力、发展潜力与活力评估的重要方面,也是区域内外公众对区域进行评价的最直观的评判标准。区域形象可以作为投资选择的参照,也可以作为对外交往与交流的参照。良好的区域形象可以吸引外商投资,建立企业或投资公共事业,也可以加快对外交流与交往。因此,区域要谋发展,就必须塑造良好的区域形象。只有这样,才能折射出区域的魅力和吸引力,形成一种强大的凝聚力、辐射力,成为扩大对外交往、吸引投资的隐性资本。由此可见,区域形象是一个地区经济社会发展的重要无形资产。① 良好的区域形象离不开强有力的政府公信力、诚信与创新的区域文化、优良的公共服务、良好的人力素质。良好的区域形象的塑造有利于增强区域凝聚力、提升区域竞争力,有助于区域吸引外资,引进高端人才,加强对外联系,促进区域经济发展。因此,区域发展与区域形象具有密不可分的关系。

4. 区域软实力可以带动区域产业发展,促进产业升级

区域管理可以为区域产业发展提供必要的政策支持与环境保障。政府公信力与政府决策的正确性是区域经济发展与产业升级的有力保障。如果没有政府的支持,区域经济发展战略朝令夕改,区域经济发展与产业升级将会难以为继。区域文化是一个区域形成文化认同的核心内容。各个区域之间具有不同的传统习俗、风土人情、性格特色和心理特征,因此形成了不同的区域特征。区域文化影响着区域内人们的精神世界,有助于形成独具特色的文化产业,有利于完成区域产业升级。特别是随着旅游业的发展,有些区域已经将发展旅游业作为本区域的主导产业,从传统的农耕经济转变为旅游经济。区域人口素质的提升,也有助于区域经济发展与产业升级。特别是随着人们掌握高新科技,区域产业将会发生产业升级,由原先

---

① 吴光芸、唐兵:《论区域软实力对区域经济发展的影响》,《现代经济探讨》2009 年第 6 期。

的低附加值的低科技粗放型产业向高附加值的高科技技术型产业转变。

5. 区域软实力是实现经济发展的保障与重要载体

作为区域软实力重要组成部分的人口素质是一种战略性资源,人口素质是指推动整个经济社会发展的劳动者的能力,是地区经济构建核心竞争力的基础,是整个社会持续发展的依靠。它有利于提高人们的认识能力和思想道德素质,有利于更新观念和转变生活方式,为社会的发展提供智力支持和精神动力。[①] 人口素质的提高有助于发挥人们的主观能动性,增强创新能力,开源节流,为实现经济社会可持续发展提供支持。国家间的竞争最终是人才的竞争,而区域间的竞争也是人才的竞争,是人口素质的竞争。因此,必须将人口素质的提升作为区域发展的重中之重,将人口素质的提高放到区域社会经济发展的大局中。人口素质关系到区域政策能否落实,关系到区域文明程度的高低,关系到区域竞争的胜负。提升人口素质有助于提高政府效能,促进企业创新,改善区域形象,是实现经济发展的保障与重要载体。

6. 区域软实力对区域经济转型具有重大意义

区域软实力影响着区域发展环境,能够增加区域社会资本,塑造良好区域形象,带动区域产业的发展,促进产业升级,实现经济发展。因此,区域软实力对区域经济转型具有不可替代的作用。区域软实力的目的是通过政府公信力的增强、区域文化的挖掘、区域形象的塑造和区域人口素质的提升,实现区域经济社会转型,从传统的粗放型转为现代的精密型经济发展模式。区域经济增长方式转型必须以软实力为支撑。从20世纪50年代发端到20世纪后期,人类社会进入了后工业化时期的经济增长阶段,它更强调经济增长主要靠效率的提高。[②] 在后工业化时期,经济增长主要依靠科学技术、服务业和信息化产业。然而,所有这些助推经济增长的产业都与软实力密不可分。区域软实力为区域经济转型提供环境、动力与支撑,区域经济转型也是区域软实力增强的最终目的与内在要求。

区域软实力是贯彻科学发展观的重要举措。为实现经济社会的可持续发展,

[①] 方芳:《区域软实力对鄱阳湖生态经济区作用的思考》,《科技广场》2010年第4期。
[②] 秦尊文:《区域软实力研究——以武汉市为例》,《学习与实践》2007年第10期。

必须有正确的政府决策和强有力的政府公信力,有良好的区域形象和较高的人口素质,以及独特的区域文化,这些都是区域软实力的内涵与要求。因此,区域软实力与区域发展是内在统一的,二者紧密联系,不可分割。区域软实力推动区域发展,区域发展也可以为区域软实力的提升提供支撑与保障。

二、增强区域软实力的途径

区域软实力的增强必须综合区域内的各种非物质力量,发挥区域竞争优势。区域软实力的发展离不开区域文化的保持与弘扬,离不开区域政治环境的稳定与支持,离不开区域人口素质的提升以及人才的培养与引进,离不开良好区域形象的塑造。只有充分发展区域软实力的各个方面,才能促进区域社会的和谐与区域经济的可持续发展。

区域文化是一个区域的灵魂,是区域历史的根基所在,是区域软实力的核心要素。区域文化主要包括物态文化(如文物建筑、文化遗址、文化产品等)、人文精神(如审美观念、价值观念、情感聚焦等)、文化活动(如图腾崇拜、宗教、艺术等)、文化经济(如文化旅游产业、文化产品交易等)。[1] 必须加强区域文化建设,整合区域文化资源,提炼区域特色文化,提升区域文化品位,形成区域文化认同,增加区域文化的感召力与影响力。要大力发展文化事业,保护文化遗址与文物,开发文化产品,组织文化活动,发展文化经济,助推区域经济社会的持续发展。形塑区域文化认同与区域文化取向,形成独具特色和具有感召力的区域文化精神,为提升区域软实力提供强有力的支持。

以提高政府公信力为核心的公共管理,为区域软实力提供政策保障与发展环境,其主体是地方政府部门和公共事业部门。公共管理的内容包括公共行政管理、企业管理、居民管理。[2] 公共行政管理要求营造和维护稳定的政治局面,建立廉政高效政府,积极推进政治民主,大力提高社会法治化水平,增强政治公信力。[3] 企业管理要求政府鼓励企业发展,特别是为企业提供优惠政策,支持本土

---

[1] 马庆国、楼阳生等:《区域软实力的理论与实施》,北京:中国社会科学出版社,2007年,第14页。
[2] 马庆国、楼阳生等:《区域软实力的理论与实施》,北京:中国社会科学出版社,2007年,第15页。
[3] 陈正良:《论增强区域发展的"软实力"》,《社会主义研究》2005年第2期。

企业走出去,参与更广范围内的竞争。同时,为企业提供资金支持,帮助企业渡过难关。用积极、开放、包容的心态吸引外资企业进驻本区域,并提供良好的发展环境。居民管理要求政府贯彻以人为本的发展理念,建立和谐的区域发展观和可持续发展观。在注重区域经济发展的同时,兼顾居民生活水平与生活质量的提高。建立健全社会保障与社会福利体系,使区域发展的成果惠及居民,增加居民在区域发展中的主人翁意识,实现区域发展、区域和谐、区域公平的全面发展,增强社会凝聚力。

人口作为区域发展的主体和直接参与者,人口素质的高低关系到区域发展的成败。人口素质主要是指区域人口的受教育水平。增强区域软实力要求加大教育投入,加快义务教育的普及,增加区域人口接受高层次教育的机会,鼓励区域人口接受教育,并且大力引进高素质人才,激发区域人口的创造力。要使区域人口具有使命感与成就感,全身心地投入到区域建设中去。加大对公益性文化事业的投入,不断完善城乡公共文化设施,加强精品生产和大众文化产品生产等,努力满足人民日益增长的物质文化需要,发展多层次精神文化消费,促进人的全面发展,通过公民文化、政治、法制、道德及自我发展的整体素质的提高,从根本上提升区域发展的竞争力。[1] 通过区域人口素质的提高增强区域软实力,将区域人口素质作为区域发展的基本内容和区域竞争力的来源,形成区域人口素质提高与区域社会经济发展良性互动的局面,推进区域社会经济发展。

区域形象是指作为一个整体的区域在公众头脑中形成的总印象和总评价。区域形象是区域凝聚力、吸引力和辐射力的基础,是区域软实力建设中的重要一环,是一种无形的财富。区域形象的塑造是一项综合性的系统工程。[2] 区域形象的塑造经过了区域形象定位、区域形象制作、区域形象传播等阶段。区域形象作为区域的象征,必须与区域的经济社会发展战略相一致,与区域文化与发展实际相一致,要能够代表区域的社会经济发展目标。在制作出区域形象后,要通过各种途径,包括报刊、传媒、网络等,将区域形象宣传出去。同时,辅以区域文化交流,将区域形

---

[1] 陈正良:《论增强区域发展的"软实力"》,《社会主义研究》2005年第2期。
[2] 陈正良:《论增强区域发展的"软实力"》,《社会主义研究》2005年第2期。

象传播出去。注重区域形象的持续性与生动性,将区域形象作为区域的无形资源服务于区域发展。注重提高公众形象意识,引导和鼓励区域内全体公众共同关心和主动参与本地区的形象建设活动。真正做到使区域形象成为全区域人民的希望所在、动力所在。

区域软实力的增强是区域发展的应有之义,也是增强区域竞争力的核心内容。针对区域文化、政府公信力、人口素质、区域形象四个方面,我们对如何增强区域软实力提出了系统对策。区域文化要整合文化资源,政府公信力要塑造良好的政府形象,要提高人口素质,形成良好的区域形象,这些均对增强区域软实力具有重要作用。区域社会经济的可持续发展与区域和谐社会的建立都离不开区域软实力的建设,因此各区域要加大区域软实力的建设力度,推进区域软实力又快又好地发展,为区域和谐社会与经济可持续发展提供保障。

第二章 区域软实力的综合评价体系

在目前我国的现实社会中,无论是各级政府还是一般民众,对区域发展的评价集中于对经济发展水平的关注,特别是注重GDP等体现硬实力的要素,而忽略了对区域软实力要素应有的关注。与此相对应的是,学者们关于软实力理论的探讨虽然很多,却仅仅集中于抽象的概念和理论模式的构建,对区域软实力建设如何落实到实践中来则关注不够。事实上,区域软实力理论的探讨在一定程度上可以为区域软实力建设的实践服务,但其前提是"必须建立体现软实力要求的、具有可操作性的综合评价体系,以便实践中有章可循"[1]。在构建这样一套从理论到实践的综合评价体系之前,必须首先对区域软实力进行深入分析,将这样一个看似模糊的概念清晰化,找到构成区域软实力的各项要素,并对各项要素再次分解,构建多层次的区域软实力指标体系。在此基础上,针对这一指标体系进行综合的评价分析。

第一节 区域软实力的构成要素

区域软实力对于区域发展至关重要,是新时期区域发展战略的重中之重与区域竞争的主要内容。提升江苏区域软实力,必须从区域软实力的各个要素入手,通过对各要素的全面把握,并结合江苏区域发展的现实情况,建立区域软实力的综合评价体系。区域软实力建设一般主要从四个方面的要素入手,即区域文化、政府公信力(公共管理)、人口素质和区域形象。这四点也构成了区域软实力综合评价指标体系中的一级指标(图2-1)。

---

[1] 徐京波、翟建军:《区域软实力研究与建构》,北京:红旗出版社,2011年,第116页。

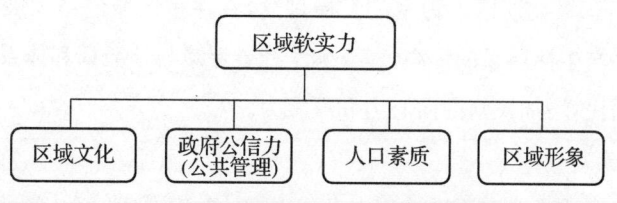

图 2-1　区域软实力的四大构成要素

1. 区域文化

区域文化是区域软实力建设的核心要素。从某种程度上可以说,区域文化是整个区域软实力建设的基础,任何其他软实力构成要素的建设都要依赖于区域文化提供的软实力平台。正如一些学者所指出的:"区域文化既是软实力的一个独立要素,但又贯穿于整个软实力的运作过程。"[①]因而,区域文化的发展具有极其重要的意义。党的十七大报告中明确提出:要激发全民族文化创造力,提高国家文化软实力。十八大报告中强调,要开创"中华文化国际影响力不断增强的新局面"。在区域层面的文化软实力建设上,必须要从以下几点入手:结合区域内历史和当前文化资源的实际情况,做好区域文化发展的整体规划;加快完善区域文化资源的整合与开发,特别是要加大力度发掘文化资源、加快文化产业发展规模和速度的提升。

2. 政府公信力(公共管理)

作为区域公共管理的重要层面,政府公信力是区域软实力的重要构成要素。公共管理的主体是"地方政府部门和公共事业部门"[②]。公共管理能力是区域发展的重中之重,缺乏有机的、高效的公共管理将使区域软实力建设失去支撑的平台和推动的引擎。政府的公共管理能力不仅直接影响着软实力建设的成效,而且它本身就是区域软实力最为重要的构成要素之一。提升公共管理能力,最关键的是要提高政府公信力。大体来说,公共管理主要分为内向的公共管理、外向的公共管理和多面向的公共管理三个方面。公共管理需要做到以下两点:建立廉政高效政府,营造和维护稳定的政治局面,积极推进政治民主,大力提高社会法治化水平,增强

---

① 徐京波、翟建军:《区域软实力研究与建构》,北京:红旗出版社,2011年,第95页。
② 马庆国、楼阳生等:《区域软实力的理论与实践》,北京:中国社会科学出版社,2007年,第15页。

政府公信力;① 积极贯彻以人为本的发展理念,在注重区域经济发展的同时,兼顾居民生活水平与生活质量的提高,建立健全社会保障与社会福利体系,使区域发展的成果惠及居民,增加民众的向心力和凝聚力。

3. 人口素质

区域人口素质是决定区域软实力发展水平的关键要素。人口素质是指区域人口总体的质量。区域软实力的提升归根结底是区域人口或人力在特定区域地理、社会历史背景下表现出的软力量。因而,人口是区域软实力的主体。一般来讲,人口素质主要包括身体素质、劳动技能素质、科学文化素质等几个方面的内容。区域人口素质的提高需要做到以下几点:加强区域教育,即加大教育资金投入、加快义务教育的普及,增加区域人口接受高层次教育的机会;引进优秀人才,即大力引进高素质人才,提供良好的创业、就业环境;增强区域人口的凝聚力、成就感,激发他们投身区域建设的热情;加大对公益性文化事业的投入,不断完善城乡公共文化设施,发展多层次精神文化消费,促进人的全面发展。这样,通过区域人口素质的提高增强区域软实力,从而进一步推进区域的整体发展。

4. 区域形象

区域形象是区域软实力外显活力和内在影响力的基本要素。它是指作为一个整体的区域在公众头脑中形成的总印象和总评价,一般由硬形象与软形象要素构成。区域形象的建设具有深远的意义,它是一种无形的财富,构成了区域凝聚力、吸引力和辐射力的基础,是区域软实力建设中不可或缺的一环。区域形象的建设是一项综合性的系统工程。② 它必须经过区域形象定位、区域形象传播等阶段。区域形象的定位要依据区域内各种形象资源的实际情况,有针对性地突出优势的一面、晦隐劣势的一面,使区域形象的定位能够充分反映区域的优势,为区域发展提供良好的外部环境。同时,需要强调的是,区域形象的定位必须与区域的经济社会发展战略目标相一致。在完成区域形象的定位后,必须通过有效的手段把这种定位推介给区域内外的广大民众。不过,在区域形象的建设过程中,区域形象本身的滞后性也不容忽视。它与区域软实力的其他三个主要构成要素之间有着密不可

---

① 陈正良:《论增强区域发展的"软实力"》,《社会主义研究》2005年第2期。
② 陈正良:《论增强区域发展的"软实力"》,《社会主义研究》2005年第2期。

分的联系,即"过去的区域文化、过去的人口素质和过去的公共服务影响了当前的区域形象"①。

以上四个方面构成了区域软实力的主要内容。不难看出,四者并非孤立地构成了区域软实力,而是相互联系、相互作用的。具体来说,区域文化是公共管理、人口素质和区域形象建设的基础,人口素质则是区域文化、公共管理和区域形象的重要载体,而区域形象又是区域文化、公共管理水平和人口素质等多个方面的综合体现。因而,区域软实力的建设必须统筹各大要素,构建综合评价的指标体系,并针对指标体系进行评价和分析,然后设计出符合区域实际的软实力战略。

第二节 区域软实力提升指标体系的构建

区域软实力的评价是一项复杂的系统工程,而区域软实力本身又是一个涵盖多元的复杂概念,因而在对区域软实力进行综合评价之前,必须构建出全面、系统的评价指标体系。在具体的操作中,首先要对区域软实力的各大要素进行逐个具体的分析,使每一要素涵盖的内容具体化,将它们分解为更具体的二级指标。对于一些仍然不够具体的二级指标,可以再次分解为三级、四级指标。

必须注意的是,在构建区域软实力各大要素次级指标体系的过程中,必须要遵循以下重要原则。首先,全面性原则。区域软实力是一个抽象的概念,与硬实力相比,它具有模糊性大、难以量化的特点。在选取各大要素的二级指标及三级指标时,必须考虑全面、把握准确、防止疏漏。其次,可行性原则。对于各级指标的选取,要注意具有分析的可行性。对于根本无法进行衡量的指标要进行有效取舍;对于过于模糊、涵盖面过大的指标要进行进一步的拆解,建立次一级的指标,以求精准描述。再次,独立性与协调性相结合的原则。区域软实力本身是一个模糊的概念,其四个主要要素之间存在着交叉。如区域文化、人口素质和公共管理本身都是区域形象建设的关键因素,而区域文化影响着人口素质、公共管理等。在上述四大要素的次级指标选取时,要注意防止指标间出现重叠,力求次级指标相互独立又全面准确地反映区域软实力。

---

① 马庆国、楼阳生等:《区域软实力的理论与实施》,北京:中国社会科学出版社,2007年,第28页。

下面我们依据上述原则,分别对区域软实力的四大构成要素进行进一步的分析,在全面综合考量各指标的相互独立性与可行性的基础上构建区域软实力的次级指标体系。

一、区域文化

区域文化包括区域历史文化的积淀与当前文化发展状况,两者共同构成了区域文化软实力。实质上,这一概念非常复杂,作为区域软实力的一级要素,其本身也由许多或可量化或不可量化的构成要素组成。十七届五中全会提出:"文化是一个民族的精神和灵魂,是国家发展和民族振兴的强大力量。"全会还指出了文化建设的具体方针和目标。[①] 下面我们就以国家对文化软实力建设的方针为指导,具体分析区域文化的次级指标,从而构建区域文化建设的指标体系。

首先,就区域历史文化来说,大体上,可以将区域文化软实力分为以下两个二级指标:一是区域物质文化遗产;二是区域非物质文化遗产。

区域物质文化遗产是区域内历史遗留下的宝贵文化资源,包括文物、建筑群和遗址等。一方面,这些区域文化遗产本身即是发展区域旅游、区域形象和人口素质教育的良好资源;另一方面,物质文化遗产本身就是文化的物化形式。可以说,区域文化软实力的建设应首先对区域内物质文化遗产进行有效的保护、发掘和利用,将其作为文化资源和文化载体的功能发挥至最大。我们选取区域重点文物保护单位的数量、文物保护业藏品数等来反映区域物质文化遗产的多少,以每万人重点文物保护单位数和每万人文化保护藏品数作为评价指标。

对于区域非物质文化遗产,它是区域内世代相承的、与群众生活密切相关的各种传统文化的表现形式,如民俗活动、表演艺术、传统知识与技能,以及与之相关的器具、实物、手工艺品等。一般来讲,我们用区域内入选国家级、省级、市级和县级的非物质文化遗产总数来反映其非物质文化遗产数的多少,并以每万人非物质文化遗产数作为相应的评价指标。[②]

其次,就区域文化的当前发展建设来说,它包括以下三个二级指标:一是文化

---

① 参见《中共第十七届中央委员会第五次全体会议公报》,http://news.xinhuanet.com/politics/2010 - 10/18/c_12673082_4.htm。
② 参见周国富、吴丹丹:《各省区文化软实力的比较研究》,《统计研究》2010 年第 2 期。

事业;二是文化产业;三是文化管理。

文化事业包括以下几个次级指标:公共文化服务体系(图书馆、博物馆、美术馆、文化馆)、公共文化服务制度、非遗保护。可以选取每万人公共图书馆数、电视综合人口覆盖率、广播综合人口覆盖率、每万人群众文化事业机构数、人均文化事业固定资产投资额、文化事业固定资产投资占全社会固定资产投资的比重等来衡量。

文化产业是指"为社会公众提供文化、娱乐产品和服务活动以及与这些活动有关联的活动的集合"。它包括艺术表演业、新闻出版业、文化娱乐业、广播影视业、音像业、图书馆业、群众文化业等。一般选取人均文化产业增加值、文化产业增加值占 GDP 的比重、文体娱乐业就业人数占总就业人数的比重等来衡量。

文化管理包括:一是政府对文化事业的支持。我们选取文化事业支出占财政支出的比重、人均文化事业支出两个评价指标。二是政府对文化的管理。我们可以从每万人文化行政主管机构数、每万人文化市场执法机构数等指标来衡量。[1]

此外,值得一提的是,除上述三个指标外,区域文化建设还应包括区域文化素质的建设。不过,文化素质主要指的是区域内人口的文化素质,因而我们将其放入人口素质这一要素的指标体系之内。区域文化评价指标体系见表 2-1。

表 2-1 区域文化评价指标体系

区域文化	区域物质文化遗产	每万人重点文物保护单位数
		每万人文化保护藏品数
	区域非物质文化遗产	每万人非物质文化遗产数
	文化事业	每万人公共图书馆数
		电视综合人口覆盖率
		广播综合人口覆盖率
		每万人群众文化事业机构数
		人均文化事业固定资产投资额
		文化事业固定资产投资占全社会固定资产投资的比重

---

[1] 周国富、吴丹丹:《各省区文化软实力的比较研究》,《统计研究》2010 年第 2 期。

续表

区域文化	文化产业	人均文化产业增加值
		文化产业增加值占 GDP 的比重
		文体娱乐业就业人数占总就业人数的比重
	文化管理	文化事业支出占财政支出的比重
		人均文化事业支出
		每万人文化行政主管机构数
		每万人文化市场执法机构数

不难看出，这一指标体系是由一系列可以用统计数据表达的量化指标构成的。文化软实力作为一种涵盖面复杂多元的抽象要素，可以通过构建这种量化的指标来进行精确的评价。但必须注意的是，很难说这一指标体系已经将文化软实力这一综合概念完整地分解，因而我们在研究文化软实力提升具体策略的时候，除了要针对上述指标进行分析外，还应从文化软实力这一概念整体上去把握。

二、公共管理

公共管理能力是区域发展的重中之重，政府公信力又是其中的核心所在，缺乏有机、高效的公共管理将使区域软实力建设失去支撑的平台和推动的引擎。政府的公共管理能力是区域软实力最为重要的构成要素之一，而且直接影响着软实力建设的成效。公共管理要素尤以政府公信力最为重要。培育、重塑良好的政府公信力，就是要以"实事求是"的科学态度、"为人民服务"的公共服务精神指导政府行政工作和处理政府与社会的关系。政府公信力涉及的是政府和民众的双边关系，既可反映政府的主体性能力，又可体现社会民众对内含于政府行为中的行政能力的主观认可度。构建公共管理的指标体系，各级指标必须能够充分全面地反映出政府自身的内部管理、对外服务和社会治理等多维度的内容。一般来讲，公共管理又可以分为以下几个次级指标。

首先，内向的政府管理。它主要指的是对政府的选人、办事的管理要求。一般来讲，它包括以下几个子内容：一是公共行政伦理建设，包括公务员队伍建设、领导干部素质、政府信用等。二是律己制度建设，包括法律法规建设、依法行政状况、政务公开制度、内部和外部的监督机制等。三是公共决策制定,包括政府民主决策渠道、决策制定的独立性等。四是政府行为改进,包括整体政府概念、有效的政府协调机制、行政过程的改善、政策执行力、行政人员工作态度等。

其次,外向的公共服务,即无形的政策服务和有形的公共产品。一是打造公共服务型政府:转变政府职能,克服单边主义;创造公共价值,优先考虑涉及面广、基础性的民生工程。二是政策本土化取向:完善地方发展政策,提高政策实施的公正性、透明性、科学性和稳定性。三是公共教育提升公民素质:推行全面素质教育,提高公众信息选择能力。四是确保政策实现度和有效性:提高政策允诺兑现的速度与质量,避免"口惠而实不至"或者打着公共利益的大旗为个人或组织谋私利。五是风险社会的危机管理:端正观念,构建风险预警和危机应对工作机制。

最后,多面向的社会治理网络。一是拉近府民距离:尊重民众的知情权,加大民主政治建设,适度地分权和放权,尊重公众对于公共生活的话语权等。二是多元合作治理:支持民间社会有效参与、支持和规范社会组织超然而独立的社群地位;弘扬公共服务精神,促进公私伙伴关系的建立,采用公共服务外包等切实提高政府行为效率和效果的市场经济手段,同时杜绝其中的政府失灵现象;强化公民意识、公民参与机制、公共话语权;尊重、引导和发挥公共知识分子的求实态度与理性精神;推进媒体的自由话语权。三是政府常态公关和危机公关:提高信息公开制度,如建立新闻发言人和听证制度;建设与维护政府公共关系,把公信力转变为公信度。四是多元化治理工具:与时俱进,改善对信息通信技术的利用,拓展社会治理的广度与深度;与其他地方政府或者各种类型的社会组织或团体,实现信息充分、及时、有效的交换与把握,提高信息利用率。克服传统传播方式可能造成的信息传递的扭曲和迟滞,提高工作效率,延展社会网络,让自由媒体时代的公众有途径、有机会参与相关的政府工作。政府充分听取民意,除民困,解民忧,提高政策回应的及时性和准确性,从而有效提高政府行政效率、提升公众感知行政服务的质量。

综合来看,公共管理的上述三个次级指标并非孤立的,而是互有交叉、相互渗透,有机统一为一个整体。在综合、全面考察了公共管理建设方方面面的基础上,依据全面性、可行性、独立性和科学性的原则,我们构建出以政府公信力为核心的公共管理的指标体系,见表2-2。

表2-2　公共管理评价指标体系

公共管理	内向的政府管理	公共行政伦理建设
		律己制度建设
		公共决策制定
		政府行为改进
	外向的公共服务	打造公共服务型政府
		政策本土化取向
		公共教育提升公民素质
		确保政策实现度和有效性
		风险社会的危机管理
	多面向的社会治理	拉近府民距离
		多元合作治理
		政府常态公关和危机公关
		多元化治理工具

从这一指标体系不难看出,公共管理作为一个复杂、综合的概念,其在具体的提升过程中,必须注意上述次级指标的交叉重叠。同时,对于各次级指标的具体评价,既可以采用定性的分析方法,也可以对其进一步分解,制定出可以量化的新一级的指标体系。

三、人口素质

人口素质是区域软实力建设的关键因素,它是指在一定历史条件下人口的结构和组合状态所展现出来的各种社会功能和影响力。[①] 一般来讲,人口素质包含身体素质、劳动技能素质、科学文化素质三个基本要素。

身体素质是人口素质最核心、最基本的内容,同时也是劳动技能素质和科学文

[①] 邬沧萍主编:《人口学学科体系研究》,北京:中国人民大学出版社,2006年,第255页。

化素质的物质基础。俗话说,身体是革命的本钱,人口素质的发展离不开身体素质的提高。一般来讲,身体素质可以由以下几个评价指标来衡量:平均预期寿命、5岁以下儿童死亡率、60岁以上老年人占总人口的比重、无劳动能力人口占总人口的比重、每万人卫生机构数、每万人卫生技术人员数、每万人财政医疗卫生经费支出额等。①

劳动技能素质是人口素质的主要内容,劳动技能素质的发展可为国家增强竞争活力和后劲提供重要保证,是经济发展新的推动力。② 劳动技能素质一般可以由以下几个评价指标来衡量:大专及以上人口占从业总人口的比重、劳动生产率、科技活动人员占从业人员总数比重、每万人中技术人员数、每10万人口专利数、第三产业从业人口占总从业人口的比重、第三产业产值占区域 GDP 比重等。

科学文化素质是指人口掌握科学文化知识的多少,一般指区域内人口受教育程度、科学文化知识的普及程度等。一般来说,它可以由以下几个评价指标来衡量:区域内人口平均受教育年限、文盲率、高等教育普及率、大专以上学历人口比例、初中毕业升学率、每万人公共图书馆藏量、每万人财政教育经费支出等。

人口素质是区域软实力指标体系中的主体内容。综合上述分析,人口素质这一要素的评价指标体系如表2-3所示。

表2-3 人口素质评价指标体系

		平均预期寿命
人口素质	身体素质	5岁以下儿童死亡率
		60岁以上老年人占总人口的比重
		无劳动能力人口占总人口的比重
		每万人卫生机构数
		每万人卫生技术人员数
		每万人财政医疗卫生经费支出额

---

① 参见许燕、屈云龙:《人口素质评价体系的构建及应用——以江苏省为例》,《人口与发展》2011年第1期。
② 参见许燕、屈云龙:《人口素质评价体系的构建及应用——以江苏省为例》,《人口与发展》2011年第1期。

续表

人口素质	劳动技能素质	大专及以上人口占从业总人口的比重
		劳动生产率
		科技活动人员占从业人员总数比重
		每万人中技术人员数
		每10万人口专利数
		第三产业从业人口占总从业人口的比重
		第三产业产值占区域GDP比重
	科学文化素质	区域内人口平均受教育年限
		文盲率
		高等教育普及率
		大专以上学历人口比例
		初中毕业升学率
		每万人公共图书馆藏量
		每万人财政教育经费支出

可以看出,通过一系列的量化指标对人口素质这一涵盖面复杂的概念进行分解建构,能够使得评价更为直观和客观。但同样需要注意的是,这些量化指标之间有交叉,并且其涵盖范围不可能完全与人口素质概念本身吻合,中间存在一定的误差。因而在对这一要素进行评价时,必须注意将人口素质作为一个整体概念进行把握。

四、区域形象

区域形象是区域软实力的构成要素之一。区域形象一般分为区域硬形象和区域软形象两类。下面我们分别就区域形象中的硬形象和软形象进行具体分析,构建区域形象评价指标体系。在此,我们结合课题组进行的江苏省区域形象建设的调查问卷,将区域形象的各项次级指标进行分级,并赋予相应的分值进行量化处理。

1. 区域硬形象

硬形象是指具有客观形体或可以精确测量的各种因素。根据这一概念,我们一般将其分为以下几个方面的子内容:区位形象(或称地理形象)、经济形象、科技形象、教育形象、交通形象、自然资源形象、人口形象等。

对于区位形象来说,它是区域吸引力的重要基础,是软实力的一大要素。我们通过调查问卷得出人们对区域地理位置优劣的看法,设定"非常优越""优越""一般"和"较差"四个等级,分别赋予4、3、2、1的分值对其进行量化分析。

对于经济形象来说,它是衡量一个区域形象好坏的关键因素。我们设定"发达""良好""一般"和"落后"四个等级来衡量区域经济形象的好坏,并分别赋予4、3、2、1的分值对其进行量化分析。

对于科技形象来说,科技是第一生产力,其对区域发展具有极为重要的作用,区域科技形象的好坏直接影响人们对该区域当前发展水平和未来发展潜力的评价。我们在问卷调查中设定"科技发达""一般,未来潜力大""科技落后"和"不了解"四种评价来衡量区域科技形象的好坏,并分别赋予4、2、1、2的分值对其进行量化分析。

对于教育形象而言,它是区域发展潜力和当前发展水平的重要参考因素,是区域形象建设的重要一环。我们在问卷调查中,设定"发达""良好""一般"和"较差"四种评价标准供被调查者选择,并分别赋予4、3、2、1的分值对其进行量化分析。

对于交通形象来说,它是展示区域发展水平最为重要的基础设施,交通形象的好坏直接作用于区域内外公众对区域整体形象的认知。我们在调查问卷中设定"非常好""一般""不好"和"非常不好"四种评价等级,并分别赋予4、3、2、1的分值对其进行量化分析。

对于自然资源形象来说,它是区域发展潜力和可持续性的关键要素,它不仅影响着人们对区域投资环境的评价,也直接影响着区域整体形象的建设。在问卷调查中,我们选取"非常丰富""有些丰富,有些贫乏""贫乏"和"不了解"四种评价等级,并分别赋予4、2、1、2的分值对其进行量化分析。

人口形象是区域硬形象的重要组成部分,它也是衡量区域发展水平的重要标志。但是,由于区域内部的差异性以及人口形象认知的复杂性,我们只能进行大致的量化处理,在综合分析评价中分别对其赋予4、3、2、1的分值。

2. 区域软形象

软形象是指无法精确测量的、受心理因素影响较大的区域形象。根据这一概念，我们将其分为以下几个方面的子内容：历史文化形象、旅游形象、公共文明形象、政府形象等。

对于历史文化形象来说，它是区域形象的重要一环，是人们对区域形象评价的重要参考指标。在区域形象的问卷中，我们针对区域历史文化形象所处地位进行了调查，设定了"优势，值得大力弘扬""劣势，应注重其他方面形象的宣传""一般"和"不了解"四种评价等级供被调查者选择，并在综合评价分析中分别赋予上述四种评价4、1、2、2的分值进行量化处理。

对于旅游形象来说，它是区域形象的关键要素。我们在区域形象问卷调查中设定了"优""良""中""差"四种评价等级供被调查者选择，并在综合评价分析中分别赋予4、3、2、1的分值对其进行量化处理。

对于公共文明形象来说，它是衡量区域民众文明素质发展水平、评价民众精神文明建设状况的重要因素，包括城市环境形象、农村环境形象、治安形象、人口素质形象等内容。其一，城市环境形象。我们在问卷调查中设定了"很好""较好""一般"和"较差"四种评价等级供被调查者选择，并在综合评价分析中分别赋予4、3、2、1的分值对其进行量化处理。其二，农村环境形象。我们同样设定"很好""较好""一般"和"较差"四种评价等级，并在综合评价分析中分别赋予4、3、2、1的分值对其进行量化处理。其三，对于治安形象来说，它是衡量区域发展水平以及吸引人才和投资的重要基础，在问卷调查中，我们设定了"很好""一般""差"和"不清楚"四种评价供被调查者选择，并在综合评价分析中分别赋予4、2、1、2的分值对其进行量化处理。其四，人口素质形象。我们设定了"整体很好""一般""不好"和"不清楚"四种评价等级，并在综合评价分析中分别赋予4、2、1、2的分值对其进行量化处理。

对于政府形象而言，它主要指的是政府公信力的好坏，包括政府的执政能力、透明度、执法效率等因素。我们在问卷调查中设定了"很好""一般""不好"和"不了解"四种评价等级，并在综合评价分析中分别赋予4、2、1、2的分值对其进行量化处理。

综合上述分析，我们构建出区域形象要素的指标体系，如表2-4所示。

表 2-4　区域形象评价指标体系

区域形象	硬形象	区位形象	
		经济形象	
		科技形象	
		教育形象	
		交通形象	
		自然资源形象	
		人口形象	
	软形象	历史文化形象	
		旅游形象	
		公共文明形象	城市环境形象
			农村环境形象
			治安形象
			人口素质形象
		政府形象	

从这一指标体系不难看出,区域形象的涵盖面涉及了区域内从经济、资源等硬性要素到人口素质、历史文化形象等软性要素。这一特征表明,区域形象与其他三大要素之间存在较大的重叠。因而,在对其进行评价的时候,必须注意对交叉部分做出界定。此外,这种特征也表明区域形象作为区域软实力的重要部分,在一定程度上决定于其他软实力的建设成效,同时区域形象本身建设的成功也将极大地促进其他要素的提升。

第三节　区域软实力发展战略的综合评价

在区域软实力的综合评价中,绝对精确地量化软实力是没有必要的,但我们仍需在适宜的精确度上把握软实力。目前国内对区域软实力评价指标体系进行分析和评价的方法主要有以下几种:一是采用德尔菲评价法,对各项指标进行量化,然后采用模糊数学方法进行综合评价。① 二是采用定性分析法,对区域软实力各项指标进行详细描述,然后在此基础上"给出一个粗线条的评定"②。对于第一种方法来说,将含糊的软实力各级指标进行量化,再用精确的数学模型进行分析,多少有点牵强附会。而第二种方法,虽然避免了量化指标带来的谬差,但分析的结果却不可避免地含混不清。

本研究拟采用定性与定量分析相结合的方法进行评价。定性评价方法使用的资料主要是主观的鉴定结果,其结论主要是描述性的话语。但在条件允许的情况下,我们尽量对定性的问题进行定量化的处理,以求更为准确的表达,这取决于评价的目标、内容和要求。③ 例如,对区域软实力中区域形象的次级指标交通形象而言,我们首先进行定性分析,将其评价定性为"非常好""一般""不好""很不好"四种选项。然后,我们对四种选项分别赋予4、3、2、1的分值进行量化处理。对于无法量化的各项指标,我们采用专家评价法,即由专家依据评价标准和得分范围进行打分。在得出各项指标的分值后,我们采用加权综合评价法进行评价。针对区域软实力的各大要素,我们的评价步骤如下:

第一步,针对区域软实力指标评价体系中所列的各级各项指标制定出评分标准和得分范围。

对于区域文化、人口素质各级指标来说,其最次级指标可以通过数据进行量化。在这种情况下,我们将全国平均数据与本区域各项指标的数据进行比较。其评分标准如下:

- 对于优于全国平均水平的指标定为4分;
- 对于较全国平均水平稍好的指标定为3分;
- 对于与全国平均水平基本一致的指标定为2分;
- 对于劣于全国平均水平的指标定为1分。

对于公共管理这一要素,其各级指标无法进行数据分析,因而我们采取德尔菲评价法中专家评分的方法对各项指标进行量化处理。其评分标准如下:

---

① 周晓宏、王小毅、谢荷锋:《区域软实力及其综合评价体系研究》,《技术经济》2007年第6期。
② 姜运仓:《区域软实力的概念、要素及评估指标体系》,《桂海论丛》2010年第3期。
③ 徐京波、翟建军:《区域软实力研究与建构》,北京:红旗出版社,2011年,第109-110页。

- 表现很好、处于优势地位的指标定为 4 分；
- 表现较好、较一般水平高的指标定为 3 分；
- 表现一般、既不突出也不落后的指标定为 2 分；
- 表现差、处于劣势地位的指标定为 1 分；
- 专家不了解、不清楚的指标定为 2 分。

对于区域形象这一要素，我们通过问卷调查的形式得出一个量化的结果。我们设定问卷调查中各选项代表一定的分值，分值为 1、2、3、4 四种。区域形象各次级指标具体被赋予的分值我们在上节已经列出，此处不再赘言。其中，具有特别优势的选项计 4 分，较有优势的选项计 3 分，表现一般的选项计 2 分，表现差、处于劣势的选项计 1 分，对于被调查者选择不了解、不清楚的选项计 2 分。

第二步，设定四大要素各项指标的权重系数。

需要考虑的是，同一层级的各项指标在该指标体系中的重要性并非一致，这就需要给该指标设定一个权重系数 W_y。对各级各项指标设定权重系数，必须综合考量各项指标在综合指标体系中的实际重要性，这需要对各项指标进行准确的分析。

第三步，对各大要素进行综合评价。

对于区域文化和人口素质两大要素的评价，我们通过查找相关数据计算各指标得分。数据来源主要是国家统计局公布的各项指标的全国平均标准和研究区域的地方统计局公布的各项指标的数据。然后，根据上文列出的评分标准和得分范围计算出各项指标的最后得分 S。设定共有 M 个指标，则加权后的综合评分值 S_y 为：

$$S_y = \sum_{y=1}^{M} S \cdot W_y = 1(0 < W_y < 1)$$

对于区域形象这一要素，我们设定各项指标的 A、B、C、D 四个选项代表的分值分别为 K_A、K_B、K_C、K_D，被调查者选择该指标四个选项的人数占总人数的比重分别为 T_A、T_B、T_C、T_D，则 K 与 T 的乘积即为该选项的分值，那么我们依据区域形象问卷调查的统计结果可以计算出各项指标的最后得分 S 满足：

$$S = K_A \cdot T_A + K_B \cdot T_B + K_C \cdot T_C + K_D \cdot T_D (0 \leqslant T \leqslant 1)$$

则加权后综合评分值为：

$$S_y = \sum_{y=1}^{M} S \cdot W_y = 1 (0 < W_y < 1)$$

对于公共管理这一要素，我们采用专家评价法。邀请公共管理领域的若干名专家依据上文的评分标准和得分范围对公共管理的各项次级指标进行打分。我们设定邀请了 N 位专家，对 M 个指标进行打分；第 $x(1 \leqslant x \leqslant N)$ 位专家对第 $y(1 \leqslant y \leqslant M)$ 个指标的评分为 S_{xy}。其权重系数 W_y 满足如下条件：

$$\sum_{y=1}^{M} W_y = 1 (0 < W_y < 1)$$

通过加权评分法计算综合评分值为：

$$S_y = \sum_{x=1}^{N} S_{xy} \cdot W_y (0 < W_y < 1)$$

根据这一计算，在区域软实力的指标体系中，各项三级指标得分为四级指标对应权重相乘所得数之和，二级指标得分为各三级指标对应权重相乘所得数之和，一级指标得分为各二级指标对应权重相乘所得数之和；那么，区域软实力的总体得分为各一级指标得分与相应权重相乘所得数之和。

第四节 SWOT 分析法的应用假设

SWOT 分析法又称态势分析法，是由旧金山大学管理学教授海因茨·韦里克(Heinz Weihrich)于 20 世纪 60 年代提出的一种战略分析方法。"SWOT"即 strengths(优势)、weaknesses(劣势)、opportunities(机会)、threats(威胁)四个英文单词的首字母缩写。该分析法通过对被分析对象的优势、劣势、机会和威胁进行综合评价和分析，以明确其具备的优势与劣势、面临的机会与挑战，从而科学合理地对其各种资源和策略进行整合与优化配置，最终达到实现目标的最佳状态。这种分析评价方法被广泛应用于战略研究与竞争分析方面。

区域软实力提升战略的制定，需要综合考察该区域内软实力资源所具有的内部优势和劣势，以及其面临的外部威胁与机会。应用 SWOT 分析法能够有效而直观地为区域软实力的提升构建一种战略模型。我们通过罗列区域软实力的优势、劣势、机会与威胁的各种表现,再将各种表现进行有机组合,从而形成结构化的平衡系统分析体系。这个分析体系能够对区域软实力有一个模糊的定位描述。然后,依据这一定位描述对各级指标和要素及区域软实力整体提出相应的战略。值得注意的是,SWOT分析法虽然具有直观的优势,但在对区域软实力进行分析时,由于缺乏精确的数据支持,不可避免地会在精确度上有一定的缺陷。因而在罗列各级指标要素时,我们必须做到尽可能真实、全面、客观和精确,在条件允许的情况下,提供定量的数据来弥补SWOT分析时的缺陷。

在具体实施SWOT分析之前,必须做好以下几个方面的工作。其一,要对准备分析的区域软实力的优势、劣势有客观的、较准确的认识。其二,必须对区域软实力各要素及其次级指标进行全面分析。其三,必须将分析区域的软实力与其他区域的软实力进行比较分析。其四,要避免将分析复杂化,保持SWOT分析法的直观、简洁。在具体的分析操作中,应遵循下面的方法。

首先,我们要对区域软实力的内部因素进行优势和劣势分析,对其外部因素进行机会和威胁分析。

1. 优势分析(S)

区域软实力的优势分析就是通过调查和整理区域软实力各要素及次级指标的各种资料,找出区域软实力诸要素中的优势要素,以指标的形式呈现。在这个过程中,我们需要对与该区域同级别的其他区域进行对比研究,分析本区域相对其他区域的优势所在,将各级优势指标进行整理归纳列表。当然,我们还可以依据在区域软实力各要素及次级指标的综合评价中得出的结果来确定区域软实力的优势。

2. 劣势分析(W)

在进行优势分析的过程中,我们对比了本区域与其他区域各项指标的优劣,找出本区域相对其他大多数区域的劣势指标,将这些指标进行整理列表。同样,我们可以依据对区域软实力的综合评价分析来确定区域软实力的劣势。

3. 机会分析(O)

机会分析是指对本区域软实力发展的外部环境和内在状况进行综合分析和把握,找出当前可以利用的提升区域软实力的机会及将来可以利用的潜在的机会。

例如,我们可以关注国家政策导向,寻找与国家政策导向相一致的软实力要素进行优先发展。又如,可以针对区域可能迎来的外来投资、旅游、大型公共会展等,评价机会的前景,使区域软实力的发展获得竞争优势。

4. 威胁分析(T)

在区域面临的外部环境中,一般总是存在某些对本区域软实力发展不利的因素。例如,其他区域的某些优势吸收了本可用于本区域的资金、人才等流动因素,从而使本区域面临威胁。这种类似的不利因素是区域软实力发展中特别值得关注的对象。

然后,要对上述分析结果进行策略性的整合。一般来讲,SWOT分析法有四种策略,如表2-5所示。

表2-5 SWOT分析策略

		内部能力	
		优势(S)	劣势(W)
外部因素	机会(O)	增长型策略(SO)	扭转型策略(WO)
	威胁(T)	多元策略(ST)	防御型策略(WT)

在对区域软实力各级指标进行策略分析时,最好的方法是运用矩阵方式,即把该区域软实力中的优势、劣势及机会和威胁的具体内容按照上表进行排列,以最直观的方式呈现出来。然后,要对交叉点上的策略组合进行分析,找出最符合我们实现目标要求的策略途径。最后,依据分析结果制定出区域软实力的提升战略。

总的看来,SWOT分析法可以应用于区域软实力提升战略的制定中,但是应建立在以下几个前提之上。一是要充分把握区域内各软实力要素真实具体的情况,能够找出其中的优势和劣势;二是要对当前国家政策导向有一个清晰的认识,并对未来的发展有一定的预知,从而能够认识到区域软实力发展过程中面临的各种机会;三是要对诸如国家政策中对本区域不利的政策和周边区域对本区域构成的竞争等外部威胁有精确的把握。这些前提的获得并非易事,因而在对区域软实力建设的战略进行分析时,必须充分调查研究,掌握大量信息和资料。

第三章 区域文化建设

江苏是经济发达省份,同时也特别重视文化建设。自1996年江苏在全国率先提出建设文化大省的目标以来,在较好经济基础的支持下,经过20多年的改革与推进,江苏文化建设成就突出,文化体制改革取得突破,文化事业和文化产业取得了长足的发展,人民群众的文化消费有了较大的提高,逐步形成了具有江苏区域特点的文化发展模式和江苏文化的竞争优势,对江苏经济社会发展的影响和促进作用越来越明显。

对于文化软实力的界定,国内学者有很多自己的理解和评价体系,我们基本认同金元浦教授概括的"文化凝聚力、文化影响力、文化生产力和文化服务力"[1]的说法,它更接近约瑟夫·奈关于文化软实力的表述,即意识形态影响力、文化影响力、制度影响力和外交影响力。[2]鉴于本书囿于省际文化建设研究,故我们将外交事务的影响力暂且忽略,同时由于制度影响力具体体现在江苏对文化事业和文化产业的政策、法规制定之中,也不再重复单列。因此,根据目前省际文化体制的特殊性,从利于政府决策咨询和数据采集的角度,我们把对江苏区域文化建设的研究界定在三个层面:一是意识形态影响力,即思想文化建设,它主要体现在江苏精神的打造和提炼过程,是文化凝聚力的重要体现;二是文化事业影响力,即文化服务力,它主要体现在文化职能部门对公共文化服务体系的构建;三是文化产业影响力,即文化生产力,包括音乐、表演艺术、电影电视、出版、会展、动漫游戏、新媒体等可以产业化运营的文化产业。这三个方面是江苏地区文化凝聚力、影响力和辐射力的体现,也是本地区区别于其他地区重要的文化标志,更是本地区获取社会进步的重要动力与源泉。

---

[1] 引自中国人民大学金元浦教授2008年12月19日在北京举行的由中国艺术研究院文化发展战略研究中心主办的"中国文化发展战略与国家文化软实力"研讨会上的讲话。

[2] [美]约瑟夫·奈:《美国定能领导世界吗》,何小东、盖玉云等译,北京:军事译文出版社,1992年。

第一节　江苏思想文化凝聚力

一、新时期江苏精神的提炼与阐释

江苏思想文化建设体现在江苏精神的打造和提炼过程之中,它是社会主义核心价值观在江苏的具体阐发。构建社会主义核心价值体系,努力提高国民综合素质,是增强文化软实力的重要方面。作为全国排名前列的经济大省,在人们的印象中,江苏发展的辉煌成就更多地体现在经济水平上。然而,当代区域竞争更多的是文化软实力的竞争,经济发展背后精神的力量不可忽视。可以说,江苏实现每一次大的跨越都产生了有代表性的精神理念,这些精神理念与物质生产领域取得的进步相互促进,丰富了江苏发展的内涵。

精神来源于实践,不同的社会实践会产生不同的精神,不同历史阶段、历史时期的重大社会实践也需要与之相适应的新的精神。在继承江苏优秀传统文化核心价值的基础上,江苏精神的不断升华与提炼过程既展示了江苏人与时俱进的现实精神状态,又体现出江苏省率先发展、科学发展、和谐发展的目标要求与战略内涵,具有前瞻性、引领性和鲜明的时代特征。江苏全面实现小康并向基本实现现代化迈进,推进"两个率先"是一个历史过程,这个过程不仅是一个经济建设的进程,更是一个精神建构的过程。

改革开放以来,江苏抓住国家开发浦东的机遇,发展以乡镇企业为主的工业经济,发扬"踏遍千山万水、吃尽千辛万苦、说尽千言万语、排除千难万险"的"四千四万"精神,开辟出以"苏南模式"为代表的创业之路;随后,华西村奇迹、张家港精神、昆山之路、宿迁精神、海门精神等无不把创业作为各地发展的动力来源,为江苏打下良好的经济基础。"创业"成为发展之基、富民之本。江苏人不满足已取得的成就,在近年的改革中始终把发展创新型经济、实施创新驱动作为主攻方向,从传统产业走向新兴产业、从"草根"创业走向"高端"创新。如果说发展之初江苏人靠的是坚韧不拔的精神创出了自己的基业,那么现今的发展则更多的是依靠创新精神和意识。"创新"铸就了江苏发展之魂、活力之源。江苏是经济大省、文化大省,要实现中国的强国梦就要超越现有的产业模式,实现升级转型,以期实现"人无我有,人有我精,人精我绝,人绝我化"的创优发展之路。"创优"开辟了新时期江苏发展之径、强省之路。因此,2005年"创业、创新、创优"成就了曾经闻名全国的江苏"三创"精神,"创"成了江苏人改革开放的人文思想引擎和经济发展动力。也正是因为"创"的精神,江苏人在经济、文化等方面成绩斐然。

江苏人文精神浓厚,经世致用和"敢为天下先"的思想根深蒂固,苏州吴县人范仲淹实施北宋庆历新政,他所提出的"先天下之忧而忧"至今振聋发聩,这是江苏人自古就有的豪迈气势。中华人民共和国成立之前,曾经出现过两次重要的发展机遇期,江苏无一例外都成为变革的中心与桥头堡。第一次大发展在明清之际,江苏民营纺织手工业发展迅猛,催生了商品贸易的大发展。第二次大发展在近代,洋务运动获得的第一批实绩是在江苏成立金陵机器制造局、苏州洋炮局与江南机器制造总局。随后,南通张謇以及无锡荣氏兄弟、薛氏父子等纷纷倡导实业救国,开启了中国民族工业的蓬勃发展期。改革开放前后,"争先"成为江苏人鲜明的精神特质,体现出主动进取、奋发向上的意识和精神状态。以泗洪上塘为例,20世纪70年代末,该地区创造了"当代中国第一个'大包干'公社"的奇迹,从根本上解决了当时农业生产的体制性障碍,解决了农民温饱问题。[①] 上塘的改革充分展现了江苏人勇争第一、敢为人先的"争先"精神。又如20世纪90年代初还是苏州落后地区的张家港,经过近20年的跨越发展,率先成为富裕、文明、协调的样板区域。张家港人认为:"能够后来居上,我们靠的就是'团结拼搏、负重奋进、自加压力、敢于争先'的精神,[②]这个精神永远是张家港的发展灵魂。"

"领先",既是经济、社会、文化等各方面的工作定位,又是一种引导和行为过程。"领先",引领发展、引领风气之先,体现了江苏一直保持走在中国特色社会主义道路前列的使命意识,也体现了江苏在改革开放中各项工作一直走在全国前列的领先状态。"领先发展"是江苏的责任,也是江苏潜力和优势的实践表达。江苏的"率先"精神,使得江苏在历史发展关键节点上常常能获得先机,对一个时代产生

---

① 《春到上塘》,《人民日报》1981年3月4日。
② 《江苏精神:三创三先新定位》,http://www.js.xinhuanet.com/xin_wen_zhong_xin.

巨大的示范意义。在江苏的发展历程当中,危机与机遇从来都是并存的,每当面临大的发展机遇,江苏的创业者总能应时而变、顺势而为、化危机为转机,创造出一个又一个奇迹,这其中根本原因就在于江苏人不畏难、不怕苦,敢于想他人未想之思,敢于做前人未做之事。江苏文化传统中的"率先"精神为江苏不断在新的领域探索自己的发展道路提供了源源动力,从而在改革创业中占领了先机。"先"是江苏敢为人先的精神气质和现实发展状态的最佳表达。

因此,以"创业创新创优、争先领先率先"为内涵的新时期江苏精神出自江苏自身的文化孕育,反映出新时代江苏人的精神状态,是当前江苏发展面对新时代、新阶段、新任务,对"三创"精神的拓展与提升。在率先基本实现现代化的历史进程中,"三创"的实践过程也是"三先"的实践过程,"三创三先"精神是对前一阶段"三创"精神的拓展与提升。江苏将要更多地面对国际和国内巨大的竞争压力,率先遇到发展中的难题,如果没有勇于争先、敢于领先的精神、意念与勇气,既无法应对全球化的竞争与挑战,也难以推进"三创"实践,更难以完成中央对江苏由第一个率先向第二个率先跨越的战略任务。"三先"精神使"三创"精神得以进一步升华,契合了江苏以爱家乡为核心的实践需要与以改革创新为核心的时代要求,是江苏文化凝聚力的体现,是一笔宝贵的意识形态资源和动力源泉。

二、社会主义核心价值在江苏的实践

自党的十六届六中全会提出"社会主义核心价值体系"这个科学命题以来,如何认知、弘扬、践行社会主义核心价值体系已成为推动当代中国科学发展必须解决的鲜明时代课题。促进社会主义核心价值体系从理论形态向社会心理形态转化,是一个价值内化的过程。当一个社会的核心价值观广泛深入人心,成为人们心中牢不可破的信仰、信念时,核心价值观就能够有效地发挥其社会功能。"三创三先"的新时期江苏精神为社会主义核心价值体系打上了地域特色、实践目标、群众基础和时代感的标签。为发挥精神的作用力与反作用力,江苏结合本区域传统和现阶段自身发展实际,在集中民智、广泛征集的基础上认真提炼和遴选出的"三创三先"新时期江苏精神,构建了一种能反映江苏优秀传统和历史发展新时期特点的,能够让社会大众认同、凝聚起江苏广大人民群众的精神力量和价值观,它既切合了社会主义核心价值体系的内在要求,又是江苏优秀文化与现代化实践的深度结合,其精神内核是江苏广大干部群众意愿的反映,表达了江苏人民在历史发展新阶段的精神向往,具有浓郁的区域特色、鲜明的行动导向、广泛的群众基础和强烈的时代气息。同时,结合社会主义核心价值观,这些年江苏在落实、落地上下功夫,在融入、渗透上下功夫,在感知、认同上下功夫,在参与、体验上下功夫,使之能够为社会主义核心价值观的区域化、时代化、大众化和实践化提供有效载体。

1. 新时期江苏精神是社会主义核心价值体系区域化的有效载体

社会主义核心价值体系作为全国人民的价值共识,在具体的教化过程中还需要与特定区域的发展实际紧密结合,这样才能使主流价值观与多元价值观、共同理想与特定区域愿景形成良性互动。江苏各地对社会主义核心价值体系区域化也做出了许多有意义的探索。例如,昆山市近年走在经济发展前列且高度重视思想文化建设,把社会主义核心价值观、江苏精神同昆山区域发展实际紧密结合,积极谋求多元社会中的价值共识,创造性地提出了昆山特色价值观。[①]昆山市委、市政府还把建设区域特色价值观作为学习型党组织建设的重要任务,专门成立"建设昆山特色价值观工作领导小组",市委宣传部、市文明办、市社科联制订实施工作方案,各区镇、各部门共同参与,深入进行社会主义核心价值体系区域化的实践探索,并在全市开展社会主义核心价值观主题教育活动。在整合专家和市民的意见基础上,经反复修改、论证研讨,"昆山特色价值观"确定为"两个共同":共谋科学发展,同创昆山之路;共建和谐家园,同享全面小康。"两个共同"既集中反映出昆山人民共同的价值追求,又是社会主义核心价值体系与江苏精神的一般原则和要求在昆山的具体化。昆山特色价值观为昆山经济的持续快速健康发展奠定了坚实的思想基础,在多元化开放发展中形成广泛共识与合力,使政府价值观与社会价值观、经济价值观与文化价值观、共同理想与个人愿景、城乡环境改造与社会风尚转变呈现出良性互动关系。昆山的探索成功之处在于:在社会主义核心价值体系一般原则与地方优秀文化传统有机嫁接中,努力回应区域经济社会发展的实践呼声。只有把本地区发展实际作为区域价值观建设的立足点,才能使社会主义核心价值观成

[①] 中共昆山市委宣传部、昆山市哲学社会科学界联合会编:《昆山特色价值观市民读本》,北京:学习出版社,2010年。

为全民共同思想基础和内在要求。

2. 新时期江苏精神是社会主义核心价值体系时代化的有效载体

社会主义核心价值体系作为主流价值观,是在社会多元价值观中起主导和引领作用的价值观,为此必须具备两个条件,一是体现人文精神的时代特征,二是赢得大多数人的认同,而这两个条件之间又具有内在的联系。因此,社会主义核心价值体系和作为其具体体现的江苏精神不能成为固定、僵化的理论体系,而要根据时代的要求不断调整、与时俱进。改革开放初期,江苏所面临的国内外环境,决定了只要敢闯敢创就能得到发展。这一阶段,江苏以"四千四万"精神、昆山之路、张家港精神、"三创"精神为动力,在率先发展上取得了巨大成就,为总体建成全面小康、向率先基本实现现代化迈进打下了坚实的基础。而进入新世纪后,江苏面对的是知识经济占据主导地位的新局面和国内、国际的双重竞争压力,再走简单的加工、代工以及引进外资为主的"江苏制造"之路已经不能应对激烈的国内外竞争。这就要求江苏必须立足"创"的基础,发扬"先"的精神,以处处争先、步步领先、事事率先的精神,抓住时代发展的脉搏、找准时代发展的趋势,在发展上争先、领先、率先。随着经济社会的不断发展,利益日益多元化,诉求日益多样化,客观上要求意识形态和思想观念做相应的调整。"三创三先"的新时期江苏精神的提出呼应了这一时代发展的需求,相对集中地表达了江苏在经济社会结构转型过程中产生的日益复杂的利益诉求,成功地建立起在党政引导下江苏各地各阶层的共同价值认同,从而起到了凝聚人心、促进社会信任和社会团结的作用。可见,"三创三先"这一新时期江苏精神是时代精神的升华,是社会主义核心价值体系在江苏特定历史时期的体现。

3. 新时期江苏精神是社会主义核心价值体系大众化的有效载体

社会主义核心价值观是对中华民族精神精髓的提炼、总结和升华,是一个成熟的理论体系,在哲学层面上实现了指导思想、社会主义理想信念、中华文明的优秀传统以及社会主义精神文明要求的有机整合,所包含的内容博大精深。要想使这一高度凝练的价值体系在人民大众中得到普及和内化,成为社会的主流价值,必须使其中所包含的理念为普通民众所理解和接受。列宁曾经指出:最高限度的马克思主义等于最高限度的通俗化。社会主义核心价值体系大众化也有一个通俗化的过程,需要我们探索运用适应群众特点的讲解方式和语言载体,用平实浅显的语言把深刻的道理讲得通俗易懂。社会主义核心价值观来自群众,但并不意味它天然地能够被广大人民群众所理解和掌握。就价值观而言,一般多是社会精英对其进行提炼、总结和升华,然后反馈给大众,通过大众化予以普及和推广。大众化是一种过程,即由抽象到具体、由被少数人理解掌握转变为通俗易懂并被广大社会民众理解掌握的过程。"三创三先"新江苏精神是在广泛征集各界意见、反复讨论的基础上提出的,通过开放性沟通、建设性协商逐渐消弭了分歧,取得了江苏社会各界的普遍共识,因此得到了江苏广大民众的积极赞同。它一方面有着自下而上的人民群众社会生活实践的基础,另一方面又有着自上而下的总结、提炼、升华及倡导。所以,它既来自于群众、来自于生活,又是一种建构、推进。从精神内涵来看,"三创三先"精神反映了江苏人民在新时期的共同需求,是具有普遍性、包容性、基础性、开放性和多样性的价值观;从文字表达来看,"创业创新创优、争先领先率先"这一表述通俗易懂,能够被各种文化层次、各领域和各阶层的人所理解,从而为社会主义核心价值体系向大众化转化提供有效的沟通桥梁。

江苏近年来十分注重把构建社会主义核心价值体系与群众性精神文明创建活动、群众乐于参加的文体活动融为一体。新时期江苏精神确定后,江苏立即组织广大文艺工作者深入基层、深入群众,创作了一批弘扬"三创三先"精神的歌曲、舞台剧和文学作品;以弘扬"三创三先"精神为主题,组织开展"三下乡"活动;把"三创三先"精神纳入全省各级各类学校形势与政策、思想道德课程和社会实践教育之中;广泛开展推荐"三创三先之星"活动;各级各地区各行业精心设计"三创三先"精神主题教育实践活动,引导广大干部群众立足本职岗位,广泛开展创先争优、立功竞赛活动,使"三创三先"精神融入百姓生活,引领社会风尚。价值观只有渗透到大众日常躬行践履的生活方式中才能算落地开花。如今,"到讲坛去"已成为江苏不少市民的一种生活方式。①南京的市民讲坛、泰州的百姓大学堂、扬州的扬州讲坛、盐城的黄海讲坛等,全省各地大大小小的讲坛有2 000多个,每年举办各类讲座、报告会、专家咨询和人文讲坛逾2万场,听众超过600万人次,真正成为"城市的教室、

---

① 《江苏:有一种文化叫力量》,http://news.xinhuanet.com/mrdx/2012-09/22/c_131866402.htm.

市民的课堂"。除了传播社科人文知识,各种讲坛还成为公民道德建设的生动课堂,用群众喜欢参加、体现自娱的文化形态进行价值观宣传教育,使思想教育带给人们以快乐和自信,让人们在精神享受、身心愉悦和艺术感染的氛围中受到社会主义核心价值体系的熏陶,改变了以往依靠单纯行政组织手段、"我说你听、我打你通"式的单向灌输的教育方法,更具说服力、亲和力,从而大大推进了社会主义核心价值观的大众化进程。

4. 新时期江苏精神是社会主义核心价值体系实践化的有效载体

既然从理论和合法性上确立了核心价值观,就要以此作为正确的价值评价标准,作为判断是非、善恶、美丑的公正尺度。同时,还要把行为的褒贬和行为的取舍一致起来,使价值评价机制转化为人的行为机制,使价值评价标准成为人们自觉行为的准则。从根本上说,一个社会的核心价值体系只有真正成为整个社会的普遍价值准则,成为广大社会成员的价值实践,才能达到核心价值体系建设的目的,收到实效。建设社会主义核心价值体系,既是党和政府积极倡导、大力创建的过程,也是广大群众共同参与、身体力行的过程,是理论与实践相结合、知与行相统一的过程。建设社会主义核心价值体系重在实践,重在从价值评价到自觉的价值行为的转变。在常州,市民不仅是讲坛的听众,更成为论坛的"主角"和主人。"身边人讲自己事,身边人讲身边事,身边事教身边人",形成了道德课堂的新模式。常州的这一做法正在全省各地乃至全国得到推广。[①]一个个有名有姓、有血有肉的身边好人,一件件可亲可敬、可信可学的凡人善举,使社会主义公民道德和社会主义核心价值体系建设化为具体的形象和行动。公民道德素质大提升,推动文明城市创建水平大提升。

实践证明,江苏各地普遍开展的创建文明城市、文明村镇、文明行业、文明单位及评选表彰道德模范等活动具有很强的感召力,能够有效地把党领导的建设社会主义精神文明和物质文明各项任务具体落实到广大群众的日常工作、学习和生活中去。群众性精神文明创建活动彰显了群众的主体能动性,如群众自主推荐和评选公民道德模范等,使群众对社会主义核心价值观由被动接受变为主动参与,热情

---

① 《精神烛照,有种力量叫文化》,http://news.163.com/12/0522/06/823CKSFC00014AED.html.

高涨不衰。而内容丰富、面向大众的文化生活,包括文化的公益活动、公共服务和产品开发,是广大群众日渐增长的精神需求及其寄托所在,也是构建社会主义核心价值体系的宽广平台。

三、近年来江苏思想道德建设初见成效

改革开放以来,江苏人民奋勇创业、努力争先,经济快速发展,城乡面貌发生巨大变化,人民生活水平得到显著提高,社会建设结出丰硕成果,不仅"苏南模式"闻名全国,江苏其他地区在思想文化道德建设方面也取得了令人瞩目的成绩。如扬州市江都区邵伯镇渌洋湖村党委书记张福龙,弘扬"创业创新创优、争先领先率先"精神,把一个昔日被称为江都"北大荒"的渌洋湖村,建设成为生产发展、生活宽裕、乡风文明、村容整洁、管理民主的全省"社会主义新农村建设示范村"。① 在张福龙的带领下,渌洋湖村以新农村建设为目标,加快经济发展,实施"工业强村、养殖富村、科技兴村、生态美村"战略,在省内率先成立以土地承包权入股的专业合作社,通过调整结构、整合资源,建立促进农民持续增收的长效机制,经济发展取得巨大成就。2011 年,渌洋湖村实现三产产值 3.12 亿元,农民人均纯收入达 20 013 元,成为远近闻名的"小康样板村",张福龙被人们亲切地称为"富民书记"。在常州,80 后"IT 雷锋"尤辉和伙伴们免费为市民维修电脑,7 年来不收一分钱、不吃一顿饭、不拿一份礼物;在无锡,王经于 2004 年成为内地向香港同胞捐献骨髓第一人,13 年来她累计献血 8 000 毫升;在泰州,电影放映员高金保 26 年来跑遍每一个乡村,放映电影 7 000 多场,观众达 350 万人次;在泗阳,初三女生张雅丽十几年如一日背着身患小儿麻痹症的同学去上学,风雨无阻;在宜兴,74 岁的退休老人费炳华在家中办起"家庭辅导站",十多年来义务照顾当地留守儿童的生活和学习……② 这些群体、这些人正是社会主义核心价值观在江苏的践行者。他们的行动表明,价值观建设实践既需要动员广大干部群众广泛参与、积极践行,也必须依托一定的组织行为,并建立健全相应的规章制度,把价值观建设的要求转化成具体的、可操作的日

---

① 《"三创三先"精神在渌洋湖村的生动实践》,《扬州日报》2012 年 3 月 23 日。
② 《精神烛照,有种力量叫文化》,http://news.163.com/12/0522/06/823CKSFC00014AED.html。

常行为细则。各级组织以鲜明和坚定的立场,牢牢把握正确的舆论导向,用马克思主义指导思想引领和整合多元社会意识,形成马克思主义一元指导下多元社会思想求同存异、相互包容、共同发展的生动格局,最大限度地形成社会思想共识和价值认同。

同时,江苏地区文化职能部门和部分文化企业具有通过公共文化服务体系引导并分担全省构建社会主义核心价值观的基本功能和有效能力。针对各地党委宣传部门提出的建立社会主义核心价值体系、构建创新型经济和学习型社会的目标任务,面对配套活动经费极为短缺甚至没有专项经费的不利条件或困难,全省各地文化职能部门积极应对,一方面依靠各级政府组织积极推动,另一方面充分利用公共文化服务现有平台资源、活动组织力量、专门人才能力和社会资金补足,将这些任务捆绑于不同形式的经常性群众文艺会演活动,通过动员全社会参与创建文明城市以及大中型企业资助承办,既解决了经费不足问题,又达到了预期效果。各地重大的社会文明道德建设宣传活动,充分利用最能有效接触人民群众的社区中心、文化场馆、市民课堂、市民广场、文化团体等公共文化服务综合设施平台,及时提供了一批具有相关新内容并且深受当地群众普遍喜好的公共文化产品,积极引导当地群众投身精神文明建设活动,收到了良好成效。此外,按全省统一的"四特"标准,江苏每年评选一批特色文化之乡、特色文化团队、特色文化家庭和特色文化标兵,从基础层面加强了精神文明建设的影响与效果。

在"三创"精神的引领下,结合中共中央印发的《公民道德建设实施纲要》,江苏先后涌现出 7 位"全国道德模范",他们的名字在中国大地上被广为传扬:信访干部张云泉、用生命铸就师魂的殷雪梅、华西村老书记吴仁宝、中国首善陈光标、孝老爱亲的农村女性张公兰、带领群众脱贫致富的村干部张雅琴、村干部的好榜样常德盛等。全省组织开展"学习道德模范,争当文明使者""百城市道德模范巡讲网上行"活动。通过文明城市、文明村镇以及文明单位、文明行业创建活动,南京、南通、苏州和张家港先后被中央文明委表彰为"全国文明城市",扬州、无锡、常州成为第四批全国创建文明城市工作先进城市,全省文明城市总数居全国首位。精神文明建设的"张家港精神""南通现象"在全国引起关注。开展城乡结对共建活动,创建文明生态村、星级文明户、文明信用户。2008 年,全省有 28 个全国文明村镇、49 个全国创建文明村镇工作先进村镇。广泛开展以"诚实守信在江苏,放心消费在江苏"为主题的文明行业、文明单位创建活动。2008年,江苏全省有45个全国文明单位,77个全国精神文明建设工作先进单位。同时,多年来,江苏十分重视未成年人思想道德建设。全省开展了"做一个有道德的人"道德实践活动,有43万名小学生参加全国的网上签名活动,100多万名中小学生参与抗震救灾英雄少年的推荐投票活动和学习宣传活动,全省各市均设立未成年人指导中心。2008年,苏州等11个市未成年人健康指导中心被评为全国未成年人思想道德建设工作先进单位。①

第二节 江苏文化事业影响力

江苏文化建设的一个重要特点是启动早。早在1996年,江苏省委、省政府就召开全省文化工作会议,在全国率先提出"把江苏建设成为与经济发展相适应的文化大省"的战略目标。当时,江苏年人均GDP已达到3.2万美元,已跨入经济社会发展的黄金时期。但在江苏总GDP位居全国第二的情况下,全省文化基础设施建设和城镇居民的人均文化消费低于全国平均数,排名全国第十三位。江苏对文化事业的投入较少、欠账较多,文化体制改革进展不快,全国有影响的精品力作有限等,针对这些情况,那一时期江苏的文化建设主要强调文化事业的建设,包括文化体制改革、加大对文化基础设施的建设、开拓公共文化服务途径、加强文化遗产保护等。

这一阶段是江苏省委、省政府从"社会主义精神文明建设"向"有中国特色社会主义文化建设"的转型阶段,文化开始作为一种战略要素纳入江苏经济社会发展的整体规划中。2001年,江苏省委、省政府召开第二次全省文化工作会议,制定下发《江苏省2001—2010年文化大省建设规划纲要》和《江苏省政府关于加快文化大省建设若干经济政策的意见》两份文件,这一时期的战略主要是精品带动战略、择优扶强战略、城市辐射战略、特色文化战略和人才高地战略。江苏在全国率先进行了文化领域政事分开、管办分离的文化管理体制改革,组建了省新闻、出版、广播、演

---

① 江苏省文化厅编:《文化建设在江苏》,北京:中共党史出版社,2011年。

艺等文化产业集团,初步实现了传统文化体制向现代文化体制的转变。两次全省文化工作会议的召开极大地推动了江苏文化事业建设的进程,标志着江苏文化艺术事业进入全面繁荣的建设时期。

2006年,中央提出:"加强公益性文化设施建设,鼓励社会力量捐助和兴办公益性文化事业,加快建立覆盖全社会的公共文化服务体系。"①众所周知,公共文化服务体系是面向大众的公益性的文化服务体系,主要包括先进文化理论研究服务体系、文艺精品创作服务体系、文化知识传授服务体系、文化传播服务体系、文化娱乐服务体系、文化传承服务体系、农村文化服务体系等七个方面。同年,江苏省委、省政府召开第三次全省文化工作会议,结合上年江苏省委提出的包含"文化江苏"在内的打造"五大江苏"的目标,提出推进公共文化服务体系建设、大力发展先进文化、加快建设"文化江苏"的具体举措。2007年,江苏规划建设十大公共文化设施和工程,即江苏美术馆新馆、南京博物院二期工程及其扩展项目、江苏大剧院、江苏广电城、江苏国际图书中心、江苏影视基地、江苏工艺美术馆、有线电视村村通和文化信息资源共享工程、乡镇文化站建设工程、侵华日军南京大屠杀遇难同胞纪念馆扩建工程。重点推进十大先进文化艺术工程,其中涉及文化事业的有舞台艺术精品创作生产工程、公共文化服务体系建设工程、服务基层群众工程、文化遗产保护工程、文化研究工程、文化传承展示工程、文化人才培养工程、文化"走出去"工程等。也就在同一年,江苏第一次把建设文化强省的目标定为"文化事业强、文化产业强、文化人才强",提出"使江苏成为文化综合实力位居全国前列的文化强省"的新目标。

2009年,江苏省委、省政府召开全省文化建设工作会议,对全面推进文化体制改革、加快建设文化强省做出部署。同年,全国文化体制改革经验交流会在江苏南京召开,会议表彰了包括江苏在内的12个全国文化体制改革先进地区和58家先进企业。通过近20年的发展,江苏的文化事业有了长足的发展和进步。其间,根据党中央对文化建设的具体要求和江苏"十一五"提出并实施文化强省战略的经验,时任江苏省委宣传部常务副部长兼文化厅厅长章剑华同志于2010年提出了一

---

① 《中共中央关于构建社会主义和谐社会若干重大问题的决定》,http://www.china.com.cn/policy/txt/2006-10/18/content_7252336.htm.

种"文化民生"的创新思路,基本含义是"使民生能够文化起来",突出政府的主导性、公益性和基本经费保障性,使之成为江苏文化系统不断提升公共文化服务行政绩效实践的一个基本路径和成功经验。①根据官方公布,到 2011 年,江苏已基本建成公共文化服务体系,且在公共文化服务综合指数(总量)的排名中位列第二。②2011 年 10 月发布的《中共江苏省委关于贯彻落实党的十七届六中全会〈决定〉实施文化建设工程的意见》中提出了到 2015 年江苏公共文化服务体系建设的新目标:一是文化惠民服务能力显著提升,二是文化创作生产能力显著提升。主要内容有:覆盖城乡、结构合理、功能健全、实用高效的公共文化服务体系全面建成,基本公共文化服务实现均等化,公共文化服务网络覆盖率达 90%以上,适应城乡人民群众需要的文化产品更加丰富等。具体来说,江苏文化服务力突显"文化民生",在加强文化事业方面有着多元化的举措。

一、保障文化事业发展的省级政策与措施

中国特色社会主义文化建设是一种探索和尝试,所以总要有相应的政策法规先行。2001 年前,江苏文化建设处在酝酿和启动时期,出台的文件法规不多,主要有 1996 年先后出台的《关于进一步繁荣文化的若干意见》《关于进一步加快文化建设若干经济政策的规定》等文件,以及 1997 年颁布的《江苏省传统工艺美术保护条例》。2001 年后,江苏文化建设开始进入繁盛期,相关政策法规明显增多。从出台的文件中,我们可以看出江苏非常重视对文化遗产的保护,推出了一系列文化管理创新举措,并开始推动文化体制改革。比如,2001 年印发了《江苏省 2001—2010 年文化大省建设规划纲要》,出台了《江苏省政府关于加快文化大省建设若干经济政策的意见》。同年推出《江苏省实施〈中华人民共和国文物保护法〉办法》和《江苏省文物保护专项补助经费使用管理办法》,2001 年通过《江苏省历史文化名城名镇保护条例》,2002 年出台《江苏省人民政府进一步加强基层文化建设的意见》,2003 年推出《江苏省音像市场管理条例》《江苏省文物保护条例》,2004 年下发《关于江苏

---

① 江苏省文化厅编:《文化民生的理论与实践》,南京:南京出版社,2011 年。
② 上海高校都市文化 E-研究院:《2011 年全国 31 个省市自治区公共文化服务指数蓝皮书》,北京:商务印书馆,2012 年。

省实施民族民间文化保护工程的通知》《江苏省民族民间文化保护工程实施办法》《江苏省实施民族民间文化保护工程专项资金使用管理办法》《关于开展网吧等互联网上网服务营业场所专项整治的实施意见》《省演艺集团深化改革的实施意见》。2006年,为了贯彻中央关于构建公共文化服务体系和大力发展文化产业的号召,先后出台了《中共江苏省委、江苏省人民政府关于发展先进文化建设文化江苏的决定》和《江苏省人民政府关于加快文化事业和产业发展若干经济政策的通知》,制定了《江苏省文化厅、江苏省财政厅关于开展"送科普、送电影、送戏下乡"活动的实施意见》和《江苏省乡镇文化站建设工程实施方案》。2007年,先后印发了《江苏省政府办公厅关于进一步加强古籍保护工作的意见》《江苏省"十一五"文化发展规划》《江苏省文化体制改革试点工作方案》。2011年,江苏省文化厅与财政厅联合下发了《关于开展数字文化建设的实施方案》。2012年,先后印发了《江苏省"十一五"期间社会主义新农村建设"十大工程"评价指标体系》《江苏省农村公共文化服务管理办法》。其中,《江苏省农村公共文化服务管理办法》是江苏公共文化建设管理领域出台的首部政府法规。①

二、"十一五"期间江苏已基本建成公共文化服务体系

"十一五"期间江苏文化事业建设的重头戏就是基本建成了城乡公共文化服务体系。这个体系包括两个方面:首先,建设公共文化服务网络。以大型公共文化设施为骨干,以社区和乡镇基层文化设施为基础,加强图书馆、博物馆、文化馆、美术馆、电台、电视台等公共文化基础设施建设。建设一批代表国家文化形象的重点文化设施,完善大中城市公共文化设施,在巩固现有图书馆、文化馆的基础上,基本实现乡镇有综合文化站,行政村有文化活动室,部分地区配备流动文化服务车。其次,建设公共文化服务的各项工程。一是广播电视村村通工程。二是全国文化信息资源共享工程。三是社区和乡镇综合文化站工程。江苏公共文化服务体系的建成,对于建设和谐文化、构建社会主义和谐社会具有重要的意义。具体来说,江苏省在以下四个方面的成绩较为突出。

---

① 江苏省文化厅编:《文化建设在江苏》,北京:中共党史出版社,2011年。

其一,大型公共文化设施建设全国一流。主要指省级、市级、县级文化(艺术)馆、图书馆等。据2010年初步统计,江苏现有公共文化基础设施中,博物馆182个、省市文化馆118个、公共图书馆109个、大中型表演场馆97个,各类美术馆已过千座,各市也都至少建成2—3个较大面积的公共文化活动广场。其中,亿元以上的大型文化设施有南京市金陵图书馆新馆、苏州市美术馆新馆、苏州市文化馆新馆、苏州市名人馆、苏州评弹学校新校园、苏州市演艺中心、徐州市美术馆、徐州市音乐厅、徐州淮海战役纪念馆新馆、盐城中国海盐博物馆、盐城市文化艺术中心、盐城市盐都区文化艺术中心、宿迁市文化艺术中心、太仓市文化艺术中心、太仓市图博中心、张家港市文化中心等。① 文化设施中具有代表性的工程有张家港市文化中心,内含文化馆、美术馆、科技馆、城市展示馆、大剧院、档案馆、图书馆等七大建筑群和文化公园;昆山市文化艺术中心,并带动下属县镇形成了城市化标志性文化设施建设;苏北地区淮安市博物馆,包括中国城市化史馆、图书馆、文化馆、美术馆及郎静山国际摄影艺术馆等综合一体项目;宿迁市打造的文化公园等。

其二,乡镇综合文化站等基层文化设施基本建成。至2005年底,全省已实现"县县有文化馆、图书馆"的目标。"十一五"期间全面普及"省有四馆、市有三馆、县有两馆、镇有一站、村有一室"的多级公共文化服务体系,并不断丰富其内容。2010年,江苏全省县区乡镇文化站1330个,新建、改扩建乡镇文化站446个,绝大部分地区乡镇文化站无房或面积不达标问题得到解决。全省乡镇文化站基础设施面积从"十五"期间的108万平方米增加到了"十一五"末的154万平方米,增长率达到42.6%,全省446个签约建设的乡镇文化站在全国率先基本实现乡镇文化站500平方米达标建设任务。新建了90个文化共享工程支中心和1089个基层服务点。全省农家书屋9341个,居全国之首。②

其三,面对基层开展有特色的重大公益性活动。比如,免费开放文化场馆、送电影下乡、送戏下乡、开展文化信息资源共享工程服务和社区节庆文化活动等。至2009年,江苏共有63个国家级公共图书馆、55个国家级文化馆,位居全国第一。

---

① 江苏省文化厅编:《文化建设在江苏》,北京:中共党史出版社,2011年。
② 章建华:《加快文化强省建设,推进文化大发展大繁荣》,《群众》2011年第3期。

江苏是全国最早实行文化馆、图书馆、美术馆和博物馆等公共文化场馆免费开放的地区之一,免费开放场馆数量和范围在全国位居前列。2010年,江苏推进全省290家公共文化设施的免费开放,接待人数超过5 000万人次,比免费开放前增加了4倍。2005—2010年,省委、省政府通过多种渠道为经济薄弱的农村地区送书440万册、送戏1.7万场、送电影76万场次。① 全省有线电视网已基本覆盖城镇,全省有线电视、有线数字电视用户数均居全国第一。这些活动内容推动城市公共文化向农村延伸,使农村群众和进城务工人员享受与城镇居民均等的公共文化服务。同时,全省各市多年来有效地组织各区县节庆文化活动,形成了自己的特色主题活动和模式,并创出了自己的品牌。比如,南京市建邺区文化局充分利用老城区的朝天宫庙会、白玉鸭会、海棠花会等广场文化或集市文化等传统形式,让文化成为市民日常生活的重要组成部分;苏州地区近年来积极推进"我们的节日(传统节日、纪念日)""城区各广场活动天天有""市直舞台艺术四进工程"和"群星璀璨广场主题活动"四大系列群众文化活动;常州市打造并完善"文化惠民四个演"活动,即小剧场阵地天天演、幸福广场周周演、非遗文化展演、欢乐社区行巡回演等。

其四,多渠道多模式保障文化事业经费投入。2006年,时任江苏省委书记梁保华同志曾在全省文化工作会议上提出:各级政府要做到"两个高于",即每年财政文化事业支出增幅要高于一般预算支出增幅,"十一五"时期文化事业投入占财政支出的比重要高于"十五"时期。② 事实上,"十一五"期间,全省财政文化投入323亿元,年均增长25.1%,高于同期一般预算支出增幅,占财政支出比重达1.99%,比"十五"期间的1.68%明显提高。至今,江苏省一直贯彻《江苏省人民政府关于加快文化事业和产业发展若干经济政策的通知》相关经费投入方式的规定。2010年,江苏公共文化全省财政投入为16.3亿元,比2005年的7.658亿元增长了110%;整个"十一五"期间江苏公共文化财政累计投入为81.2亿元,比"十五"期间累计增长了161.9%。2009年,江苏文化事业费占财政一般预算支出比重为

---

① 江苏省文化厅编:《文化民生的理论与实践》,南京:南京出版社,2011年。
② 方标军:《江苏文化研究报告》,南京:江苏人民出版社,2004年。

0.39%,虽达到"两个高于",但有逐年下降的趋势。2010年,全省人均文化事业费为20.74元,比2005年的10.39元增加了10.35元,增长了99.6%。2010年,江苏公共文化服务的投入水平普遍超过人均3元,南部发达地方如苏州、张家港、昆山等地实际投入水平已超过人均8元,居全国领先水平。[1]

江苏公共文化场馆免费开放之所以走在全国前列,主要得益于江苏省财政连续多年的大力投入,其中"专项经费保障免费开放事权"是最直接、最主要的支撑力量。2008年投入1 000万元,2009—2010年投入两批资金6 200万元和4 127万元,2011年继续投入资金8 884万元,2012年加大投入资金2.28亿元,有效推动三大馆向公众免费开放及公共文化服务体系建设。另外,政府购买公共文化产品也为公益性文化活动开辟了融资渠道。至今,江苏各级政府按照"文化民生"工程的相关安排,已不同程度地要求不同文艺演出企业或集团在其市场化行为中提供一定比例场次的公益性演出,各地政府为此通过政策引导加以规范,从文化财政中支出相关部分为其成本买单。这类政府采购的公益性演出支出比例,基本上与相关事权原来未从体制内被剥离出去的程度形成正比。据初步统计,全省用于公益性的政府采购项目拨款补贴约4 483万元,其中省级演出团体占约4 070万元,地方演出团体共计约410万元。[2] 苏州市出台了《关于支持和服务民营文艺表演团体发展的若干意见》,率先将民营表演团体专项扶持资金列入2010年政府财政预算;常州、泰州和无锡等地建立了"保利院线联盟";江苏省"长三角演艺联盟"正在酝酿成立;江苏民营公助的表演团体中尤以"如皋现象"引起全国关注;江苏演艺集团在相关政策扶持及文化部门具体指导下,以整合县市剧场资源为重点努力打造"苏演院线",已为公共文化服务体系中拓展"专业文艺团体提供群众性基层演出空间"迈出了坚实的一步,形成了目前江苏省文化软实力基本结构中的一个重要组成部分。在政府激励政策感召下,越来越多的企业在自身文化产品与服务走向市场化道路的同时提供一定比例公共文化服务,激发了做公益活动的积极性和热情。

---

[1] 江苏省文化厅编:《文化民生的理论与实践》,南京:南京出版社,2011年,第3页。
[2] 《江苏文化年鉴(2010)》,扬州:广陵书社,2011年,第1页。

三、苏南、苏中、苏北公共文化服务建设不均等

江苏苏南、苏中、苏北三大区域公共文化消费水平存在较大差异,而三个地区经济发展水平差距也成了地方政府对"公共文化服务经费保障事权"实施财政投入存在差距的主要原因。以 2008 年底统计为例,江苏三大区域文化(含文物)部门经费的财政拨款状态表现如图 3-1、图 3-2 所示。①

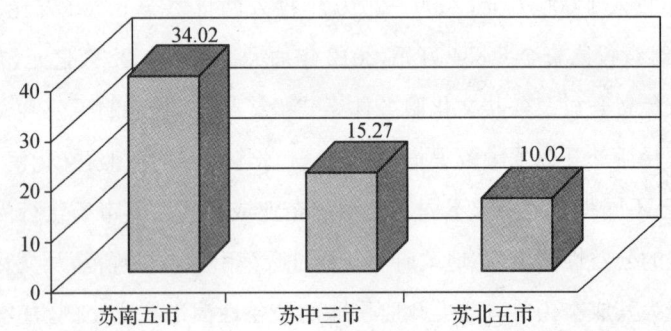

图 3-1 江苏三大区域文化(含文物)部门经费的财政拨款人均额(单位:元)

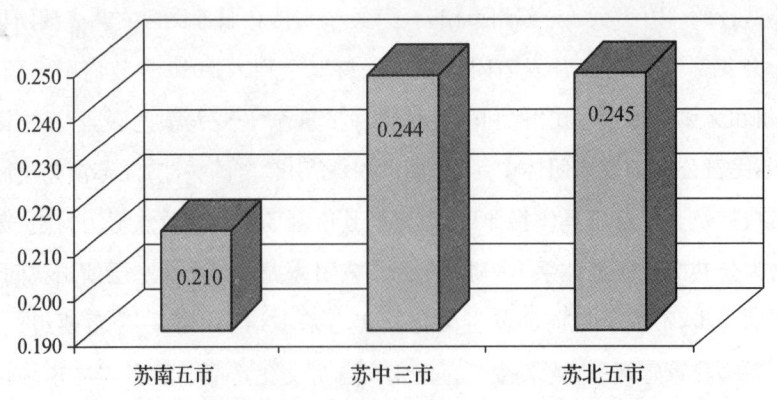

图 3-2 江苏三大区域平均每万人拥有公共文化设施(单位:个)

---

① 2011 年度文化部"江苏公共文化服务体系经费保障机制研究"课题结项报告。

文化(含文物)部门经费的财政拨款总额中,苏南五市比苏北五市高出3倍多;从人均拨款额来看,苏南五市是苏北五市的3倍多,是苏中三市的2倍多。苏南区域公共文化设施具有分布数量少、建筑规模大、平均每万人拥有公共文化设施个数反而低于苏中与苏北的特点,其主要原因是苏南区域的城市化进程快、常住人口比较集中,撤乡建镇后,文化站的布局和规模呈现新变化。苏中、苏北区域公共文化设施的分布数量和规模状况比较接近。就江苏公共文化事业的发展而言,总体来看,苏南区域总体发展态势良好,在全国处于领先水平。苏中区域近年文化发展缓慢,与苏南相比差距扩大,与苏北相比差距缩小。如今,江苏省政府正在通过加大省级财政对苏北和苏中转移支付力度,逐步缩小这种差距。

四、文化遗产保护工作全国领先

江苏省域建城历史悠久,有着丰厚的文化遗产和底蕴,所以江苏人很早就有文化遗产保护意识,随着公共文化服务体系的建成,江苏的文化遗产保护工作更是走在全国前列。江苏多年来坚持保护和开发并重的思想,对许多古城古迹的保护采取修旧如旧以及抢救性挖掘等方式相结合,目前全省有国家历史文化名城9座,数量居全国第一,省级历史文化名城7座;国家级历史文化名镇19个、名村3个,省级历史文化名镇5个;[1]世界文化遗产2处,世界非物质文化遗产2项;国家公布的国家级非物质文化遗产目录中江苏有88项,省级非物质文化遗产保护项目221项;全国重点文物保护单位120处,总数位居全国第七。我省一级文物藏品1 960件,在全国排名第八位,二级和三级文物高达55万件,居全国首位。此外,江苏率先开展非物质文化遗产保护的地方立法和代表性传承人命名工作,对长期流传于地方群众性文化活动中的传统公共文化宝贵内容加以挖掘和整理,先后建立了非物质文化遗产专题博物馆67个、民俗馆8个、传习馆和传承基地295个,包括省非物质文化遗产馆在内,全省尚有60多个展馆拟建或在建。近年来,江苏连续举办了三届"中国非物质文化遗产保护·苏州论坛"。充分利用民族传统节日和"文化遗产日",每年举办近1 000场次的以非遗保护为主题的群众文化艺术节、博览会、

---

[1] 章建华:《加快文化强省建设,推进文化大发展大繁荣》,《群众》2011年第3期。

展示周。江苏非物质文化遗产的大部分项目已经开始集中展示于各大中城市,几乎所有项目向广大群众免费开放,近一半以上项目成为基层群众文艺活动的主要内容,有相当数量的项目被当地群众文化活动选为参加文艺会演比赛的主要内容。目前,江苏有国家级工艺美术大师47人、国家级非物质文化遗产传承人102人,省级非物质文化遗产传承人251人;有294种珍贵古籍和8个重点单位入选首批《国家珍贵古籍名录》和"全国古籍重点保护单位",入选数量双双名列全国第一。另外,江苏在纸张纤维保护、青铜器保护技术方面达到全国领先水平。①

五、公共文化服务形式创新与文化市场管理创新

江苏在公共文化服务建设中的创新主要有社区服务模式创新和政府采购模式创新。江苏倡导公共文化社会化的多元参与,其中苏南地区苏州市的做法尤为突出。苏州市政府组织推动社会多元化投入承办"公共文化活动节"机制及"群众大舞台"市场化运作模式,形成以公共广场为主要阵地的"群众文艺会演文化服务体系";同时,苏州工业园区管委会协同苏州图书馆,在"苏州工业园邻里中心"项目中成功开设了4家图书馆分馆,建成了以市县乡镇一体化为目标的"总、分馆制度及其巡回交流图书通借通还制度建设"的"苏州地区公共图书馆文化服务体系"等。苏北地区宿迁市宿豫区区政府及文广新局积极探索公共文化发展的"宿豫基金"模式;同时借鉴苏州成功经验模式,与苏州市政府紧密合作,于2011年在宿迁市新建的苏州—宿迁工业园区中建成占地17 764平方米的新加坡式园区综合服务中心——明日邻里中心,其中文化场馆及其他活动空间约占三分之一,宿迁市图书馆苏宿工业园区分馆也同期开馆,由此宿迁市图书馆第一次通过设立分馆实现了送书进社区,对丰富市民精神文化生活并提升全民文化素质起到积极的推动作用。苏中地区南通市形成民建公助建设"博物馆之乡"政府扶持激励模式,以"环濠河博物馆群"为主体建立"公共博物馆文化服务体系"。2011年起,多方建设投资达2.5亿元的"中国慈善博物馆",标志着南通市沿濠河打造以功能性博物馆群建筑为特色的"濠河文化"开始迈向新高度,并且以此作为选项被文化部选入2011年度"创

---

① 江苏省文化厅编:《文化建设在江苏》,北京:中共党史出版社,2011年。

建国家公共文化服务体系示范项目"。此外,江苏在公共文化服务建设中的创新还包括南京市"图书馆免费开放"及其区域化服务效率提升机制,江苏演艺集团等公益性巡回演出的市场化机制,常州市组织"图书馆社会竞租"购买社会服务机制,张家港市永联村公共文化服务"集体经济投入"机制,常州市百兴企业集团组建"武进百兴艺术团",淮安市鱼沟镇商业实体组建乐队为代表的"民间资本组团服务"等模式,其中连云港"社区群众文化中心建设和社会共建"的创新模式,还试行了在房地产项目前期规划中预留出公共文化服务场地安排的审批程序。①

江苏在文化市场管理方面有诸多创新。第一,率先理顺演出管理体制,由江苏省文化厅文化市场管理处行使演出市场的管理权,解决管理与经营、政府与企业分开的问题,改革演出审批制度,打破行业垄断和地区保护,开放演出市场,引进竞争机制,允许多种资本进入并参与演出市场,从而使江苏的演出市场管理改革和发展走在全国前列。第二,在音像市场建立音像管理示范区,由苏南向苏中、苏北拓展,实施从工作机制到调控体系以至流通体系改革,这样的"示范区"建设被文化部称为华东地区乃至全国音像保护知识产权的典范,形成了音像市场管理的"江苏模式",并在全国推广。第三,网吧市场在全国率先建立长效管理机制,规范网吧行业,发挥市场机制与政府调控的双重作用,加强技术层面和由"五老"(老党员、老专家、老教师、老战士、老模范)组成的义务监督员监管,实现网上内容实时管理,尤其是探索农村网吧的管理新机制,得到了中央领导和主流媒体的报道及肯定。第四,文化市场建立行政执法协作机制,与刑事司法相衔接,做到情、理、法互用,规范执法队伍。在南京"8·14"、泰州"4·12"和江苏"12·10"重大案件中屡建奇功,行政执法能力在全国居于领先水平。②

六、文化精品打造省际名片

"十一五"期间,江苏文化精品佳作迭出,各个门类创作日益繁荣,为鼓励文化人才创作出更多更好的精品,特设立江苏省文化领域最高的荣誉奖——紫金文化

---

① 江苏省文化厅编:《文化建设在江苏》,北京:中共党史出版社,2011年。
② 江苏省文化厅编:《文化建设在江苏》,北京:中共党史出版社,2011年。

奖章。全省每年滚动生产、创作50台以上的新戏。连续举办了十届(十年)省群众文艺政府最高奖"五星工程奖"比赛评比活动,推出一大批群众文艺精品,并推荐部分作品参加全国"群星奖",获奖数量位居全国前列。在国家级重要奖项评选中,各艺术门类都取得了良好成绩,多部作品入围国家舞台艺术精品工程,其中滑稽戏《一二三,起步走》、民族舞剧《红河谷》入选国家舞台艺术精品工程精品剧目。京剧《骆驼祥子》、舞剧《阿炳》、话剧《平头百姓》、淮剧《太阳花》、滑稽戏《青春跑道》获精品剧目提名。在第一届至第十一届中共中央宣传部"五个一工程"奖中,江苏有21台剧目受到表彰;39台剧目获文化部第一届至第十二届"文华大奖";40多人获中国戏剧"梅花奖",获奖数量位居全国前列。昆曲青春版和精华版《牡丹亭》、《长生殿》、《1699桃花扇》以及歌舞《江南好》、杂技《太空遐想》、民乐《锦绣江苏》、儿童歌舞《七彩童年》、国画展《水墨江苏》、民间工艺展《生活的艺术》、文物展《龙的天空》等一大批表演艺术、造型艺术、民间艺术和文物展览等独具地方特色的项目已经成为江苏的文化名片,在近年的文化对外交流中发挥了重要的作用,并走出国门,走向了世界。

此外,江苏在舞台技术特别是音响技术和声光测试仪器等方面达到了全国领先水平。江苏以往影视作品数量不多,但2009年以来,江苏影视作品的创作生产在数量和质量上形成跨越式发展,被业界称作是"江苏影视现象","十一五"期间江苏每年的电视剧产量在全国排前五名。电视剧《郭海的家事》《江塘集中营》获中国电视剧飞天奖;《百年光影》《快乐奔跑》《麋鹿王》等纪录片和动画电影获中国电影华表奖;《情暖万家》《邓稼先》《人间正道是沧桑》《香樟树》《江塘集中营》等先后获全国精神文明建设"五个一工程"奖;许多影视作品创出票房和收视率新高。在全国十届美展中,江苏书画家获金奖1件、银奖8件、铜奖23件、优秀奖12件,其中版画、漆画、年画、连环画、宣传画、漫画、插图的入选、获奖数均列全国第一。

省际文化会展也是对外宣传的窗口和亮丽的文化名片。近年江苏主办或承办的大型文化会展和节庆活动丰富多彩:2000年第六届中国艺术节在江苏举行,设南京主会场和苏州、无锡、常州、扬州4个分会场;2005年第十届全运会在江苏举行,开幕式和闭幕式的文艺演出展示了江苏的文化实力;中国百家金陵画展(油画)、"傅抱石、林散之奖书画双年展"代表了江苏当代书画艺术的前沿水平;①第二十八届世界遗产大会、第三十一届世界戏剧节、中国南京世界历史文化名城博览会、第九届亚洲艺术节、中国曲艺特别奖"牡丹奖"颁奖晚会、世界佛教大会、全国流行音乐创作大赛(江苏赛)、首届中国农民会演等,以及南京文化艺术节、无锡吴文化节、中国徐州马可艺术节、扬州"烟花三月节"等大型市级品牌文化活动也为江苏形象增添了无穷魅力。

第三节 江苏文化产业辐射力

从1978年到20世纪90年代,受当时社会环境和文化体制制约,江苏乃至全国都鲜有真正意义上的文化产业,文化产业是囊括在文化事业中的。江苏是经济起步较早的省份,受商品经济的刺激,少数文化单位开始了自发的产业化探路。1986年,《扬子晚报》在江苏南京创刊,它标志着江苏文化产业开始起步。20世纪90年代中期,受文化战略调整影响,江苏部分文化单位逐步摆脱"事业体制"的藩篱,探索产业化、市场化的道路。2001年,中央"第十个五年计划"第一次使用"文化产业"这个概念;2002年,党的十六大报告中正式提出"文化产业";2003年和2004年相继两次召开文化产业体制改革会议,文化产业终于走进全民视野,成为主流意识形态的一部分。

2003年9月,文化部将文化产业界定为:"从事文化产品生产和提供文化服务的经营性行业。文化产业是与文化事业相对应的概念,两者都是社会主义文化建设的重要组成部分。文化产业是社会生产力发展的必然产物,是随着中国社会主义市场经济的逐步完善和现代生产方式的不断进步而发展起来的新兴产业。"②这个定义是比较抽象的,它从宏观角度指出了文化产业的属性。2004年,国家统计局根据文化的发展状况对"文化及相关产业"做了比较详细的界定:为社会公众提供文化娱乐产品和服务的活动,以及与这些活动有关联的活动的集合。也就是说,

---

① 江苏省文化厅编:《文化民生的理论与实践》,南京:南京出版社,2011年。
② 文化部:《关于支持和促进文化产业发展的若干意见》,http://www.chuban.cc/ztjj/mysy/zcjd/200612/t20061222_7669.html。

文化产业是文化娱乐的集合，它区别于国家的意识形态和文化事业。根据这一概念，文化产业的统计范围被划分为"核心层""外围层"和"相关层"三个层级，分类结构共包括9大类、27个中类、80个小类。2012年，为适应我国文化产业发展的新情况、新变化，国家统计局对原有的类别结构和具体内容做了调整，将文化产业分为五层：第一层包括"文化产品的生产"和"文化生产"两部分；第二层根据管理需要和文化生产活动的自身特点分为10类，即"新闻出版发行服务""广播电影电视服务""文化艺术服务""文化信息传输服务""文化创意和设计服务""文化休闲娱乐服务""工艺美术品的生产""文化产品生产的辅助生产""文化用品的生产""文化专用设备的生产"等；第三层依照文化生产活动的相近性分为50个中类；第四层是具体的活动类别，共计120个小类；第五层是对于含有部分文化生产活动的小类设置延伸层，共计29个。[①] 应当说，最新一次的标准延续了原来的分类方法，但调整了类别结构，增加了文化创意、文化新业态、软件设计服务、具有文化内涵的特色产品的生产等内容和部分行业小类，减少了少量不符合文化及其相关产业定义的活动类别，使文化产业的统计与发展更具操作性和可行性。

作为文化软实力重要组成部分的文化产业，它是新型的战略经济增长点，它可以有效促进经济增长方式的转变和产业结构的优化。同时，文化产业又是幸福产业，它可以满足新形势下人们日益增长的精神文化需求，提供更多的精神产品，提高群众幸福指数。文化产业也是形象产业，通过发展创意产业，激活经济发展中的文化要素，展示江苏良好形象，进而提高区域的美誉度和知名度。文化产业还是实力产业，发展文化产业可以使文化的力量深深融入区域的创造力和凝聚力中，使之成为参与竞争、赢得优势的重要条件。因此，提升区域文化软实力归根结底要发展文化产业，从战略上高度重视文化产业是江苏发展应有之义。毕竟，培育文化产业是提升江苏综合实力的战略选择，是江苏调整经济结构的必然要求，是落实"文化强省"的必由之路。

2001年，江苏省委、省政府响应党中央的号召，高度重视文化产业发展，将其

[①] 国家统计局：《文化及相关产业分类（2012）》，http://www.tctj.gov.cn/art/2012/7/11/art_2125_160326.html。

纳入文化大省、文化强省建设的总体战略之中，出台了一系列推进文化产业发展的政策举措，在全国率先推进文化体制改革，组建文化产业集团，设立省级文化产业引导资金，引导社会资本进入文化产业领域，推进重大项目带动战略，这个阶段是江苏文化产业在政府引导下快速推进的成长阶段。"十一五"以来，江苏文化产业呈现出发展步伐加快、市场主体壮大、新兴文化业态比重放大、多元投入格局形成、产业加速集聚、优势产业门类开始显现的良好态势，步入了文化产业内涵提升及结构优化发展的新阶段。在这一阶段，全省演艺业、娱乐业、动漫业、游戏业、文化旅游业、艺术品业、工艺美术业、文化会展业、创意设计业、网络文化业、数字文化服务业都得到了不同程度的发展。2009年，是江苏文化产业发展史上的一个节点，当年文化产业增加值突破千亿大关。2010年，全省文化产业总量居全国第二位，完成增加值1 385.5亿元，比上年增长30.1%。2011年，全省文化产业增加值达到1 792.68亿元，位居全国前列（表3-1）。2007—2011年，全省文化产业连续保持30%左右的高速增长，占全省GDP的比重由2007年的2.3%提高到2011年的3.69%，已经跻身全国文化产业第一方阵，①为促进全省经济平稳较快增长和发展方式转变做出了重要贡献。

表3-1 2004—2011年江苏省文化产业发展情况一览表（单位：亿元）②

年份	文化产业增加值	文化产业年增长率	同期GDP总量	同期GDP增长率	增加值占GDP比例	备注
2004	264.18	—	15 512.35	14.9%	1.70%	不变价计算
2005	331.98	20.4%	18 272.12	14.5%	1.82%	不含个体户
2006	437.25	27.97%	21 645.08	13.2%	2.02%	不含个体户
2007	587.35	30.68%	26 018.48	14.9%	2.26%	不含个体户
2008	795	—	30 981.98	12.7%	2.57%	含个体户
2009	1 065	21.62%	34 061.2	12.4%	3.13%	含个体户
2010	1 385.5	30.1%	40 903.3	12.6%	3.39%	含个体户
2011	1 792.68	—	48 604.3	11%	—	—

① 江苏省文化厅编：《文化民生的理论与实践》，南京：南京出版社，2011年。
② 江苏省科技厅"把文化产业培育成江苏战略性新兴产业的路径与对策研究"课题结项报告。

总体来看,江苏文化产业总量快速增长,文化产业总体规模、发展速度和发展潜力均居全国前列。江苏文化产业的特点,可以概括为以下几个方面。

一、建立了先进和完善的政策体系

江苏利用自身发展经济的成功经验,将一般经济发展的"苏南模式"移植到文化产业发展领域,政府主导型发展路径显著。政府在文化产业的发展规划、发展方向研判、政策体系构建、引导资金扶植、发展绩效考核等方面发挥了决定性作用。政府工作的重点是构建文化产业发展聚集平台,在基础设施建设上先行一步,并注重文化产业与其他优势特色产业的协同创新。全省上下形成重视发展文化产业的广泛共识和良好氛围,初步构建了一套包含宏观规划政策体系、资金扶持体系和考核监督体系在内的完整的"省—市—县"三级综合文化政策体系。

首先,全省普遍建立了各级文化产业发展规划及政策配套体系。文化产业发展规划是从战略层面和宏观视角对发展文化产业所做的前瞻性、引导性的规制与谋划,它是文化产业发展中带有全局性的纲领性文件。目前已出台的省级系列政策举措包括江苏省委、省政府出台的《江苏省"十一五"文化产业发展规划》《关于深化文化体制改革加快文化产业发展的决定》《关于发展先进文化建设文化江苏的决定》《关于实施文化建设工程的意见》《江苏文化建设工程实施办法》等,省政府出台的《江苏省人民政府关于加快文化事业和产业发展若干经济政策的通知》《江苏省人民政府关于加快文化产业振兴若干政策的通知》《关于促进电影产业繁荣发展的实施意见》等,省政府办公厅转发省文化厅等部门的《关于加强文化科技创新的意见》《关于金融支持文化产业发展的若干意见》《关于加快动漫产业发展的意见》等,省有关部门出台的《江苏省省级现代服务业(文化产业)发展专项引导资金管理办法》《江苏省文化产业示范基地示范园区评选命名管理办法》等。上述政策文件的出台、实施,为全省文化产业发展营造了良好的政策环境和发展基础,有力促进了全省文化产业的稳定快速增长。江苏不仅把文化产业发展纳入经济发展的整体规划,而且专门制定了文化产业发展规划,尤其在苏南地区,各级政府已经出台了文化产业发展规划和政策配套体系,其中,昆山、江阴等县级市也出台了相应政策,"省级—地市级—区县级"的三级文化产业规划和政策配套体系正在形成。

其次,政府引导资金对文化产业发展的引导作用日见成效。受省委、省政府文化产业政策影响,江苏先后出现了省、市、县三级资金扶持模式。从性质上说,各级文化产业专项引导资金均为政府财政投入资金,是政策用其他强势产业收益来反哺和扶植文化产业的具体表现。从总量上看,各级政府推出的文化产业专项基金有 10 余个,总金额接近 5 亿元。为支持文化产业发展,江苏省委、省政府 2007 年设立了初始规模为 1 亿元的省文化产业引导资金,并从 2009 年起提高到 2 亿元,在全国处于领先水平。从时间上说,南京和无锡最早设立了政府扶植资金;从地区上看,无锡设立文化产业发展资金 1 亿元,在全国地市级处于领先地位。目前,全省已有 738 个项目获得超过 9.5 亿元的资金扶持,带动项目总投资额超过 1 717 亿元,有效发挥了财政资金"四两拨千斤"的作用。大部分项目进展顺利,社会和经济效益正日见成效,起到了优化江苏文化产业结构的作用。

"十一五"期间,江苏省每年拿出 1 亿元用于引进海内外高层次创新人才,其中文化产业领域所有引进人才一次性获 100 万元资助。同时,对文化创新团队进行扶持,设立"紫金文化奖章",表彰奖励有突出贡献的优秀文化人才。[①] 南京市财政每年安排不少于 3 000 万元资金作为文化人才队伍建设的专项资金,用于对人才引进补贴、培训培养、承担重大课题以及人才奖励等专项投入。对列入文化创业人才引进计划的,给予企业初创扶持项目费 100 万元,重点扶持项目 200 万元,提供不少于 100 平方米的工作场所和不少于 100 平方米的人才公寓,3 年内免收租金。对列入培养计划的文化创业家,在项目产业化过程中,按情况提供流动融资担保、贷款贴息、场地租赁、财税政策等支持。

另外,省财政与凤凰集团、省高投集团等企业共同出资 20 亿元设立了"江苏紫金文化产业发展基金",通过股权投资的方式加快发展优势文化产业项目,推进江苏优质文化企业进入资本市场,这在国内也是一种创举。这些举措对于推进江苏文化企业进行混合所有制的产权改革,加快资本合作重组的步伐,推进国有文化企业建立现代企业制度,实行企业法人治理结构,从而加快江苏文化产业与国内外资本市场的对接有着重大的意义。江苏在政府主导下积极募集和引入社会资金进

---

① 江苏省文化厅编:《文化民生的理论与实践》,南京:南京出版社,2011 年。

入文化产业领域并设立创投基金,还积极推动银企对接,北京银行南京分行、中信银行、浦发银行等都明确给予相当数额的授信支持。省文化厅与国家开发银行江苏分行、北京银行南京分行签署"支持江苏省文化产业发展战略合作协议",积极推荐并协助省内各大银行为南京云锦、无锡华莱坞等省内优秀文化企业提供贷款、融资等金融服务,帮助企业做大做强。北京银行南京分行针对文化产业轻资产、缺担保的特点,建立了文化特色支行,为文化企业提供快速审批渠道和金融产品特别服务方案。2012年8月,江苏首支文化创意中小企业集合票据成功发行,由扬州工艺美术集团、大贺传媒集团两家省内优质文化企业作为联合发行人,由北京银行南京分行主承销,注册金额1.5亿元,期限3年,由江苏省信用再担保有限公司提供增信。这是全国首支由国家级文化产业示范基地发行的集合票据,是江苏省文化厅与北京银行南京分行签署战略合作协议后推出的第一支金融创新产品。可以说,金融创新支持文化产业成效明显。

再次,全省设立文化产业发展绩效考评制度。文化产业绩效考评体系是评价各地区文化产业发展状况、描述和分析某一区域文化产业发展整体概貌、结构与质量、优势与不足等的一整套指标体系。科学的绩效考评体系对引导、促进文化产业沿着正确的轨道发展,对准确把握文化产业发展阶段、督导各地区各部门加强文化产业投入等均具有重大意义。江苏是全国最早建立并实施制度化、常态化文化产业发展考评机制的省份。2008年,在江苏省委宣传部的主导和省统计局的配合下,首次发布了江苏省文化发展绩效评价结果,苏州市的综合指标在当时全省13个省辖市中名列第一。这种考评方式在全国尚属首次。2012年,在对上年的文化产业绩效考评结果中南京市位居全省第一。这种每年均向社会按时发布文化产业绩效考评结果的做法在全国文化产业界是一种创新。

二、城镇居民文化消费增长全国第一[①]

城镇居民文化消费偏低曾经一直是江苏建设全面小康社会指标体系中的瓶颈,也是江苏文化产业发展的制约因素。统计数据表明,江苏城镇居民文化消费从

---

① 江苏省社科院吕方等"江苏文化事业文化产业发展及其省际比较研究"课题结项报告。

2006 年开始加速增长,2007 年达到人均 1 699.26 元的水平,比上年增加了 231 元,文化消费占总消费的比例为 15.9%,其增加值比 2006 年增长了 15.8%,文化消费占总消费支出比 2006 年的 15.2% 增加了 0.7 个百分点。2007 年江苏城镇居民文化消费比 2001 年绝对值增加了 1 006.76 元,增长了 145.7%,增加值全国排名第四,增长百分比全国排名第一,[①]表明江苏城镇居民文化消费已经形成稳步、快速增长的态势。

三、文化企业以及新型业态成长迅速

江苏城镇居民对文化消费的渴望为江苏文化企业的发展提供了良好的平台和发展背景,加之文化产业政策的正确引导与扶持,经过多年发展,江苏省已基本形成出版发行、广播电视、报业、动漫、演艺娱乐、工艺美术等行业相对领先的局面,以及互联网传播和会展业等区域领先的优势文化产业门类。全省规模文化企业发展全国领先,涌现出一批具有规模优势和品牌影响力,自主创新能力强,竞争力、辐射能力较强的规模企业,为全省文化产业的发展树立了标杆、做出了示范。在 2012 年第四届"全国文化企业 30 强"评选中,江苏有 4 家单位上榜,数量居全国首位。其中,凤凰出版传媒集团、省广电网络公司的规模和实力在全国处于领先地位。特别是 2011 年 11 月江苏凤凰出版传媒股份有限公司成功上市,融资 44.8 亿元,目前市值已高达 300 多亿元,成为资本市场中文化产业领域的龙头老大。2011 年全省广播电视总收入 223 亿元,是 2006 年的 3 倍,全省有线电视总户数与入户率位居全国第一、世界第二;新闻出版业总收入近 1 300 亿元,比 2006 年翻了一番多,版权贸易输出、出版物销售码洋等位居全国第一,首届中国出版政府奖江苏获奖数占 11%,居全国第一;原创影视动画产量、城市影院票房等全国领先;全省工艺美术行业产值占全国总量的十分之一。目前,全省共有文化产业法人单位 4 万多家,其中年经营额在 1 亿元以上的有 500 多家。

随着全省文化科技创新步伐的不断加快,利用数字、网络、信息等高新技术的新兴文化业态也迅速兴起,呈现出比重、规模、影响逐年放大的喜人态势,成为文化

---

① 《中国城镇居民文化消费现状分析》,http://wenku.baidu.com/view/1ed10f0b7cd184254b3535ce.html。

产业发展新亮点。2011年度省文化产业引导资金资助项目中,文化与科技融合较好的新兴产业项目大幅增加,接近60%。2012年度这一比例已接近70%。省报业集团"3G技术江苏手机报"用户数2011年达220万户,用户规模在国内大型报业集团兴办的手机媒体中位居前列,获得第六届"最具成长性媒体"奖。环球数字文化体验园系全球首座"虚实互动型"国际动漫游戏主题公园,2011年落户常州。无锡紫光有限公司开发了EPOD企业级软件综合开发中间件技术,以此技术制作的动画片《西游记》刷新了亚洲动画片海外单集发行价格的纪录。2010年,江苏动漫产品以88部52 309分钟的产量继续位列全国第一,占全国产量的23.7%。至2011年底,全省拥有动漫企业300多家,全省原创动漫片突破5万分钟,领跑全国。①

四、文化产业积聚效应凸现

通过科学规划,合理布局,突出地区特色、资源优势和错位发展,江苏省加快文化产业示范基地、示范园区建设,推动产业规模化、集约化、专业化发展。江苏省文化厅于2011年开始实施文化产业示范基地(园区)提升工程,出台了《江苏省文化产业示范基地、文化产业示范园区评选命名管理办法》,对基地、园区的申报、评审、命名、监督等予以规范,并按照办法规定,组织开展第四批省级文化产业示范基地申报评选工作。目前,全省文化产业主要集聚在两大区域:一是以南京为核心的省会文化产业集聚区,二是以苏锡常为核心的苏南文化产业集聚区。同时,各市结合所在区域的历史文化优势,逐步形成各具特色的文化产业形态:南京集中于文化会展、软件设计、文化街区;苏州集中于文化艺术交易、工艺设计、文化节庆和文化旅游;无锡集中于动漫、工业设计、会展业、休闲旅游、影视城和宗教文化;常州集中于动漫游戏、主题公园;镇江集中于文化休闲、出版印刷;南通集中于博物馆文化、版权文化、文化用品;扬州集中于工艺美术、玩具生产、乐器制造、文化旅游;徐州集中于民间文化、两汉文化、军事文化、养生文化;淮安集中于印刷发行、报刊广告;泰州集中于文化旅游、乐器制造、数字印刷;连云港集中于文化制造业和服务业;宿迁集中于文化

---

① 江苏省文化厅编:《文化建设在江苏》,北京:中共党史出版社,2011年。

休闲和酒文化等。各市建设了不少园区、基地,到2012年,全省有64家各类文化产业园区,20个国家级、28个省级、107个地市级文化产业示范基地,以及5个国家级动画产业基地、2个国家级影视基地,文化产业园区总数位列全国前列。拥有全国唯一以工业设计为主题的国家级专业园区无锡工业设计园,并首创江苏国家数字出版基地"一基地、多园区"的发展模式。[①] 文化产业园区和基地已经成为文化企业尤其是中小文化企业的孵化器、加速器、助推器,引领、积聚、示范效应明显。

五、县域文化产业发达

苏南的昆山、江阴、太仓、常熟等县域文化企业异军突起,成为全国县域最发达的板块,也是江苏文化产业的一大亮点。昆山市于2008年设立250万元的文化产业引导资金,开全国县级市设文化产业引导资金之先河;江阴市于2010年设立2 000万元的文化专项资金,资金规模位居全国县级市之首;常熟市等县域地区也设立了不少于1 000万元的专项资金。2011年,昆山市文化产业营业额达485亿元,文化产业增加值122.16亿元,位于全国县级市首位。昆山文化创意产业园、昆山软件园被文化部、国家广电总局命名为"国家文化产业示范基地"和"国家影视网络动漫实验园"。常熟投资拍摄的数字电影《夏日纯情》,填补了2011年江苏少儿电影的空白,全市年度票房总收入达2 400多万元。张家港2012年原创动画片年产量突破6 000分钟,进入全省第一方阵。江阴金一文化是江阴文化产业龙头企业,40余人的文化创意"领军型"团队2010年实现销售额30亿元,被评为无锡市首家国家级文化产业示范基地。此外,吴江市、宜兴市、丹阳市、如皋市、海门市或已处于县域文化产业发展的第一梯队,或已步入发展阶段,还有的才刚刚起步,但它们都将经济发展中的"苏南模式"移植到了文化产业发展领域,形成了新的产业集聚区。

六、文化产业在全国的总体情况

2012年,由上海交通大学胡惠林教授领衔的教育部哲学社会科学研究重大攻关项目课题组发布了"中国文化产业发展指数"。该指数以国家重要文化产业政策

---

① 江苏省文化厅编:《文化建设在江苏》,北京:中共党史出版社,2011年。

文本主要内容为指标体系构建根据,由内涵指数和表征指数两套体系综合而成,根据全国各省"十一五"统计数据发布了"中国文化产业发展指数"报告。在这份报告中,上海与北京处于第一梯队,其中上海位列综合榜首,文化产业表征显著,只是在文化产业内涵指数上略低北京15个百分点。第二梯队为广东、山东、江苏和浙江四省。其余25个省区市均被归为指数较低的第三梯队。把全国部分文化产业发展相对较为领先省市的相关数据汇总,主要数据如表3-2所示。

表3-2 2010年部分省市文化产业发展相关数据比较

(北京、上海为2011年)①

	所属地区	年度GPA总量全国排名	文化产业增加值	增加值排名	增加值占GDP百分比	增加值占比排名
北京	东部	14	1 938.6	3	12.1	1
上海	东部	11	1 940	2	10	2
云南	西部	24	534	9	6.11	3
广东	东部	1	2 524	1	5.6	4
湖南	中部	11	827.65	7	5.2	5
湖北	中部	10	695.95	8	4.4	6
浙江	东部	4	1 056	6	3.8	7
江苏	东部	2	1 385.5	4	3.34	8
山东	东部	3	1 230	5	3.12	9

从表中可以看出,2010年江苏文化产业增加值占同期GDP总量未能超过5%,在全国排名第八位,说明江苏文化产业未能成为支柱型产业。江苏软实力落后于硬实力、文化产业落后于文化事业在全国的表现。传统板块中,江苏期刊业严重滞后,与湖北差距较大;文化产业增加值、文化上市公司、网络传播业、游戏产业落后于广东、上海、北京;民营文化企业实力与浙江有差距;报业经营领域不如广东、北京;文化产业装备制造领域不如广东;文化产业的产业链打造方面,江苏与北京、湖南差距较大。新兴业态中,江苏网络传播领域十分薄弱,知名网络企业(比如

---

① 《中国文化产业发展指数首发》,《上海商报》2012年7月15日。

商业门户网站、行业网站或视频网站等)稀缺。同时,江苏文化产业骨干企业实力与世界知名文化企业悬殊:目前世界上95%的娱乐市场和出版市场被全球最大的50家媒体娱乐公司占据,90%以上的新闻制作被美国等西方文化集团垄断。据初步核算,江苏全省报业的年度经营总额尚不及美国纽约时报集团的四分之一,不及美国最大的报业集团甘乃特报业集团的十分之一。虽然江苏全省文化对外贸易增幅超过了发达国家,但出口文化产品水平较低,文化贸易占全省外贸总额比重较低。江苏具有国内或国际影响力的文化品牌极少,主要有全国发行量最大的晚报《扬子晚报》、曾获全国综艺节目收视率之最的江苏卫视《非诚勿扰》栏目、论坛人气火爆的"西祠胡同"网站。

第四节　江苏区域文化建设的对策

江苏不仅有经济上的率先,更有文化上的多个率先。但是,文化建设的率先不代表文化软实力就强,更不代表文化发展的可持续性。周国富、吴丹丹曾设计出指标体系并撰文,[①]把文化传统、文化素质、文化活动、文化吸引和文化体制作为衡量标准,对31个省区市进行定量研究,其中测得江苏省的文化软实力在2007年排在全国第十三名的位置,这样的结果与江苏在全国的经济实力和文化大省的美誉不太相称。盘点江苏文化软实力的现状,我们发现,相比之下,江苏硬实力高于软实力,文化事业发展好于文化产业发展,思想道德建设和经济建设未能同步发展。物质是基础,精神是导向,文化是灵魂,改革创新是动力——这一写入省党代会主报告的话语,正是江苏对核心价值体系的核心共识。为此,要从思想文化、文化事业、文化产业三方面提出部分建议,以期实现江苏文化软实力的提升和增强,进一步推进江苏文化的大发展大繁荣,使江苏完成从文化大省向文化强省的跨越。

一、思想文化建设

社会主义核心价值观体现的是经济、文化、政治等方面的全面发展理念,所以

---

① 周国富、吴丹丹:《各省区文化软实力的比较研究》,《统计研究》2010年第2期。

新时期江苏精神的提出不能仅仅被看作是江苏经济转型升级的助推器,而应作为江苏全面发展的标尺。江苏在经济率先的同时,思想道德建设、文化宣传教育以及人才观念等方面也要在全国争先、领先、率先,增加自身的软实力,把社会主义核心价值观与江苏精神的宣传教育融会贯通,尊重和研究宣传教育规律,用群众听得懂、说得通的语言引导群众,加强思想道德建设,增强渗透力、亲和力和协同力。

1. 突出思想道德建设,强化道德规范养成

思想道德建设作为一项系统工程,要抓好知善、行善、扬善和惩恶四个步骤,以部分强制措施促进公民道德行为养成,培养公民、公共、公益意识。

一是知善——重视学生的公民素质教育。孩子是国家的未来,重视孩子的道德教育就是在对未来做必要的储蓄。好的观念需要从小灌输,好的习惯需要从小培养。鉴于目前社会道德伦理的滑坡往往会给孩子以负面引导的趋向,我们应当抓住学校这个重要阵地,重视学生的思想素质教育。长期以来,我们国家的应试教育很有成效,可素质教育还有很大的提升空间。践行社会主义核心价值观对于孩子而言可能还无法做到"三创三先",但作为江苏精神源泉的社会主义价值观却是孩子们应该知道并认识的。那么,这样一个博大精深的理论体系如何能让孩子们接受并消化吸收?如何使"己所不欲,勿施于人"这类普世价值成为每个人都应该具备的最基本的品质?江苏人文资源和底蕴丰厚,近年出版业和发行业位居全国第一,应该充分发挥这方面的优势,把贯彻落实《社会主义核心价值体系建设实施纲要》与弘扬江苏精神相结合,有针对性地组织专家撰写小学至高中各阶段不同层次的社会主义核心价值观江苏青少年读本,做到生动有趣、深入浅出,小事情、大道理,用亲切感人的价值观践行实例引导学生培养健康的人格。

二是行善——壮大志愿行动队伍和范围。截至 2011 年 10 月,江苏省注册志愿者已超 330 万人,也就是说,平均每 26 个江苏人中就有 1 名志愿者。他们像水滴汇入溪流,最终汇聚成爱的洪流,向社会传递着爱和善的能量。但是,做善事仅仅依靠社会舆论和内心自律还不够。鉴于目前公民服务意识较弱的特点,借鉴欧美发达国家经验,现阶段可以考虑修改《江苏志愿服务条例》,从理论和条例中区分志愿服务与义务服务的差别,强化公民权利与义务对等意识,使志愿服务规范化、长久化和具有可持续性。比如,在大、中、小学每周组织学生完成若干小时的义务

服务;每月由企事业单位或社区组织成人义务劳动等,进一步充实志愿者队伍和发扬公民服务意识。从强制性的行为着手逐步培养公民对社会、对国家承担义务,使之成为一种生活习惯和生活态度,提高道德自律。让更多的人从小树立感恩他人、回报社会等新时期社会主义荣辱观,将其当作自己学习、工作和生活的一部分。

三是扬善——形成做好事有好报的良性循环氛围。让社会主义核心价值观深入人心,就是要使这种价值观践行者的行为受到鼓励与尊重,这样才能形成"存好心、做好事、当好人、有好报"的良性社会氛围,使更多的公民把社会主义核心价值观内化于心,外化于行动。从宏观上说,应该借鉴苏州市政府大力采购公益服务项目及产品的做法。比如,苏州市每年从福彩公益金中拿出1 000万元作为种子资金,公开征集公益服务项目。2012年有52个项目中标,分属45家社会组织。这些项目面向社会新问题寻找新答案,如新生代农民工融入城市、自闭症儿童康复支持等。一方面,这种模式可填补政府社会管理、社会服务的空白地带;另一方面,这种公益创投活动让社会公益组织多元化,有更多的发展空间。此外,从微观上说,除了继续用新媒体、多媒体宣传好人好事的方式外,还可以考虑设计志愿者服务考评体系,给予相应的权利作为倡导和奖励。这方面可以借鉴江阴夏港镇社区推行的共青团志愿服务集点卡的做法,用集点的方式鼓励社区成员多做义工,通过做志愿活动可以挣学分,可以得到政府提供的工作机会,可以作为享用社区资源的依据等,充分体现善有善报的原则。虽然不是等值交换,但从中可以体现政府对善举的尊重与褒奖。

四是惩恶——以法治促德治。良好社会风气的形成在于破与立之间,也就是说,要加大对符合社会主义核心价值观的行为的倡导,同时应对不符合甚至反社会主义核心价值观的行为或思想予以严厉的惩戒。相比西方国家先制定规则再行动的理念,我国近些年在"摸着石头过河"的发展模式下,更多的是先做事、先发展、后立法,由此在发展的过程中造成了一些非常规甚至超越法理的事情发生,以牺牲道德为代价使社会的诚信度和公信力逐渐下降。改革开放已经30余年,很多制度、规范、机制尚在发展与成长之中,公共道德规范还没有完善和刚性化,还没有完全内化于民心,道德理念还只是在社会的表层游走。在经济发展到一定阶段的今天,我们能否放缓一下脚步,抑或在发展的同时重新拾起我们曾经忽略的法制意识?

法律和道德作为上层建筑的组成部分,都是维护社会秩序、规范人们思想和行为的重要手段,它们相互联系、相互补充、相互促进。以法治促德治的必要性在于道德建设需要法律的引导和支撑,因为法律规范包含着相应的伦理精神,法律的强制力可以用来推行和维护一定的道德规范。应该建立健全各项规章制度,以法律的底线倒逼思想道德水平的提高。新加坡严刑、重罚经验的事实证明,用法律的严惩手段会使道德重建的进程加快,因为外力强制的做法同样可以唤醒我们内心的道德律令。

2. 把社会主义核心价值观与江苏精神的宣传教育融会贯通

针对部分人认为社会主义核心价值观包罗万象,过于宏大而缺少提炼和可操作性的问题,弘扬江苏精神的过程就成了社会主义核心价值观大众化、实践化、区域化和时代化的嫁接过程。江苏精神的提出为江苏人践行社会主义核心价值观提供了很好的契机。因此,江苏今后一段时间要把意识形态和主流价值的宣传工作二者结合起来,使江苏精神主题教育实践活动同社会主义核心价值观的宣传推进工作相得益彰。同时,要研究宣传教育规律,学习和借鉴通俗易懂的大众化做法,用群众听得懂、说得通的语言引导群众,增强渗透力、亲和力和协同力。如中宣部近年推出的"理论热点面对面"丛书,通篇很少有抽象空洞的词调,理论阐释深入浅出,语言风格生动鲜活,很受广大读者欢迎。这就启示我们,要使社会主义核心价值观宣传教育实现"大众化",让群众能够听明白、记得住、用得上,就要尽可能地用大众语言,讲大众明白的道理。同时,要以新媒体作为舆论宣传主阵地,组建江苏的"网络红军",打击网络犯罪、语言暴力等新型侵害;大力倡导"微公益",包括以微博的小善积人民群众的大德等。

3. 弘扬江苏精神就要打造宽松的思想氛围,鼓励多元、包容差异

江苏精神无论是"创"还是"先"都包含与众不同的意味,它反映事物特殊性的一面,是人类意识活动中的一种积极的、富有成果性的表现形式。只有具备强烈的创新意识,敢想前人没想过的事,敢创前人不曾创成的业,才有可能争先创优、独树一帜。弘扬江苏精神要打造宽松氛围,鼓励创新,政府只规划创业园、创新服务示范区等孵化器并出台优惠政策还不够,关键在于转变理念,在工作和实践中努力营造平等、自由、轻松、愉快、和谐、民主的氛围,给人才一个无拘无束的思维空间,不

仅在基地建设等硬件上下功夫,更要鼓励和保持人才思想的多元化、多样性。要在坚持以社会主义核心价值观引领的前提下,用多元和包容的态度鼓励个性化的思维,以和而不同构筑和谐创新环境,打造具备"三创三先"精神的"苏军"。

二、文化事业建设

1. 力抓"文化事件",扩大江苏文化事业的社会影响力

社会影响程度能够客观衡量一个地区文化事业发展水平。大型文体活动、各类会展等文化大事件能够凸显区域文化软实力、社会影响力乃至国际竞争力。比如,北京奥运会、上海世博会、伦敦中国图书节等文化大事件均使主办方知名度和美誉度提升,加快现代化与国际化开放步伐,为文化事业的良性发展以及与经济互动提供了生机活力。文化事件是一种文化资源稀缺条件下的产物,借用美国著名质量管理专家约瑟夫·摩西·朱兰的观点,文化事件可以因其社会效益的高产程度而称为"关键少数",它适用于稀缺经济学中帕累托法则,能够产生极大社会效益。文化事件的高产程度往往引起整个社会去高度关注并良性评价大事件区域的文化事业发展业态。它不只表现为提升旅游业的一种手段,更多体现出城市对其文化本质或文化基因的回归,由此提炼出吸引外商投资和新兴居民的关键要素。同时,文化事件的酝酿筹划可以形成一个地区文化事业创新发展的倒逼机制。它能够促使政府承担文化事业的主要推进责任,带动该地区公益性文化的基本设施建设、大型项目管理水平提升乃至相关文化产业迅速发展。比如,上海世博会在其公益性之外一度成为文化创意、广告传媒、旅游宾馆、餐饮物流业、贸易交通等产业高速发展的一个强力发动机或风向标。此外,承办文化事件能够借此提炼城市精神、拓展市民文化视野、强化社会文明教育、提高城市社会建设水平等。比如,北京人通过举办奥运会使市民的文化和文明水平均有大幅提升,且这种效应至今还在发挥作用。

江苏形成国内外较大社会影响的文化事件虽然不少,但诸如佛顶骨舍利赴台供奉、无锡世界佛教论坛、南京名城会与世界城市论坛、无锡"中国吴文化节"、徐州"国际汉文化节"等项目往往更多地表现出地方性、单一性、突击性、目的性等特点,缺乏专业团队的前期策划及对项目可持续发展的后续开发利用。江苏要借助策划

文化大事件的机会提升文化事业社会形象,由省政府提出主导性意见,由文化事业职能部门具体指导,借南京青奥会等契机组织江苏有条件的城市或地区积极开展文化事件的创新发展探索实践。在机制上,可参照帕累托法则"抓大放小",以文化事件为重要枢纽,组建省市县一体联动的文化事件策划组织机构,进一步发掘江苏丰富优质的人文资源,并将稀缺文化资源做强,逐步形成文化事件精品化、高端化、持续化和序列化的推出机制。在内容上,可分别围绕"提升以弘扬社会主义核心价值为重心的文化导向力""提升以推进江苏区域和谐发展为中心的文化凝聚力""提升以展现江苏崭新整体形象为目标的文化影响力"这三方面,策划组织相关文化事件,实现功能变化、价值导向、精神塑造、社会凝聚力、社会建设、文化产业反哺、城市地区形象、非遗保护、演艺获奖等多方面稀缺要素的高效聚合,以此扩大江苏文化事业在长三角乃至全国的社会影响力。

2. 强化"文化公益",拓展江苏文化事业创新发展的区域示范效应

目前江苏公共文化服务体系建设中存在观念、机制、体制三类多个方面相关问题或不足。一方面,强调公共文化服务必须由各级政府而不是文化主管部门承担主要责任;另一方面,丰富基层公共文化服务,积极引入或完善政府引导推荐机制。为此,可引入"长尾理论"①即"更多的选择能够创造更多的需求"来指导具体实践。长尾理论站在宏观层面或统计学角度,将那些被细分的小众市场与足够多的非热门产品组合到一起,形成与热门市场相匹敌的大市场,呈现一种"小批量定制"或"社会化小生产"的基本特征。这种模式可转变目前由政府通过大规模生产方式所提供的单一化、单调性的传统公共文化服务模式,未来可在"政府主导、社会参与、企业支撑、政策扶持"的基础上,通过小批量定制或社会化小生产方式,提供差异化、多样化、个性化甚至定制化的公共文化服务现代模式。它要求政府决策机制向社会决策机制转变。政府可考虑研发"公共文化服务项目推荐系统",采取相应形式将其植入部分地区试点,同步细化完善并落实文化事业领域中公共资源社会共享、经费预算监督考核、城乡互动普惠巡演、激励社会多元参与、扶持引导项目资金、公共文化产品再生产多中心合作、文化产业反哺文化事业等进步机制,使未来

---

① [美]克里斯·安德森:《长尾理论》,乔江涛译,北京:中信出版社,2012年。

江苏公益文化服务在形式与内容上实现"可结构化",使演出展览、图书文献、文物非遗、群众文化、广播电视、报纸杂志、新闻出版等文化事业单位中的政府优质资源有机组合到公共文化服务体系中,进一步提升江苏文化民生工程的社会效能,全面促进江苏文化事业的创新发展。

3. 明确原则,探索新模式

文化事业首先要体现"公益性"原则,即基本公共文化服务必须由国家提供全部经费承担。其次是"责任性"原则,即各级政府应当成为本地区公共文化服务的责任主体,充分体现"谁受惠谁支付"的属地责任原则。探索创新"五大模式",即"政府购买公共文化服务及产品""文化产业反哺公共文化事业""成立公共文化服务发展基金会""公益性低收费文化服务项目市场化运作"和"公共文化资源区域化共享服务"等新模式。

三、文化产业建设

1. 文化产业从粗放型转入精工型

江苏人具备"精致典雅"的文化心理,这种传承积淀在江苏工艺文化中,不但继续支持着江苏工艺品产业的发展,而且也成为当代江苏社会发展极其宝贵的文化资源。从文化与产业发展的关系看,工艺文化不但与当代创意产业有着直接的正相关关系,而且以精致化、精益化的理念和创意产业的产业形态共同作用于整个制造业领域,与资本、技术、管理等要素一道推动着世界制造业的发展。江苏最有可能在提升中国制造业水平方面率先突破,实现"江苏产品"到"江苏精品"的提升,为建设创新型省份做贡献,最终实现"江苏制造"到"江苏创造"的转变。

2. 加强创意产业内容的策划和产业链的延伸

在江苏目前的文化产业发展方式上,文化产业的投资盲目性较大,存在资源浪费的现象,缺乏整合策划能力,文化产业的上游、中游、下游企业之间关系呈割裂之势,未能形成有效整合。由此造成文化产业发展中消费驱动所占的比重过小,缺乏可持续发展后劲。在推进文化产业强省建设中,江苏应该通过引导资金,重点推进诸如广告业、咨询业、工业设计、工艺设计、软件业等这些创意产业的发展,重视内容的筹划和产业链的延伸,提高江苏文化产业的核心竞争力以及实现效益最大化。

筹划方面要重视文化传播机制，美国用"三大片"（薯片、芯片、影片）策略征服了世界，我们要多多学习和借鉴他们的制作模式、宣传模式、广告模式、营销模式、收回成本模式等，整合江苏优质历史文化资源。比如，至今仍为世人称道的吴门画派、扬州八怪、金陵八大家以及泰州学派、常州学派等艺术学术流派，昆剧、京剧、锡剧、扬剧、淮剧等地方剧种，南京的云锦、苏州的刺绣、无锡的泥人、扬州的漆器、南通的蓝印花布等民族传统工艺。通过产业化和创意化运作，可以使这些资源发挥出更大的经济效益和社会效益。

3. 打造"文化品牌"，形成江苏文化产业现代化品牌集群优势

一个地区的文化产业发展到较高水平就会形成相对稳定、充满活力、具有强大吸引力和核心竞争力的文化力格局。这种文化力格局不仅是一个概念，更是一种实体形式，它们往往通过体系化的现代化品牌集群优势来体现。这种文化品牌可以是文化事业塑造出来的，也可以是文化产业打造的，它可以由多组不同类型而同属某一体系的文化布局所构成。文化品牌大都依托于当地历史文化积淀和经济发展，蕴含对"文化事件"中"文化公益"和"文化商业化"的强大支撑力量，成为综合性文化创新发展的重要基础。目前，江苏地区的文化品牌大多由各地自发形成，缺乏全省范围的统一协调与长远规划，立足点不高，经济偏向性较强，缺少现代传播体系、优秀文化传承体系和城乡一体化体系等现代化设计及部署。因此，江苏有必要率先围绕形成文化品牌优势，着手设计并打造"文化品牌"。建议各级党委政府在观念层面上重视地区的文化品牌，在工作思路上将文化品牌列作未来文化事业和文化产业创新发展的基本构架，在工作部署上对布局发展进行体系化、有序化的战略性规划，使高效先进的科技文化、独大特强的演艺文化、丰饶实惠的公益文化、特色鲜明的名城文化，与厚重深远的汉文化、吴文化、淮扬文化、帝王文化、经典文化、红色文化等历史文化整合起来，形成品牌集群优势，打造名人、名著、名作、名城、名园、名馆，真正推进江苏文化大发展和大繁荣，早日实现文化强省之梦。

第四章 政府公信力建设

政府公信力是各国政府都非常重视的一种软实力,它是公共管理能力的一个重要方面,但各国关注政府公信力的时间不尽相同。在西方社会,20世纪90年代中期,西方民主社会中公民与政府的关系日趋紧张,政府公信力呈大幅度下降趋势。1964年民调显示有四分之三的美国公众信任美国联邦政府,而1995年同样的民调则显示只有四分之一的美国公众信任美国联邦政府。[①] 在中国,政府对于公信力这一软实力的关注是随着经济转型与社会转轨的过程逐渐出现并发展的,并以2003年"非典"事件作为典型和开始。2003年"非典"之后,一系列突发事件和公共危机的发生使政府公信力受到严峻挑战。[②] 自此以后,公信力受到政府、公众和舆论的广泛关注。

第一节 政府公信力概述

一、政府公信力的界定

所谓政府公信力,其依赖于社会成员对普遍性的行为规范和网络的认可而赋予规范和网络的信任,并由此形成社会秩序。政府作为一个为社会成员提供普遍服务的组织,其公信力程度通过政府履行其职责的一切行为反映出来。因此,政府

[①] Joseph. S. Nye, Philip. D. Zelikow, and David C. King, *Why People Don't Trust Government?* Boston: Harvard University Press, 1997, p. 584.

[②] 武晓峰:《近年来政府公信力研究综述》,《中国行政管理》2008年第5期。

公信力程度实际上是公众对政府履行其职责情况的评价。通俗地讲,政府公信力就是各级政府的执行力、影响力与号召力,是指各级政府在行政过程中所获得的社会公众信任、支持的程度,反映着人民群众对政府的满意度和信任度。①

公信力与政府权威是比较容易混淆的概念,因此,区分公信力与政府权威的概念有助于加强对于政府公信力概念的理解。有些学者从政府与公众双向的角度,将政府权威定义为"政府合法的政治权力的影响力及其对影响力的服从与认同。它有两层含义:一是政府权威依赖于政府合法的政治权力;二是该政治权力具有一定的影响力,社会成员对由此产生的影响力的主观服从与价值认同"②。也有学者从政府合法性角度出发,认为"合法性就是国家公民对政府的权力与威严及政府的能力与威望的认同与遵从,简单地说,就是对政府权威的认同与遵从"③。我们可以看出,政府权威在其定义中更突出的是"权威"的概念,即更多地代表了一种支配,是一种权力和威望,权力代表的强制性和对他人的影响力将政府权威与政府公信力区别开来。政府公信力重点的"信"更接近于政府权威中的"威望",弱化了国家强制力的意味。从政府权威与政府公信力的定义比较来看,政府公信力更是一种由政府的行为、政策和承诺的有效性形成的,取得公众信任的能力。

二、常态管理与政府公信力

常态管理是相对于危机管理而言的,政府履行其一般行政职能,应对普通管理事件,是政府管理的常态。常规管理状态下的政府公信力问题不像危机时期令人注目,但也绝不可忽视。危机毕竟是少数情形,常规情况才是主流部分,常态管理做不好,削弱的公信力在危机时刻将更加脆弱。在常态管理中,对政府的要求不比危机时期低,常态管理涉及范围更广,事情更多,每一点都必须经得起考验,否则公信力丧失容易,重新树立则非常艰难。常态管理还有助于培养危机意

---

① 徐晶:《当代我国政府公信力要素的现代化构建》,转引自国家行政学院邓小平理论和"三个代表"重要思想研究中心:《努力提高政府公信力》,《光明日报》2005年2月1日。
② 徐国亮:《政府权威研究》,济南:山东大学出版社,2006年,第2页。
③ 崔金云:《合法性与政府权威》,《北京大学学报》(国内访问学者、进修教师论文专刊)2003年刊,第65页。

识,为应对危机状态积累经验,良好的常态管理能够有效降低可抗性因素带来危机的概率。探讨常态状况下政府公信力存在的问题与应对举措,其意义与价值无须赘言。在常态管理中,政府公信力实质上是民众对政府履行公共职责情况的评价,同时也是对政府合法性的检验,信用政府能够在日常管理中增强民众的信任感与归属感。政府公信力是社会稳定与发展的前提条件,只有具备较高的公信力,才能尽到自身职责,促进公共生活的改善,推动社会持续稳定进步。这也意味着,一旦常态管理中政府公信力缺失,将带来一系列社会问题。正如有学者指出的,"一旦信用流失,就具有很强的扩散性、长久的破坏性和巨大的毁灭性,修复成本也往往比其他信用要大得多"[1]。政府失信将导致民众对政府信任的丧失,从而造成社会普遍失信,削弱政府的合法性。应该看到,当前政府公信力既有所发展,又存在一定缺陷,这要求我们正视现实情况,以积极、理智的姿态探究提升政府公信力的有效途径。

三、公共危机与政府公信力——非常态管理与政府公信力

危机原本来自医学用语,是指人们濒临死亡、生死难料的状态,后来用来描述人们不可预期、难以控制、不愿面对的局面。危机管理则是指应对危机的有关机制,一般是指企业为避免或者减轻危机所带来的严重损害和威胁,从而有组织、有计划地学习、制定和实施一系列管理措施和因应策略,包括危机的规避、危机的控制、危机的解决与危机解决后的复兴等不断学习和适应的动态过程。所谓公共危机,就是对一个社会系统的基本价值、行为准则、社会秩序等产生严重威胁,并且在时间压力和不确定性极高的情形下,需要由以政府为核心的公共管理系统做出决策来加以解决的事件。这些事件有时也被称为"突发公共事件"或"紧急事件"等。[2]一般根据引发的原因不同,公共危机可以分为自然灾害、公共卫生事件、灾难事故、突发社会安全事件、经济危机等五大类(表4-1)。

---

[1] 白春阳、马俊峰:《政府公信力:现代公共生活秩序的核心问题》,《天津社会科学》2008年第1期。
[2] 宋旭光:《地方政府的危机管理:责任、信息与制度》,《财经问题研究》2006年第11期。

表 4-1 公共危机分类

公共危机类型	公共危机表现
自然灾害	主要包括水旱灾害、气象灾害、地震灾害、地质灾害、海洋灾害、生物灾害和森林火灾等,如地震、泥石流、山体滑坡
公共卫生事件	会造成大规模群体健康危险的突发传染疾病、发生原因不明的病症,如 H7N9 禽流感、"非典"
灾难事故	主要包括工矿商贸等企业的各类安全生产事故、交通运输事故、危险化学品事故、公共设施和设备事故、核辐射事故、环境污染和生态破坏事件等,如动车追尾事故
突发社会安全事件	重大刑事案件、涉外突发事件、恐怖袭击事件以及规模较大的群体性突发事件,如枪击事件
经济危机	资源、能源和生活必需品严重短缺,金融信用危机和其他严重经济失常、经济动荡等涉及经济安全的突发事件,如 2008 年经济危机

公共危机事件也称为突发事件,"是指超常规的、突然发生的、需要立即处理的事件。突发事件会对其相关的政府组织构成威胁,重大的、涉及面广的突发事件还可能使政府组织处于危急状态"[1]。鉴于此定义,公共危机事件的发生具有突发性、灾难性、非确定性及扩散性。突发性指公共危机的发生速度快,政府部门要在相对短的时间内确定方案计划及部署工作,解决危机,防止危机进一步扩大和蔓延;灾难性指公共危机的严重破坏性,公共危机不仅会造成直接的经济损失,而且会破坏社会秩序,进而威胁到一个组织的基本价值和行为准则;非确定性指公共危机的发生无法用常规性规则进行判断,而且危机的处理和造成的影响没有确定的经验可以指导;扩散性指公共危机发端于一个领域,但是其影响不止于一个领域,可能会造成大范围的影响,甚至诱发其他危机发生。公共危机的实质是非程序化决策问题,管理者必须在有限的时间、资源、信息等条件下快速寻求"满意"的解决方案,迅速地从正常情况转换到紧急情况(从常态到非常态)是危机管理的核心内容。公共危机一般分为几个阶段:前兆阶段,即危机发生之前各种危机先兆出现的阶段;紧急阶段,即关键性的事件已经发生,演变迅速,出人预料;持久阶段,即事件

---

[1] 赵伟鹏、戴元祥主编:《政府公共关系理论与实践》,天津:天津人民出版社,2001 年,第 402 页。

得到控制,但没有得到彻底解决;危机解决阶段,即事件得到完全解决,社会价值和行为准则回归到常态。[①]

因公共危机具有突发性、灾难性、非确定性及扩散性的特点,个人或单个机构无法解决,也无力解决,政府作为公共事务的管理者,有责任解决公共危机,并控制由公共危机引发的各种连锁反应。在社会原有秩序遭到破坏的情况下,社会处于混乱与失衡状态,也只有政府具有合法性和能力解决公共危机。政府危机管理是政府以突发性危机事件为目标指向,对突发性危机事件及其关联事物的管理活动,目的是通过提高政府危机发生前的预见能力、危机发生时的反应能力与控制能力、危机发生后的救治能力,及时、有效处理危机,恢复社会正常秩序。

政府处理公共危机的重要方式是危机公关。所谓政府危机公关是指政府在危机背景下为了维护公众利益,减少危机影响而进行的传播沟通、协调关系和树立形象的活动。[②] 政府危机公关方式和效率体现了政府现有的公信力,政府在危机中采取的措施和发布的信息能否得到民众的普遍支持和理解,能否得到民众信任,是对政府公信力的一个检测。公共危机处理不当不仅会造成重大损失,而且将直接威胁政府统治的合法性,但公共危机也是政府提高自身形象、争取人民支持、提高公信力、重塑合法性的良好时机。若政府处理合理及时,公共危机得到有效化解,这就在无形中增加了政府公信力,提高了政府在民众中的形象。

首先,政府通过公共危机处理不断提升自身的执政理念和服务理念,有利于改变原来的"官本位"思想,通过危机处理加速理念的转化,得到人民的认可,提高自身公信力。正如《华盛顿邮报》执行编辑费维所说:"我不知道公信力是什么,但失去了它就能感觉到它的存在。我们花了许多年才把那些信任找回来。我们曾经亵渎了公众对我们的信任。"[③]其次,在公共危机处理中不断完善政府制度。合理的政府制度是危机管理各项制度发挥预期作用的根本,使一些合理制度常规化,可以提高日常管理效率。再次,政府危机管理的具体行为是影响政府公信力高低的关

[①] 薛澜、张强、钟开斌:《防范与重构:从SARS事件看转型期中国的危机管理》,《改革》2003年第3期。
[②] 万玲:《危机公关:风险社会政府的沟通力》,《中共珠海市委党校珠海市行政学院学报》2010年第5期。
[③] 沈荟:《公信力:传媒经济与伦理的融合——对美国主流商业新闻媒体经营观的思考》,《中国文化产业评论》2004年第1期。

键。政府处理公共危机的思想、决心和能力要通过具体行动来表现,良好的政府行为能够得到民众的支持和认可,有效避免群体性危机的发生,进而减少危机治理成本,提高危机控制效率,对政府公信力的提升起着积极的促进作用。所以,不能只看到公共危机带来的负面效果,政府要勇于承担解决公共危机的责任,并且将解决公共危机作为提升政府公信力的一个契机。

第二节 江苏政府公信力建设现状

近年来,江苏政府公信力有了很大幅度提升。随着行政体制改革的不断深入,社会管理水平的提升与经验的积累,政策的公开度、透明度、反应机制均有所优化,民众满意度也随之提高。但同样应当看到的是,在常态管理和非常态管理中,政府公信力建设仍然存在诸多问题,这些问题影响到经济社会的健康发展,由之引发的社会问题反过来又进一步制约和削弱着政府公信力,形成了一种恶性循环。造成这种恶性循环的因素很多,除了政府部门自身原因外,还与社会背景、民众要求、国际环境等多重要素相关。

一、江苏政府公信力建设的成就

自2003年"非典"开始,中国各级政府才逐渐具备应急管理的意识。从国家层面来看,中央政府制定了《中华人民共和国突发事件应对法》,颁布了《国家突发公共事件总体应急预案》,应急管理各项工作已经有序开展,并在一次次大规模的公共危机事件中不断改进,提升了应急管理能力。江苏省2006年颁布了《江苏省突发公共事件总体应急预案》作为应对公共危机的总纲领。[①] 该应急预案就组织指挥体系与应急联动体系、预测及预警、应急响应和处置、保障措施、后期处置、教育、演习和监督管理等做了规定。同时,江苏省还制定了其他一系列应急预案,如《江苏省群体性预防接种异常反应事件卫生应急处理预案》《江苏省疟疾暴发流行应急处理预案》《江苏省建筑施工安全事故应急救援预案管理规定》《学生群体性突发事

---

① 江苏省人民政府网站:http://www.gov.cn/yjgl/2006-03/22/content_233536.html。

件应急处置预案》等,各级政府及部门均同样设立应急响应管理预案,由此,江苏省公共危机管理体系初步形成。

《江苏省突发公共事件总体应急预案》规定:"省政府是江苏省范围内突发公共事件应急管理工作的最高行政领导机构,省政府成立省突发公共事件应急处置指挥中心,作为突发公共事件应急处置工作的领导指挥机构,统一领导全省突发公共事件应急处置工作。已有的专项应急处置机构,作为省应急指挥体系的组成部分,机构名称不变、职能不变、办公地点不变,组成人员相应调整充实,继续承担相关专项突发公共事件的应急处置工作。"因为公共危机具有扩散性,往往起源于一个领域,但是波及范围不止于某一个领域,需要多部门协调配合,共同解决。危机"是能够潜在地给组织(政府或企业)声誉或信用甚至经济造成负面影响的时间或活动"[1],必须予以恰当处理。在这种情况下,单一专门的应急机构不能解决大的公共危机,需要有协调统一部门。省政府根据需要成立临时指挥中心,并且将专门的应急机构作为应对公共危机的一部分,在统筹安排的前提下又不失专业性,可以更好地协调各部门,共同解决危机。

根据布坎南公共选择理论,政府部门由政府官员组成,政府官员是"经济人",政府部门的决策是由部门中的官员做出的,这就难以避免其为了本部门利益而出台相关行政规定或者采取相应措施。如若各个部门为了本部门利益在危机处理中相互推诿,延误危机处理的最佳时机,不但会造成难以估量的损失,更会降低人民对政府的评价,降低政府公信力。为了避免这种情况,省政府成立应急中心,作为危机管理的最高机构,以解决危机为出发点和落脚点,而不是考虑某个部门的利益,由此采取的措施更具合理性和科学性。

政府机构是一种非人格化的存在,但政府官员的态度和行为会影响普通民众对于政府的评价。政府公信力可能因官员的良好素质而"增值",也可能因官员的不恰当行为而"减值",即"对突发事件的处理不当不仅不会缓解危机、解决危机,反而会加剧危机"[2]。公共危机发生时间短,不确定性高,并且没有大量可以借鉴的

---

[1] 任生德等编著:《危机处理手册》,北京:新世界出版社,2003年,第4页。
[2] 秦启文等:《突发事件的管理与应对》,北京:新华出版社,2004年,第70页。

处理经验,这就对官员的素质提出了更高的要求。《江苏省突发公共事件总体应急预案》中规定:"防灾减灾教育培训应当纳入党政领导干部培训内容。举办各类领导干部培训班,应当开设综合减灾、紧急处置及防灾救灾组织指挥课程。"通过学习和培训,提高领导干部应急管理的能力,当危机真正发生时才能够临危不乱,果断迅速采取措施,应对公共危机,提升政府形象和公信力。同时,预案中还规定"突发公共事件应急处置工作实行行政领导负责制和责任追究制",对于表现突出的集体和个人给予表彰及奖励;对于危机处理中出现的违法违纪现象,给予行政处分;构成犯罪的,依法追究刑事责任。实施危机管理责任人制度,并与奖惩制度相结合,能够提高政府官员的责任意识,提高其责任心。奖惩相结合,一方面激励官员以解决危机为己任,恰当迅速处理危机,一方面亦能惩治利用职务之便为己牟利的不法之徒。

  公共危机因为其波及范围广,危害性大,往往容易引起人民恐慌等负面情绪。人们在突发事件中受到的心理影响有多种形式,如事后震惊、重现、责难、内疚、改变信念等。[①] 若此时政府信息不公开,瞒报、谎报,更会加剧流言传播,加剧民众的恐慌心理,引起社会动荡,同时降低政府公信力。"非典"疫情倒逼我国政府加速信息公开立法,完善新闻发言人制度,通过政府主动公开公共危机的影响和解决措施,减少流言,稳定民心,在危机中提升政府公信力。2006年9月,江苏省实行《江苏省政府信息公开暂行办法》,遵循合法、全面、真实、及时、便民的原则,对影响公众人身和财产安全的突发事件公开其预报、发生及处理情况。随着网络技术的不断发展,信息公开的途径也由单一方式向多元方式发展。江苏省各级政府充分利用网络平台,各政府网站均设有信息公开栏目,依法公开文件政策等。同时,建立政务微博,及时发布相关消息。2013年春天,政府部门对H7N9禽流感消息发布迅速,及时通报患病及死亡人数,并发布预防知识等。及时透明的信息减少了民众的恐慌心理,并且防止了流言的传播,没有形成大规模骚乱及社会不安定。

---

① 秦启文等:《突发事件的管理与应对》,北京:新华出版社,2004年,第71页。

二、江苏政府公信力建设方面的不足

1. 公信力弱化表现

其一,公共政策权威弱化。公共政策的制定要根据客观事实或情况的改变而进行调整,避免"跳蚤思维"[1],以守旧和习惯的方式固守传统、拒绝改变,基本走向要保持一定的连续性和稳定性,同时政策执行要贯彻落实,并有反馈和监督机制。公共政策权威弱化主要表现在以下几个方面:首先,政策缺乏连续性,变动比较频繁,往往随着政府换届、领导班子更替而改变,政策随意性较大。每届政府刚刚组建时都想在短时间内做出政绩,华而不实的市政工程不断上马,不但给市民的生活造成不便,同时更造成了巨大的资源浪费。其次,政策缺乏统一性。令行禁止,是政府执政能力和信用的具体体现。但三令五申、屡犯屡纠现象仍然存在,对政府的执法能力造成威胁,进而影响到各项政策的实施。再次,政府制定公共政策的初衷是好的,但是没有考虑到基层执行和操作的可行性,并且缺乏相应的监督,在公共政策的执行过程中往往流于形式,存在着大量的"上有政策,下有对策",造成政策执行不力或者执行扭曲,达不到政策制定的目的,从而失去了政策的威信力,降低了政府公信力。

其二,危机预警准备不足。一般来说,预警是指对即将发生的突发事件进行紧急指示。[2]公共危机预警是指在公共危机尚未爆发之前,政府通过不断监测社会环境的变化,捕捉某些可能发生的危机征兆,收集整理并及时发布可能威胁社会的危机信息,进行及时准确的危机预警,以便于超前决策、精心策划全面应对危机的反应计划,在危机来临时实施从容应对的管理措施。公共危机尤其是自然灾害具有突发性,并且可预测性差,但并不是完全不能够进行预测。绝大部分危机在爆发前都具有一定征兆,若能够及时捕捉到相关信息,提前预防,将避免重大损失。

2007 年 5 月,由于太湖蓝藻暴发加剧,无锡市自来水水质突然变化,无法饮用,市民开始疯狂抢购瓶装水和桶装水,社会陷入恐慌和混乱。后经政府迅速处理,水

---

[1] 徐迅雷:《昏官的思维与跳蚤的高度》,《南风窗》2003 年第 5 期。
[2] 薛澜等:《危机管理》,北京:清华大学出版社,2003 年,第 110 - 111 页。

质在一周内基本恢复,但对居民正常生产、生活造成了一定影响。事实上,2006年盛夏期间太湖就曾发生全湖性蓝藻引发水源污染现象。各方监测数据显示,2007年以来天气连续高温少雨、太湖水位偏低、湖水富营养化严重,从4月开始太湖藻类异常增殖就已发生。① 但当时并没有引起相关部门的高度重视,直到水质严重恶化,社会上开始了抢水风潮,政府才采取相应预案,解决危机。虽然政府部门有危机预案,但是并没有将预案落到实处,没有真正地做好监测工作,缺乏危机意识,等危机发生时再采取行动,已经错过了控制危机的最好时机。在这次事件中,有预案,无行动,规定成为一纸空文,使政府公信力受到影响。

其三,危机处理措施失当。公共危机的发展具有不确定性,并且以往可以借鉴的经验较少,是对政府及公职人员的考验。公共危机的处理应遵循一定的科学性,对危机进行疏导,采取有效措施控制危机的进一步发展。公共危机尤其是群体性事件的处理需要智慧,需要找寻危机发生的原因和突破口,而不是单纯地依靠行政法规或强制命令。2012年7月,启东"排海工程"引发群体性事件,起因是启东市民抵制日本王子纸业将污水排放至本地,有市民在小范围内散发传单,呼吁大家游行抵制。当地政府获悉后,通过各种渠道劝说市民不要参与游行,村干部挨家挨户通知,居委会贴出《致全体市民的一封信》,学校将已经放假在家的学生召回学校正式通知此事,广大市民收到了市政府发的短信。② 这种处理措施本意是希望公民不要参加游行活动,实际上却反而达到了为游行活动宣传的效果,扩大了游行活动的知晓范围,使参加游行的人数有所增加,最终酿成冲击政府大楼的群体性事件。当地政府在危机初期发现了危机萌芽,但没有采取有效措施,只是简单告知,没有及时舒缓危机,处理方式简单粗放,使危机进一步升级,最终损害了政府公信力。

其四,网络对于政府公信力的冲击与挑战。一方面,网络为公众和舆论提供了监督政府的渠道,从外部提高了政府的透明度,比如"雷政富事件""杨达才事件"等,均是通过网络曝光,导致事件的主人公以前所未有的速度受到了严肃处理。另

---

① 林如婷:《转"危"为"机"之路——从无锡饮用水危机反思我国公共危机预警机制》,《城市与减灾》2008年第1期。

② 《江苏启东群体事件多人被控聚众冲击国家机关》,http://news.163.com/13/0129/05/8MC50Q3A0001124J.html.

一方面,网络舆论传播的超高速性引起的难以操控性、信息来源不明性,以及传播的不负责任性和追查的困难性,给政府的公共管理造成了严重的阻碍。特别是虚假信息、谣言通过网络能够快速散播,其传播不受时空限制,往往超出政府的反应速度,从而引起混乱和恐慌。比如 2011 年发生的"响水事件"①,就是一起谣言产生—传播—网络扩散—引起恐慌—数万居民出逃的恐慌事件。其中,网络传播起到了推波助澜作用,而且由于发生在夜间等客观原因,政府没有足够的时间进行反应,辟谣行动也略有迟缓,导致没有在民众出逃之前澄清谣言,造成了 4 人因出逃发生车祸去世的惨剧。另外,2010 年发生的"泰兴幼儿园砍伤事件"也是通过网络在第一时间得到传播,给当地政府施加了极大的压力,引起的强烈反响不仅促使政府迅速采取措施加强幼儿园和小学的安保工作,同时也与其他类似事件一起,使得校园安全问题成为一个全国性焦点问题,最终以一种并不好的方式在一定程度上推进了幼儿园和小学整体安保的建设和发展。

2. 政府公信力弱化的原因分析

首先,从制度层面上看,传统的政府管理模式、管理水平、管理理念中已经有相当部分难以适用于新时期不断涌现出来的新问题,而政府需要做的应该是根据新问题提出新对策。以美国为例,姜付云等回顾了美国 300 多年的治水历史,得出结论说:"一次次惨重的灾害损失导致了一部部法律的颁布。"②在中国,应然状态是随着社会改革的不断深入,更深层次、更宽领域、更广范围的改革,对政府管理能力的要求也随之提升。但遗憾的是,我国政府职能转变仍然滞后,面对新形势常常步履维艰。这突出表现在以下几点中:第一,政府机构设置有待优化重组。上下级政府之间权力分工不够科学,各部门之间权力界定不够明晰,遇到事情时相互争持、相互推诿的情况时有发生。机构设置不完善,职能交叉、重叠、缺失现象众多,一些在新时期失去作用的旧部门仍然占据编制,而新形势所要求的相应管理机构则不够完善甚至缺失。第二,政府机构过于臃肿。目前,我国拥有世界上最为庞大的公务员体系,政府机构数量众多,政府机构工作人员规模巨大,官民比例远超当今世

---

① 孔德轩:《从响水事件反思面临环保突发事件的舆论宣传》,《污染防治技术》2011 年第 3 期。
② 姜付云、向立云、刘树坤:《美国防洪政策演变》,《自然灾害学报》2000 年第 3 期。

界各国以及各个历史时期。官僚体系的臃肿程度与其运作效率无疑是呈负相关的,冗官冗员使得人浮于事,行政效率低下、权力滥用、监督失灵等,妨碍政府应有职能的发挥,带来公信力伤害。况且政府机关的臃肿程度本身是属于政府公信力的一个重要影响因素,如果不能精简优化行政组织本身,公信力的提升问题不得不打个问号。第三,政府职能转变落后。长期以来,经济建设成为各级政府的工作中心,也是政绩评估的主导标准。相对而言,社会精神文明建设重视程度不足,即使在经济建设之中也过于偏重基础设施建设、工业产业建设。对社会稳定、经济建设部分过于重视,而社会保障、公共服务职能却相对轻视,对与民众切身利益相关的医疗卫生、教育、养老等社会问题重视不足,这种长期偏离导致民众切身需求得不到满足,因而政府不得不面临着众多质疑。政府职能还一直存在着越位、错位问题,政府在改革事务中既充当裁判员,又参与比赛,集裁判员与运动员于一身,责任不清晰、定位不准确,带来管理混乱与权力寻租等不良后果。

其次,政府公务人员带来的公信力损伤。主要包括以下几个方面:

第一,政府公信力缺失,政府公务人员自身的职业操守与管理能力是重要原因之一。政府工作人员,尤其是行政部门领导,其本人即是政府形象的代言人,一言一行都关乎政府机构的威信度,关乎民众对政府的认可度。如果行政人员缺乏职业操守、个人品行恶劣,民众对政府的信任无疑要打折扣。在中国的突发事件管理和应对当中,往往存在着官僚主义做法,如弄虚作假、敷衍塞责、拖延懈怠、虚报、瞒报、迟报、漏报等,[1]政府官员由于不善于正确处理新形势下的人民内部矛盾,应对复杂局面和危机管理的能力较差,致使简单的问题复杂化,失去群众的信任,这样的事例在近些年的群众事件中都能找到影子。

第二,在政府行政权力过于集中和制度建设尚需完善的现实条件下,政府高级公务员往往拥有强大的行政权力,这也意味着权力使用中的巨大隐患。政府组成人员特别是主要负责人的职务变动,常常带来连锁反应,带来相关政府工作重心转移、政策断层、朝令夕改等,使得政府工作的连续性、统一性遭到破坏,政府的公信力因而受损。同时,由于一些政府部门负责人权力不受制约,其政策制定具有模糊

---

[1] 秦启文等:《突发事件的管理与应对》,北京:新华出版社,2004年,第99页。

性、不公开性、易变性等特点,容易为追求政绩而不顾现实情况和长远规划,常常拍脑袋决策、拍屁股走人。"面子工程、形象工程、政绩工程接连不断。据报载,建设部公布2004年全国的总工程有五分之一都是'形象工程',假数字、假材料、假事迹层出不穷。'官出数字,数字出官'的报道引起媒体和民众的讨伐声不绝于耳。这些弄虚作假的行为严重侵蚀了政府公信力。"①

第三,贪腐问题。工作人员因其职位而掌握相应行政权力,对公共权力的滥用、误用、私用甚至权力寻租,都会带来政府公信力的损伤。与之相关的官僚主义、形式主义和腐败问题,使政府缺乏亲和度和感召力,失信于民。李真案、胡长清案、陈良宇案……每起贪腐案件都是对政府公信力敲响的一次警钟。腐败犹如快速蔓延的癌细胞,吞噬着政府与人民的正常关系,吞噬着民众对政府的信任。不可否认的是,近些年来,我国贪腐人数、贪腐数量不断攀升,不仅造成巨大经济损失,而且对政府合法性构成挑战,也形成了严重的社会污染。多项调查表明,腐败成为民众最为关心的议题之一。行政腐败行为从本质上来讲,是掌握公共权力的人滥用权力,谋取自己或小团体的利益,是私人欲望对公共权力的侵蚀与剥夺,这与政府为人民服务的基本原则相违背,损害着政府在民众心目中的形象,严重降低了政府公信力。

再次,法制建设不完善也是重要原因。中国特色社会主义法律体系已经基本形成,但这并不等于说法制建设已经完成,有法不等于依法,依法不等于执法。法制建设在现实中仍然存在诸多问题,特别是政府依法行政还存在许多不完善的地方。由于行政权力过于强大、司法系统独立性不强、法制观念淡薄等,我们没有很好地解决有法不依、执法不公和多头执法、执法扰民以及执法监督不力等问题,致使有的地方政府缺乏公信力,甚至有只知一味动用公检法机关或者简单采取一些强制性措施,不去研究寻找其他行之有效的工作方法。② 例如,一些政府部门伪造、瞒报其职责范围内的真实情况,为政绩而谎造情报,对民众隐瞒应当公开的政府信息,甚至干预司法部门正常执法,压制社会舆论媒体。在实际工作中,常常以

---

① 郑旭辉:《政府公信力的失范与规制——一种经济学角度的分析》,《福州大学学报》(哲学社会科学版)2007年第6期。
② 秦启文等:《突发事件的管理与应对》,北京:新华出版社,2004年,第99页。

部门规章对抗现行法律,置法律法规于不顾,甚至利用其在行政契约中的优越地位,滥用契约的单方解除权,任意撕毁契约,漠视其他法人的合法权益。由于行政责任追究制度不明确,一些政府部门及公务员的违法行政行为不能得到应有的惩罚,公务员责任意识淡化。政府违背法律精神而追求短期行政效率、行政权威,从长远看无异于竭泽而渔,不仅损害了政府的声誉和形象,而且削弱了政府执政的群众基础。

此外,随着社会经济日益发展,社会物质文化生活水平不断提高,大众在享受现代生活的同时,对公共服务和公共产品的需求与要求也不断上升,对政府作为的期望值不断提高。不仅如此,民众的参与意识也日益强烈,往往会以高度的责任感、主动合作的态度对待公共事务,自觉维护社会的公共安全与公共秩序。[1]

第三节　江苏政府公信力建设的对策

一、常态管理中政府公信力建设举措

现代社会,政府权威将越来越依系于民众认可度而非政治强制力,政府公信力在政府常态管理中的重要性日益凸显。危机管理一方面可以折射出该国政治体制中隐藏的问题,另一方面也可以促进该国政治发展,[2]而常态管理则与之不同,其信誉更容易遭到破坏,却很难快速恢复或得到提升。"公信力的状况既取决于公众因素,也取决于政府因素。就大多数人的直观感受而言,政府方面的因素可能来得更为直接和深刻。因此,我们也把关注的焦点放在政府这个方面。"[3]其中最为关键的措施在于加快政府自身改革,完成自身职能转变,建设服务型政府。所谓服务型政府,行政管理学者刘熙瑞的界定最被学术界所认可。他认为,服务型政府是在公民本位、社会本位理念指导下,在整个社会民主秩序的框架下,通过法定程序,按

---

[1] 秦启文等:《突发事件的管理与应对》,北京:新华出版社,2004年,第99页。
[2] 秦启文等:《突发事件的管理与应对》,北京:新华出版社,2004年,第87页。
[3] 张旭霞:《试论政府公信力的提升途径》,《南京社会科学》2006年第7期。

照公民意志组建起来的,以为公民服务为宗旨并承担着服务责任的政府。① 由此,在常态管理中,提升政府公信力可以从以下几个方面着手。

1. 政府职能转变

政府的责任在于维护公共生活安全稳定,维持社会秩序,通过完善公共服务体系,满足公众对各种公共产品的需求,促进人民群众的物质生活、文化生活水平不断提高。清晰而合理地界定政府职能范围是转变政府职能的首要条件,政府干预在社会生活中是不可或缺的,但在干预范围上应有限度,政府这只"看得见的手"不能伸得太长。正如卢梭所说,"主权权力尽管是完全绝对的、完全神圣的、完全不可侵犯的,但是它不会超过也不能超过公共契约的界限;并且,每个人都可以根据自己所需来处置那些根据契约留给他的财务和自由。由此,可以得出结论:主权者在任何时候都无权施加给某个臣民比其他臣民更大的负担,因为每当这种事情发生时,就造成了对个人的不公平,主权者的权力就不再有效"②。

2. 优化政府行政组织结构

政府组织结构优化关系到政府行政效率,进而关系到政府的威信与接受度。政府结构优化了,就会理顺各种关系,减少行政摩擦,降低行政成本,提高行政效能,从而为提高政府公信力和执行力奠定坚实的体制基础。③ 例如,现代社会因科技进步带来信息传播、人员动员、物资调集等效率的提升,政治管理不再像过去那样过分依赖层级权威,政府组织结构日益扁平化,中间层级政府的信息传递功能在很大程度上成为冗余。面对新的形势,政府应当具有灵活的管理体制,以对公民需求及环境变化做出及时、准确的回应。裁汰冗余行政组织,分流庞杂的行政人员,施行精兵简政,对于提升政府形象颇有成效。

3. 公务员约束及奖惩机制

任何制度都是关于人的制度,没有个人的良好合作,任何制度性建设只是空谈,增强政府公信力的各项举措必须依靠每个政府工作人员的配合,才能有条不紊地展开。保证政府权力受到限制,政府的行为受到监督,政府的行为结果受到问责

---

① 刘熙瑞:《服务型政府——经济全球化背景下中国政府改革的目标选择》,《中国行政管理》2002 年第 7 期。
② [法]让·雅克·卢梭:《社会契约论》,庞姗姗译,北京:光明日报出版社,2009 年,第 73 页。
③ 薄贵利:《论提高政府的公信力和执行力》,《武汉科技大学学报》(社会科学版)2010 年第 5 期。

机制的制约,亦即确保政府是一个负责任的政府,那么政府必然能取得公众的信任,政府公信力必然提高。① 长期以来,公务员被人们视作"铁饭碗",待遇优厚、工作清闲,还有机会谋求计划外收入,这些看法反映了公务员职业在塑造新型服务型政府中的负面效应,更加反映出对公务员群体加以约束的必要性。我们应当在公务员体系内部建立一套行之有效的激励、约束机制,采用公开考试、严格考核的方式录用公务员,严格公务员培训制度、考核制度,将考核结果同奖惩、职务升迁等环节相挂钩,采用竞争上岗制度和跨部门轮岗制度。引入有效竞争,以实现人力资源的优化配置,进而激发整个公务员队伍的活力,提高公共服务的能力。加强来自社会的监督,使监督体系与系统奖惩体系相结合。更为重要的是,约束公职人员尤其是主要负责人的权力边界,才是釜底抽薪的对策。

4. 行政民主化

政府的公信力,正是政府行使公共权力效果的社会反馈,是政府责任行为的外射。② 随着社会主义民主建设进程的加快,公民的民主意识、法制意识和参政议政意识不断增强,对常规时期政府的行政要求也越来越高。"公民素质的提高,网络的兴盛、通信的普及与微博的应用使信息的传播更加迅速、透明和高效,话语权的分散与草根民主文化的延展,使得公民以主体姿态针对政府信任的表达权变得直接而低成本。"③政府应当着力迎合公民主体日益高涨的民主意识和参与经济社会事务管理的积极性,包括政府组织运转过程中的公务人员、民众参与、社会团体与新闻媒体参与,还包括决策及实施中的反馈机制的民主化等。

5. 完善行政问责制度

有学者指出:"责任政府是以社会为本位,以服务社会为神圣职责的权力执行机关。为塑造良好的公信力,责任政府总是从主客观责任两方面强化服务公共利益的意识。主观上,培养行政人员对公共利益负责的高度责任感。客观上,积极履行社会义务和职责,高度尊重民众的权利和意愿,并总是积极做出回应。"④基于

---

① 高卫星:《试论地方政府公信力的流失与重塑》,《中国行政管理》2005年第7期。
② 吴威威:《良好的公信力:责任政府的必然追求》,《兰州学刊》2003年第6期。
③ 陈永国、钟杨:《公共服务、政府管理对政府公信力的影响——中国城市政府公信问题的调查研究》,《上海交通大学学报》(哲学社会科学版)2012年第3期。
④ 吴威威:《良好的公信力:责任政府的必然追求》,《兰州学刊》2003年第6期。

此,我们要按照"权责统一、依法有序、客观公正"的原则,建立健全以行政首长为重点的行政问责制度,提高地方政府的执行力和公信力。传统官僚体制下,政府机关相互推诿,得过且过,有职无责现象突出,这样的体制必然导致行政效率低下,毫无政府执行力可言。因而有必要建立严格的行政问责制度,建立相关法律法规,使行政人员在其位谋其政,明确领导人员责任义务,出了问题严厉追究分管领导责任,切实运用好"免职、责令辞职、停职检查"等手段。例如,徐州市 2012 年 4 月 11 日起正式启动消费维权政府部门百姓办事"零障碍"问责制度,问责方式包括责令整改、诫勉谈话、通报批评、调离岗位、停职待岗、免职六种,对于消费维权政府部门将相应采取黄、橙、红三级预警。扬州市 2009 年 7 月颁布了《扬州市城管行政执法局行政问责实施办法》,对有关问题做了详细规定,实施效果良好。

二、危机管理中政府公信力的重塑

1. 转变政府理念

一是提高公共危机意识和责任。公共危机的发生具有不确定性,但是大危机爆发前都有一定的预兆。预防灾害有"十一法则",即在灾前投入一分资金用于灾害的防范,通过降低灾害发生的概率或者避免灾害的发生,人类可以降低十分的损失。① 要加强对政府官员公共危机防范及处理的知识培训,提高其识别公共危机、发现公共危机的能力。及早地发现公共危机,可以争取更多的处理时间,从而做到合理决策、科学处理。同时,要加强政府官员责任,树立责任意识,避免出现"有利益大家一起上,没利益无人问津"的局面。在公共危机处理中,应强化政府公务人员的责任意识,避免政策和措施的随意性、任意性,提升决策的科学性和合理性。责任意识作为民主时代的一种基本价值理念,要求政府必须回应社会和民众的基本要求,承担法律、行政和道德上的责任。

二是提高政府服务意识。政府和公众之间是委托代理关系。政府权威通常需要靠普通公民的支持以获得合法性,在我国就是公民通过各级人民代表大会赋予政府以公共权威,形成"公民—政府"的"委托—代理"关系,作为代理人的人民政府

---

① 秦启文等:《突发事件的管理与应对》,北京:新华出版社,2004 年,第 87 页。

就有了行使公共权力的机会,而普通公民将对公共权威是否在总体上有助于自己追求基本目标做出评价。① 如果政府能够以人民利益为本,服务人民,成功履行受托责任,那么就能够得到公民的持续信任。公共危机管理中,政府应该抛弃官本位思想,避免行政"一刀切"的简单粗放处理方式,不能因为一种措施易于开展工作,就损害民众的基本权益。要将民众作为服务的对象,而不是被管制的对象,从民众的需求和利益出发。同时,在危机发生时,更应该做好信息公开工作,及时、透明、真实地公布相关信息,采取多种途径、多种手段,确保民众知晓具体情况及政府采取的措施,得到民众的认同和支持,而不是靠强制的行政命令。在为人民服务中,产生和民众的良性互动,不断提高自身公信力。

2. 完善公共危机管理制度体系

一是加强公共危机预警管理。党的十六届三中全会提出"建立健全各种预警和应急机制,提高政府应对突发事件和风险的能力",四中全会进一步指出要"建立健全社会预警体系,形成统一指挥、功能齐全、反应灵敏、运转高效的应急机制,提高保障公共安全和处置突发事件的能力"。② 危机预警的建立不但可以及时发现危机,迅速采取有效措施,而且可以减少损失,树立政府公信力。目前,江苏省有针对不同公共危机的应急预案,不同部门、各级政府也有相应的应急预案。但是,只有应急预案还是远远不够的,如果只有预案,在实际工作中无法发现危机,及早预警,那么应急预案就只是流于形式,成为一纸空文。政府各级部门要加强公共危机预警管理,利用先进的科学技术,识别自然灾害;政府官员要体察民情,注意民间动态。发现有公共危机的萌芽,应及时上报相关部门,采取措施将危机遏制在萌芽之中,减少不必要的损失。

二是科学化解公共危机。公共危机因其具有突发性、灾难性、非确定性及扩散性的特点,要求决策者能够迅速识别危机,采取科学合理的措施遏制危机的进一步扩展,以免扩大影响范围,造成更多的危害和损失。在危机管理中,因危机的突发性和原因的不明确性,危机处理的难度比较大,决策者压力大,承担的风险也大。

---

① 严新明:《在两重"委托—代理"中失却的政府公信力——西安宝马彩票案的公共管理学透视》,《公共管理高层论坛》2005年第1期。

② 李昕、陈玲:《公共危机状态下政府公信力的提升》,《菏泽学院学报》2012年第3期。

这就更加要求决策者冷静分析,科学决策,依法决策,避免盲目性和冲动性。可以通过组织学习的方式逐步提高组织成员的问题处理与决策能力。所谓组织学习,实质上是"为了促进组织的长期效能与生存发展,而在适应环境变化的过程中,对其基本的信念、态度和行为、结构和方式进行调整,从而获取一种面对各种问题持续改善的能力"[1]。建立决策小组,邀请相关专家和社会组织参加,听取多方面意见,结合以往的危机处理方式,分析此次公共危机的起因、特点,寻求科学合理的解决方案。通过科学的决策,有效提高政府执政能力,提升政府公信力。

三是完善公共危机评估反馈机制。在突发事件的消退期,政府部门应着手总结评估事件的后果。总结评估系统的主体构成为所有参与突发事件处理的系统,包括信息系统、资讯系统、指挥系统、执行系统、保障系统、支持系统、监控系统等。其客体构成为处置结果意见的收集、评估标准的确立、评估方法的选择、奖惩的实施、评估结果的利用。[2] 通过评估反馈,发现公共危机管理的不足之处,不断总结经验教训,完善危机管理的相应措施,不断提升危机管理能力,提升政府控制风险的能力。公共危机虽然彼此间是相互独立的,但有一定的共同点,一些有益措施可以推广,为下次出现类似的危机提供经验,从而节约决策成本,提高决策的科学性和合理性。对相关责任人进行奖惩,强化政府公职人员的责任意识,提高其责任心和风险管理能力,从而锻炼一批能够有效化解公共风险的高素质公职人员,以有效处理公共危机,减少公共危机造成的损失。通过评估反馈机制,不断提高政府识别公共危机、控制风险、解决问题的能力,提升人民对政府的信任度,提高政府公信力。

三、网络舆情中政府公信力的突破

信息时代网络带来了挑战和机遇,政府要增加与网民的交流,善于通过网络手段掌握舆情动态,尽早发现问题、化解矛盾。通过各种信息工具获取民情、民意、民生等信息,并对其加以分析和总结,为政府科学决策提供参照,这既是政府的需要,也符合民众的政治诉求。[3]

---

[1] 张成福、党秀云:《公共管理学》,北京:中国人民大学出版社,2001年,第143页。
[2] 秦启文等:《突发事件的管理与应对》,北京:新华出版社,2004年,第87页。
[3] 任国威、李杰:《信息时代网络舆情推动电子政务发展的研究》,《中国信息界》2011年第8期。

1. 贯彻执行政府信息公开制度

谣言止于信息公开。面对众多网民的质疑,政府应尊重公众的知情权,采取"开门策略""诚实策略",通过新闻发布机制和危机应对机制,及时主动发布权威信息,把群众想知、应知的信息及时、准确地告知群众,这样既可以把握舆论的主导权,避免信息传递失真,又可以提高政府的公信力。① 实行信息公开是政府提出的"阳光政府"的必然要求,主要是指政务公开。政府做好信息公开制度应该在遵循政府信息公开条例的基础上,做好以下三个方面:首先,传统的政务公开栏建设。政府应该将政府相应的文件、政策、法律法规和制度放在政府机构的政务公开栏内,并且公众若有需要时可以复印带走。其次,新闻媒体的信息管理。一方面是指政府本身主动通过新闻发言人制度召开记者招待会公布信息,通过新闻媒体传播给公众;另一方面是指政府主动通过媒体,比如广播的现场问答、政策解读、访谈类节目等与公众直接信息接触。最后,政府的网络制度建设。不断完善政府门户网站,通过网站公布权威、及时的信息,同时通过网络实时互动、实时播报新闻消息、发布政令等方式,充分利用"第五媒介"这一新时代巨大的力量在短时间内迅速实现信息公开,并且通过微博等媒体瞬时得到民意反馈。

2. 完善发展网络新闻发言人制度

这既是政府信息公开制度的创新与完善,也是引导公众理性思考,尽快平息负面舆情,恢复网上网下秩序的必然要求。② 由于网络舆论的复杂性以及煽动民意的迅速性、谣言传播的混乱性等,网络新闻发言人跟传统的新闻发言人有着很大不同,主要应该从以下几个方面来完善网络新闻发言人制度。第一,网络新闻发言人的选择上,应该采取集中意见、综合考核的方式。第二,网络新闻发言人的培训。需要对选定的发言人进行系统的培训,提高其应变能力和知识的掌握与变通能力以及亲民、爱民的亲和力。第三,网络新闻发言人的考核与救济。应建立统一评价体系,对网络新闻发言人发言的效果进行公正考核,同时应该建立一套救济体系,保护网络发言人的利益,保证发言人能够时刻对职业、对道德、对人民群众负责,解

---

① 冯春:《政府回应网络舆论的路径选择》,《探索》2011年第1期。
② 廖芳玲、顾金喜:《网络群体性事件对政府管理的挑战与应对之策》,《浙江学刊》2011年第1期。

决其后顾之忧。

以南京市为例,2009年6月21日,有网友在网上发帖称其无意中得到一张南京某旅行公司的出团通知书,内容是南京市环保局一行5人赴广州、深圳考察的行程表,表上除了少数时间是商务考察以外,其余时间均为旅游。该帖很快被多家网站转载,网民相关评论多达3 000多条。该网络舆情在被有关部门获知后,第一时间上报市委宣传主管部门并抄送责任单位。南京市环保局在接到上述情况通报后,高度重视,迅速展开调查,找到此次行程中的几位当事人了解情况,并在6月25日将处理结果通过南京市重点新闻网站龙虎网发布。由于南京市政府迅速落实责任主体即市环保局承担回应网络舆论的责任,及时调查事件真相并公布于众,网络舆论很快得到平息。①

3. 政府信息安全管理应该到位

政府作为整个社会的统筹管理者有其特殊性,对政府涉及国家机密以及隐私的事情必须做好保密工作,避免为不法分子和有不良企图的敌对力量利用,产生危害国家安全和人民利益的消极性后果。

4. 对媒体传播进行管理与引导

政府只有牢牢掌握信息发布的主导权,通过对事态信息的权威发布、现场媒体管理、事态处置过程的滚动发布、有力的新闻言论水平、加强网络管控等措施,才能营造有利于抢险救灾的社会氛围。② 媒介在信息传播过程中起着重要的桥梁作用,政府对待媒介的态度直接影响着信息传播的真实性与及时性,同时对谣言的产生与传播也间接地起着重要的作用。对网络,政府应该采取放开与限制的双重手段。对网络的放开政策主要是指保证网络传播的自由,不侵犯公众的知情权。一旦发生涉及公共利益的事件,政府应该主动向网站特别是权威网站、官方网站提供第一手信息,减少由于信息缺乏导致谣言产生,避免造成恐慌和社会不稳定。同时,对网络绝不能放任不管,政府必须对不法网站进行管制,限制虚假信息、不健康信息的传播,并且对违法犯罪者进行严厉的惩处。

---

① 冯春:《政府回应网络舆论的路径选择》,《探索》2011年第1期。
② 王莹:《在突发应急中政府如何加强媒体的舆论引导》,《当代电视》2011年第3期。

5. 对公众舆论的正确引导

公众作为受众,是接受信息的主体,正是公众的参与造就了公共舆论,同时公众也是公共利益的根本相关者。在网络时代,需要对公众舆论进行正确的引导,避免发生恶性公共事件等危害社会稳定和人民利益的事情。

首先,应该加强对公众责任意识的培养。网络是一个自由的平台,但没有任何限制的自由不会带来真正的自由。网络上若是人人不负责任地乱发言,不顾及国家安全、公众利益以及隐私,只能使人人的隐私受到侵犯,整体的利益得不到保障。每个在网络上发言的人都应该有一颗责任心,不随便发布或者传播空穴来风的信息,造成社会秩序的混乱。

其次,政府对公众也要及时引导,在权威网站及时发布信息,对谣言进行澄清而不是封杀和逃避,以客观、真诚的态度,提供证据,向公众展示政府的责任心和真诚度,取得公众的信任。第一时间发布权威信息,第一时间抢占信息制高点,不给谣言和小道消息滋生传播的空间。[1]

最后,充分利用互联网的互动性特征,鼓励广大群众进行民主参与。只有公众广泛地参与到公共政策制定和执行的过程中,才能保证公共政策符合公众利益,保证决策的科学化和民主化,增强公众对公共政策的信任。[2] 如果政府真诚想要建设服务型政府,想要获取公众信任,提高政府公信力,公众在通过网络参与政府公共事务的过程中必然会感受到政府的转变,从而实现政府形象的重塑。亲身参与得到的经验,是公众真正信任政府最为有效和根本的解决之策,远远优于政府一味宣传教育的效果。

---

[1] 冯春:《政府回应网络舆论的路径选择》,《探索》2011 年第 1 期。
[2] 高卫星:《试论地方政府公信力的流失与重塑》,《中国行政管理》2005 年第 7 期。

第五章 人口素质建设

人口素质是区域软实力的重要组成部分,良好的人口素质对提升区域软实力有着关键作用。江苏省拥有良好的科教基础、完善的卫生体系以及雄厚的经济实力,在人口素质建设方面始终处于全国前列。优良的人口素质基础,为江苏提供了源源不断的高素质人力资源,这是保障区域软实力各要素整体提升的基础所在。要做到全面提升江苏区域软实力,就必须深入了解江苏人口素质现状,系统研究现存问题,并提出行之有效的政策建议,把江苏打造成为全国领先的高素质人口大省,最终提高江苏的区域竞争力。

第一节 人口素质概述

人口素质是社会发展的一种基础,在社会发展进程中它是一种生产性要素,推动着人类文明的进步。[1] 人口素质由身体素质、劳动技能素质以及科学文化素质构成。对地区而言,人口素质是一种区域发展指标,它在相当大程度上影响着经济实践、社会资源调度以及区域未来发展潜力的形成,其水平高低直接关系到区域软实力的强弱。

一、人口素质构成要素

关于"人口素质"概念,邬沧萍曾提出:"它应被理解为在一定历史条件下人口的结构和组合状态所展现的各种社会功能和影响力。"[2] 陈正良则认为:"从社会群

---

[1] 韩苔等:《江苏省人口素质的综合评价分析》,《淮海工学院学报》(自然科学版)2013年第2期。
[2] 邬沧萍主编:《人口学学科体系研究》,北京:中国人民大学出版社,2006年,第266页。

体的角度来理解,人口素质即在一定区域内人口的总体质量,是人口总体上反映出来的体力、智力及科学文化程度等众多因素的综合状况。"[1]综合而言,陈正良的解读更为贴切,我们总结为:人口素质是以人生理的先天优势为基础,不断地在社会环境和教育两方面影响下发展和形成起来的,人口素质是内在的、稳固的、长期起作用的基本观念、基本品质和基本能力的总称。概括起来,人口素质可以被划分为身体素质、劳动技能素质和科学文化素质。三者并非孤立,而是有很密切的相互关联。

1. 身体素质

身体素质是人口素质的基本内容,其优劣直接影响到人口素质的其他方面。身体素质体现着人的自然属性,包括出生情况、死亡率、平均预期寿命和劳动年龄等。[2]其中,出生率、死亡率和平均预期寿命都能直接反映出人口健康状况,而劳动年龄人口比例是体现人口年龄结构状况的重要指标。身体素质可通过如下评价指标进行衡量:平均预期寿命、5岁以下儿童死亡率、60岁以上老年人占总人口比重、无劳动能力人口占总人口比重、每万人卫生机构数、每万人卫生技术人员数、每万人财政医疗卫生经费支出额等。[3]从内在联系来看,卫生机构、卫生技术人员和财政医疗卫生经费直接反映区域内医疗水平的高低;而社会保障体系和医疗水平的状况越好,人口寿命、儿童死亡和老龄人群的健康等问题也就越能得到妥善解决,社会发展的成本与负荷也会随之降低。从外在影响力来看,医疗卫生事业的发展受医疗从业人员的技能素质和医疗科技水平的高低影响;从业人员的技能素质属于劳动技能素质,而医疗科技水平则关系到科学文化素质,身体素质与劳动素质技能、科学文化素质的关联性由此可见一斑。

2. 劳动技能素质

劳动技能素质是人口素质的主要内容。在新知识、新技术层出不穷的当今,劳动技能成为区域间增强竞争力的重要保证,是经济发展的一大推动力。劳动技能素质可由如下评价指标来衡量:大专及以上人口占从业总人口的比重、劳动生产

---

[1] 陈正良:《中国"软实力"发展战略研究》,北京:人民出版社,2008年,第237页。
[2] 屈云龙、许燕:《江苏省人口素质评价指标体系的构建及实际测度》,《西安社会科学》2009年第3期。
[3] 许燕、屈云龙:《人口素质评价体系的构建及应用——以江苏省为例》,《人口与发展》2011年第1期。

率、科技活动人员占从业人员总数比重、每万人中技术人员数、每10万人口专利数。① 从内在联系来看,受高等教育从业人口比重的上升,势必会促成科技从业人员的增加,进而也会带动科技专利的增多,最终为区域科技水平的提高提供保障。从外在影响力来看,高等教育人才的供给离不开教育水平的提高,而科技从业人员的身体健康、年龄结构又会对其科研能力造成影响;教育水平属于科学文化素质范畴,从业者的健康、年龄结构则属于身体素质范畴,由此,身体素质和科学文化素质与劳动技能素质形成了关联。

3. 科学文化素质

科学文化素质是人口素质的核心内容,反映着人口受教育的程度以及掌握科学知识的多少,体现着人口的社会属性。② 受教育程度的高低直接体现着区域人口素质的高端化程度,同时也是区域科技水平、经济发展的动力源头。科学文化素质的评价指标为:区域内人口平均受教育年限、文盲率、高等教育普及率、大专以上学历人口比例、初中毕业升学率、每万人公共图书馆藏量、每万人财政教育经费支出等。③ 从内在联系来看,受教育年限的增长带动着文化水平的提升,从而增进人口阅读质量上升,对图书数量需求也随之增加;这一良性循环不断促进人口升学率提高,并增加区域内高等学历人口比例;财政教育经费的扶持,又会不断提升教育事业的发展,增进人口受教育水平。从外在影响力来看,优秀的高等院校是高技能人才的培养基地,也是高新科技的主要科研场所;高端化的科技水平又会惠及医疗保健事业,增加区域内人口平均预期寿命;从业人才的高技能属于劳动技能部分,人口平均预期寿命则属于身体素质部分,可见科学文化素质与身体素质、劳动技能素质有着重要关联。

从上可知,人口素质涵盖面比较广泛,但通过一系列的量化指标即可进行分解构建,对其进行评价必然能够更为直观和客观。身体素质、劳动技能素质和科学文化素质这三个方面又有很大的相互关联,在进行评价、研究之时也需要关注三者同一的整体性以及彼此间的互动性。

---

① 许燕、屈云龙:《人口素质评价体系的构建及应用——以江苏省为例》,《人口与发展》2011年第1期。
② 屈云龙、许燕:《江苏省人口素质评价指标体系的构建及实际测度》,《西安社会科学》2009年第3期。
③ 许燕、屈云龙:《人口素质评价体系的构建及应用——以江苏省为例》,《人口与发展》2011年第1期。

二、人口素质与区域软实力

人口素质是国与国之间软实力竞争的关键因素,被誉为"第一国力"[1],它自然也是区域间软实力竞争的关键所在。如陈正良所言:"人的素质是区域发展最根本的竞争力,高层次的人口素质才是社会全面实现现代化的根本保障。"[2]人口素质的高低,一方面体现了某一区域的软实力竞争力,另一方面体现了该地区的区域现代化水平。

现代化是一个包含政治与社会等多层面的整体变迁过程,而作为社会主体的人的现代化又是其中的关键所在。基于此,美国学者阿历克斯·英克尔斯提出"人的现代化"概念:"'现代性'可以被认为是一种'精神状态'。现代性的社会鼓励一种特殊类型的人的发展,现代化的社会集体的有效运行,也正需要这种类型的人。"[3]他指出,"现代人"应具备包括"新的思想观念""接受社会变革""思路开阔""守时""具有效能感(efficacy)""有计划""尊重知识""信任感""重视专门技术""更新教育内容""互相尊重""了解生产方式"等12个特征。[4] 可以看出,一方面,"守时""了解生产方式""具有效能感"和"重视专门技术"正与人口素质中劳动技能素质相吻合,而"尊重知识"和"更新教育内容"又是科学文化素质所包含内容;另一方面,针对"新的思想观念""接受社会变革""思路开阔""信任感"和"互相尊重",英克尔斯提出了各种促进方案,如"婚姻与职业观念"转变、"后代独立意识"培养、"生育"与"家庭规模"控制以及"工厂"教育等。[5] 这些内容又与人口素质中的受教育程度、人口控制及职业教育有间接联系。因此,实现"人的现代化"实际上就是要提升人口素质。

人的现代化的结果带来人口素质的提升,人口素质的提升强化了区域竞争力,

---

[1] 解思忠、胡若隐:《国民素质是第一生产力》,《人民日报》2001年6月22日。
[2] 陈正良:《中国"软实力"发展战略研究》,北京:人民出版社,2008年,第236页。
[3] [美]阿历克斯·英克尔斯:《人的现代化——心理·思想·态度·行为》,殷陆君编译,成都:四川人民出版社,1985年,第20页。
[4] 参见[美]阿历克斯·英克尔斯:《人的现代化——心理·思想·态度·行为》,殷陆君编译,成都:四川人民出版社,1985年,第22-36页。
[5] 参见[美]阿历克斯·英克尔斯:《人的现代化——心理·思想·态度·行为》,殷陆君编译,成都:四川人民出版社,1985年,第77-141页。

进而有利于增强区域软实力。由此可见,人的现代化、人口素质和区域软实力从整体上看是一个良性循环的过程。人口素质是区域软实力的构成要素之一,同时又对其他要素产生重要影响。

1. 人口素质与区域文化之间关系

区域文化包含文化凝聚力、文化影响力、文化生产力和文化服务力四个内容,[1]它对区域内人口的意识形态、文化体制和制度模式产生重要影响。区域文化与人口素质的关系表现在:一是人口科学文化素质的提高会带动文化产业发展。科学文化素质体现着区域内人口的受教育程度和文化素养,这两项指标的提高会促进文化产能输出,带动包括音乐、表演艺术、电影电视、出版、会展、动漫游戏、新媒体等新兴文化产业的发展,进而增加区域文化影响力。二是区域文化凝聚力能对人口素质产生反作用。文化感召力的增强会增加区域吸引力,进而各种高素质人力资源会源源不绝地流入进来,使本区域人口科技文化水平得到整体提升。可以看出,人口素质提升与区域文化发展有着深刻的相互影响,要实现两者间良性互动,就必须以思想文化建设为根基,大力提高区域文化生产力,进而带动人口文化素质的提升。

2. 人口素质与政府公信力之间关系

政府公信力是指各级政府在行政过程中所获得的社会公众信任支持的程度,[2]它是政府合法权利影响力及公众对影响力的服从与认同程度。[3] 人口素质对政府公信力影响表现在:一是从操作层面讲,政府人员必须具有很高的素质,他们是行政行为的施政基础。没有高素质的政府工作者,即便是再好的政策也难以得到执行,这会对政府公信力造成不良影响。二是从接受层面讲,社会成员同样必须具有较高素质,他们是政策实施的对象。群众自身素质只有达到一定程度,才有可能接受各种新生制度对传统制度的替代,政府的高公信力方可从中体现。实际上,政府公信力反映着社会成员对执政者的满意度、信任度,它介于群众与领导者之

---

[1] 引自中国人民大学金元浦教授2008年12月19日在北京举行的由中国艺术研究院文化发展战略研究中心主办的"中国文化发展战略与国家文化软实力"研讨会上的讲话。
[2] 国家行政学院邓小平理论和"三个代表"重要思想研究中心:《努力提高政府公信力》,《光明日报》2005年2月1日。
[3] 徐国亮:《政府权威研究》,济南:山东大学出版社,2006年,第2页。

间,并对这两类人群素质水平提出了更高要求。

3. 人口素质与区域形象之间关系

区域形象是区域对内、对外整体形象的统称,其评价基础源自于公众印象,[1]是社会进步与否的标志之一。区域形象既是一种客观社会存在,又是一种主观认识,[2]它反映着一个区域内的环境、素质和声誉。[3] 从社会角度观察,人口素质的公众印象本就比较直观,它和区域形象在认知上有着密切联系,主要表现在：一是区域的治安形象、科技形象、教育形象直接与区域内人口素质相关,它们都是由人口社会活动所产生。治安反映社会人口的安定程度,科技反映从业者的创新水平,而教育则反映出社会成员科学文化素质修养高低,这三方面都是决定区域内在形象的指标内容。二是区域的旅游形象、历史文化形象、精神文明形象均受到人口素质的间接影响,它们是外围公众对某区域的认知印象。旅游环境的好坏反映公众对该地民风素养的认同度,历史文化底蕴决定该地区文化传统对公众的吸引力,而精神文明状况则会影响到公众对该地区群体人口的道德评价。总之,人口素质水平时刻体现着区域形象的公众印象,高素质人口基础是提升区域形象的重要资本,作为区域软实力的两个组成要素,两者关联性很强。

总而言之,人口素质是区域"软实力"的关键资源,是区域"软实力"持续发展的不竭源泉。[4] 从区域"软实力"整体上看,人口素质处于核心地位,它的提高可以提升区域文化、强化政府公信力并改善区域形象,这些要素同时也会对人口素质产生一定反作用。对于决策机构来说,应当更为全面地认识人口素质与区域软实力各组成要素间的相互联系,努力促进他们之间的良性互动。要提高整体区域"软实力",就必须把加强人口素质作为核心,最终带动其他各软实力要素的提升。

第二节 江苏人口素质建设的成就

改革开放30多年以来,江苏在提高人口素质建设上下足功夫,做出相当多富

---

[1] 马志强:《论区域可持续发展中的区域形象问题》,《商业经济与管理》1999年第6期。
[2] 禹贡:《区域形象系统探索》,《地域研究与开发》1999年第3期。
[3] 胡兆量:《区域形象设计》,《地域研究与开发》2003年第2期。
[4] 马庆国、楼阳生等:《区域软实力的理论与实践》,北京:中国社会科学出版社,2007年,第16页。

有成效的努力,实现了人口素质全方位、大幅度的提高,从而走在全国前列。江苏人口数量得到合理、有效的控制,整体的人口健康水平有了极大提高,其指标已经达到或接近发达国家水平;在科技事业的带动下,江苏经济转型开始启动,人口科技创新能力大幅度提升;教育水平呈现高端化,教育基础雄厚,成为人才培育的教育大省,人口科学文化素养不断提升。下文将从身体素质、劳动技能素质、科学文化素质三方面出发,对江苏人口素质建设的具体成就进行概述。

一、身体素质方面

身体素质是指人的各种自然属性,它是人口素质的基本内容。身体素质的评价指标包括平均预期寿命、5岁以下儿童死亡率、60岁以上老年人口占总人口比重、无劳动能力人口占总人口比重及每万人卫生机构数、每万人卫生技术人员数、每万人财政医疗卫生经费支出额等。江苏人口身体素质方面的现状可以归纳为以下几个特点。

1. 江苏人口数量平稳增长,人口基数趋于稳定

随着人口、经济的发展,江苏人口数量不断发生变化,具有新的特征。[1]根据第六次全国人口普查数据,截至2010年11月1日零时,江苏省常住人口为78 659 903人,同第五次全国人口普查2000年11月1日零时的74 382 809人相比,十年共增加4 277 094人,增长5.75%,年平均增长率为0.56%。截至2011年末,江苏全省常住人口7 898.8万人,比2010年末增加29.5万人,人口自然增长率2.61‰,下降0.24个千分点。[2] 据人口抽样调查数据推算,至2012年末,全省常住人口总量为7 919.98万,较2011年末增加21.18万人,增长0.27%,低于2011年0.37%的增幅。[3] 由此可见,江苏近十余年来的人口数量开始呈现出平稳、较低的增长速率,人口基数正在趋于稳定。通过计算可以得出江苏年均人口自然增长率,如图5-1所示。

---

[1] 杨来胜、黄润龙:《江苏人力资源与经济社会可持续发展关系研究》,《南京人口管理干部学院学报》2003年第3期。
[2] 数据来源于江苏省统计局网站:http://www.jssb.gov.cn/jssq/zrhj/201109/t20110906_17303.htm。
[3] 数据来源于江苏省统计局网站:http://www.jssb.gov.cn/tjxxgk/tjfx/tjxx/201304/t20130402_156022.html。

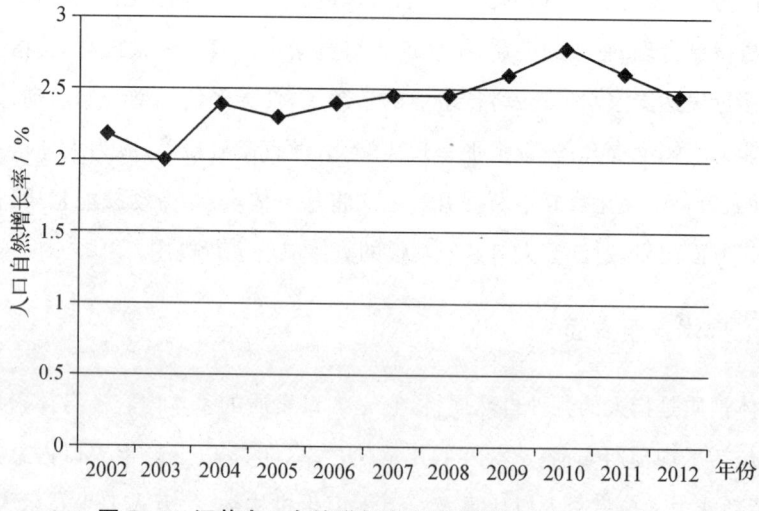

图 5-1 江苏人口自然增长率变化趋势(2002—2012 年)

由图 5-1 可知,江苏人口自然增长率在 2008 年前变化不大,而在之后两年间突然增加;在 2010 年达到最高点 2.85‰ 之后,又开始迅速下降至 2012 年的 2.3‰。[①] 从近十余年来看,江苏人口发展出现总人口增长速度开始持续减缓的特征,对比近几次的人口普查状况,这是人口增长速度最慢的一个时期。这种增长减速的状况,是由全省自然增长人口、流动人口增长都开始下降所造成的,由此导致总人口增量减少。但近几年以来,江苏总人口增速逐渐趋缓,主要还是受人口死亡率和人口出生率两方面的综合影响。与此可见,在死亡率保持相对稳定的情况下,出生率的明显下降直接导致总人口增长速度放缓。

2. 人口平均预期寿命[②]增加

随着社会经济发展,江苏人民生活水平得到提高,在逐步完善的医疗卫生保障体系之下,人口寿命持续延长。根据第六次全国人口普查资料,我国人口平均预期寿命已经达到 74.83 岁。2010 年世界人口平均预期寿命为 69.6 岁,其中高收入国

---

① 参见江苏省统计局网站:http://www.jssb.gov.cn/tjxxgk/tjfx/sjfx/201210/t20121031_147357.html.
② 人口平均预期寿命,指同时出生的一批人若按照某一时期各个年龄死亡率水平度过一生平均能够存活的年数,是综合反映人们健康水平的基本指标。

家及地区为79.8岁,中等收入国家及地区为69.1岁。① 而江苏省的平均预期寿命已经达到了76.63岁,②可以看出,江苏平均预期寿命已超过我国平均水平,开始接近中高收入国家人口平均预期寿命。

人口预期寿命的提高,是综合死亡率下降的结果。自1992年至2002年十余年间,江苏人口死亡率基本保持稳定,年均为6.7‰,而自2002年至2011年近十年的年均值则为7.0‰,波动较为平缓。③ 在人口整体死亡率保持稳定的前提下,婴儿死亡率的下降成为综合死亡率下降的主因。2002年以来,江苏省各级政府对妇幼卫生保健事业十分重视,不断加大投入,妇幼卫生保健网络逐步健全。2011年,全省有妇幼卫生保健机构106个,各级综合医院都设有妇产科,乡镇卫生院都配备了妇幼保健专业人员。近十年来,全省孕产妇死亡率、5岁以下儿童死亡率、婴儿死亡率大幅度降低,孕产妇死亡率从2002年的25.44/10万下降到2011年的6.0/10万,5岁以下儿童死亡率由11.34‰下降到5.44‰,婴儿死亡率由8.84‰下降到4.04‰。④ 医疗水平的进步推进了江苏婴儿死亡率的下降,这不仅促进了人口预期寿命的增加,也在一定程度上增加了新生人口数量,并为未来的社会生产积累了一定人力资源,保证了经济生产活动的持续增长。

3. 人口保健水平不断上升

这主要表现在:一是卫生机构建设得到加强。自2002以来十余年间,江苏省本着"以人为本"的精神,为保证人民群众获得更高的健康服务保障,投入大量精力、财力加强卫生体制改革,并对公共卫生、重大疾病控制和农村卫生实施重点建设,解决了人口健康问题。截至2011年,江苏全省共建有卫生机构31 680个,十年来增长2.56倍;床位29.64万张,卫生技术人员35.05万人,分别比十年前增长69.86%、46.10%。卫生技术人员中,执业医师和助理执业医师13.47万人,注册护士13.56万人。2011年末,全省平均每千人拥有执业(助理)医师1.71人,拥有

---

① 中华人民共和国国家统计局网站:http://www.stats.gov.cn/tjgb/rkpcgb/qgrkpcgb/t20120921_402838652.htm.

② 《江苏人均预期寿命76.63岁,10年提高2.5岁》,2012年11月1日,新华报业网:http://js.xhby.net/system/2012/11/01/015084276.shtml.

③ 参见江苏省统计局网站:http://www.jssb.gov.cn/tjxxgk/tjfx/sjfx/201210/t20121031_147357.html.

④ 参见江苏省统计局网站:http://www.jssb.gov.cn/tjxxgk/tjfx/sjfx/201210/t20121030_147247.html.

医院、卫生院床位3.46张,分别比2002年增长19.25%和45.38%。2011年,全省医院诊疗40 693.5万人次,治疗入院病人830.39万人,病床使用率84.16%。与2002年相比,诊疗人次和入院治疗人数分别提高了2.96倍和2.55倍,病床使用率提高23.79个百分点。① 医疗机构和床位增加、医疗队伍加强、医疗机构内部所承载的治疗人次和病床使用率增长,这些都促进了人均社会卫生资源占用量和社会医疗服务水平的提升,成为江苏人口健康的坚实保障。

二是体育事业的全面发展。江苏省紧密围绕"推动科学发展,建设体育强省",大力推进各项体育事业的发展,全省体育设施建设明显改善。近十年来,江苏各地掀起体育场馆设施建设的热潮。除南京奥体中心外,大多数省辖市和部分县(市、区)都建成了体育中心,绝大多数省辖市具备了承办省级综合性运动会的硬件条件,大多数县(市)达到了"四个一"要求。截至2011年底,全省体育场馆面积达到16 284万平方米,人均拥有公共体育设施面积2.06平方米。伴随着南京青奥会、南京亚青会和第十八届省运会等重要赛事的筹备工作,又有一批高水准的场馆投入使用中。② 在硬件设施逐步完善的基础上,一系列群众体育活动顺利开展,省内经常参加体育锻炼的人口已达35%,提前实现了"十二五"目标。全省共有国家体育总局命名的国家级体育公园9个、乡镇健身示范工程40个、社区多功能运动场18个。现有国家级社会体育指导员1 183名,居全国首位。③群众体育路线的蓬勃开展是全面推进体育一体化发展的成果,也是实现全民健身这一重大事业的必由之路。

4. 人口保障能力的加强

部分或全部丧失劳动能力者是社会人口的一个组成方面,主要包括所有退休人群、待业人群、因生理或心理缺陷无劳动能力人群等。该部分人口处于低收入或无收入状态,是社会的相对弱势群体,他们没有独立经济条件,也就很难保障自身的医疗和保健权益。要促进这一部分人口身体素质提升,必须依赖于外界扶助,因此通过政府施政来推进各种公益事业及民政保障事业的发展完善显得尤为重要。江苏省政府坚持"以人为本,兼顾发展能力弱群体的利益"这一理念,促使全省社会

---

① 数据来源于江苏省统计局网站:http://www.jssb.gov.cn/tjxxgk/tjfx/sjfx/201210/t20121030_147247.html。
② 参见江苏省统计局网站:http://www.jssb.gov.cn/tjxxgk/tjfx/sjfx/201210/t20121030_147247.html。
③ 参见江苏省统计局网站:http://www.jssb.gov.cn/jssq/shsy/201109/t20110906_17311.htm。

救助保障水平进一步提高。

第一,民政经费支出不断增大。自 2002 年至 2011 年,江苏民政事业经费累计支出 712.57 亿元,仅 2011 年当年就支出达 172.62 亿元,是 2002 年支出的 8.39 倍;抚恤事业费累计支出 143.47 亿元,2011 年当年支出 29.03 亿元,是 2002 年的 5.35 倍;社会救济福利事业费(包括城乡低保、农村社会救济、其他城镇社会救济、社会福利和医疗救助资金)十年累计支出 327.30 亿元,2011 年当年支出 92.66 亿元,是 2002 年的 12.83 倍。① 这突显了江苏省政府大力发展民政事业的理念。

第二,在财政支持下,各项保障政策得以落实,保障范围不断扩大。目前江苏享受最低生活保障的城市人数已经增长了 1.49 倍;农村的社会救助总人数为 169.10 万人,②其中享有最低生活保障人数为 141.7 万人,农村救助总人数也比十年前增加 74.36 万人。至 2012 年末,全省企业职工基本养老保险、城镇职工基本医疗保险、失业保险参保人数分别达 2 308 万人(含参保离退休人员)、2 154 万人(含参保退休人员)和 1 332 万人,分别比上年末增加 197 万人、142 万人和 94 万人。③ 城市社区居家养老服务中心也实现了全覆盖,苏南、苏中、苏北农村社区居家养老服务中心覆盖率分别达到 52.5%、46.3%、40%。包括养老、医疗、失业、工伤和生育保险在内的城镇社会保险制度实现从基本建立到逐步完善,城乡社会保障体系基本形成。

第三,在保障范围扩大的同时,保障水平也在不断提高。各类保障标准增长机制全面落实,至 2012 年,低保平均保障标准达到每人每月 433 元(城)和 361 元(乡),同比增长 13.4% 和 18.8%。29% 的涉农县(市、区)实现城乡低保同一标准。五保对象集中供养和分散供养标准同比增长 17% 和 19.3%。省各类养老机构及城乡社区养老服务设施共有养老床位 35.2 万张,平均每千名老人拥有床位 24.78 张。所有市、县(市)均建成一所公办养老机构,床位数分别达到 300 张、150 张以上。实施"关爱工程",共资助 201 个敬老院建设项目,为经济薄弱地区的 375 个五保供养服务机构配备了生活设备。④

---

① 数据来源于江苏省统计局网站:http://www.jssb.gov.cn/tjxxgk/tjfx/sjfx/201210/t20121030_147247.html.
② 数据来源于江苏省统计局网站:http://www.jssb.gov.cn/tjxxgk/tjfx/sjfx/201210/t20121030_147247.html.
③ 数据来源于江苏省统计局网站:http://www.jssb.gov.cn/jssq/jjgk/201107/t20110725_1151.htm.
④ 数据来源于江苏省统计局网站:http://www.jssb.gov.cn/jssq/shsy/201109/t20110906_17312.htm.

综上所述,江苏在身体素质方面的建设已经取得很大成就,表现为人口的寿命增加、体质保健增强、卫生保障水平上升,其中卫生保障是前两者的基础。身体素质是人口素质的基本内容,属于人的自然属性,其优劣程度关系到人力资源的生产能力。

二、劳动技能素质方面

劳动技能素质主要是指产业人员的受教育水平、科研人员数量及与劳动生产率的关系。科研实力是潜在生产力的决定因素,[①]科技活动人员这一群体比例的增加必然会提升地域内的科技创新能力,其作用于产业化生产,既能推动劳动生产率提高,又能带动文教、卫生事业的发展,并最终促进人口身体素质和科学文化素质的提升。江苏依靠自身充裕的科教资源、高投入的科技费用逐步实现了人口劳动技能素质的高科技化转变,科研实力日益增强。综合而言,江苏主要的成就表现在如下两方面。

1. 就业人员文化素质持续提高

随着江苏总人口受教育程度不断提升,全省就业人口的文化素质得到提高,就业人口的学历结构逐步趋于合理,就业者的业务素质也随之达到较高水平,这突出表现在大专及以上学历人口占从业总人口的比重不断加大。至2008年,全省就业人口接受大学专科及以上教育的人口占就业人口总量的9.20%,接受高中教育的人口占15.58%,接受初中教育的人口占48.33%,接受小学教育的人口占22.80%。与2005年相比,就业人口中接受大学专科及以上教育的人口比重上升1.5个百分点,接受高中教育的比重上升0.59个百分点,接受初中教育的比重上升2.56个百分点,接受小学教育的比重下降2.06个百分点。[②] 通过对以上数据进行比较可得出结论:接受大学专科及以上教育的人口比重、接受高中教育的人口比重和接受初中教育的人口比重呈现逐年上升趋势,而接受小学教育的人口比重则出现下降趋势,这是高知识化的表现。其中,上升水平最高的是初中的教育指标,这

[①] 杨来胜、黄润龙:《江苏人力资源与经济社会可持续发展关系研究》,《南京人口管理干部学院学报》2003年第3期。

[②] 江苏省统计局:《江苏人口文化素质呈现五大特点》,来源于: http://www.jssb.gov.cn/jstj/fxxx/tjfx/200906/t20090605_109505.htm。

体现出江苏历年来实施的"普九"工作开始显露成效,初中教育水平的人口继续保持优势并有扩大趋势。长远来看,就业人口受教育水平的高端化趋势为江苏经济转型和科技事业的发展提供了充足的高知识、高技能人力储备,是江苏产业发展的资源保障。

2. 科研人员数量增加

专业技术人员、科技活动人员的数量是生产实践和科学技术的最大潜力,最为直观地反映着区域科技领域内所取得的成就。[1]改革开放之后的30余年里,江苏利用东部沿海的有利位置,在国家政策之下迅速发展起来,因"近水楼台先得月"而产生了"集聚效应",[2]大量的高知识、高技能人力资源迅速涌入江苏省内。至2012年,全省从事科技活动人员91.42万人,其中研究与发展人员52.22万人,拥有中国科学院和中国工程院院士90人,仅次于北京、上海。区域创新能力连续四年位居全国前列。2012年,江苏首批有11名中青年科技创新领军人才、7个重点领域创新团队、4名科技创新创业人才、1个创新人才培养示范基地入选科技部创新人才推进计划,这在全国位居前列。[3]为培养青年人才,构筑人才高地,江苏于2013年起设立了青年科学基金和杰出青年科学基金两个专项,首批组织遴选50名江苏省杰出青年科技人才和450名青年科技人才予以重点支持。截至第九批,全省共入选国家"千人计划"384人,其中创业类173人,占全国29.7%,居全国第一。[4]江苏科技人力资源实力已经居于全国最前端,推动着江苏科研水平日新月异,成果层出不穷。

综合来看,江苏近年的高科技人才储备为科技高速发展奠定了基础,具体表现为人口劳动技能素质呈现高端化趋势。人口劳动技能素质是人口素质的主要内容,是提高社会生产效率的保障,也带动着医疗技术、教育水平的发展。江苏在劳动技能素质方面注重科技创新能力的加强,从而惠及整体人口素质的全面提高。

---

[1] 屈云龙、许燕:《江苏省人口素质评价指标体系的构建及实际测量》,《西安社会科学》2009年第3期。

[2] 梁明虎、谭克俭:《退耕还林中的人口与发展矛盾及其解决》,《人口与经济》2002年第5期。

[3] 《江苏省启动创新人才推进计划》,来源于江苏省人口和计划生育委员会网站:http://www.jsfpc.gov.cn/xwzx/jsyw/2013/06/09164612218.html。

[4] 参见江苏省统计局网站:http://www.jssb.gov.cn/jssq/shsy/201109/t20110906_17308.htm。

三、科学文化素质方面

科学文化素质是人口素质中最为关键的一环,深刻影响着身体素质和劳动技能素质的发展状况。① 高水平的科学文化素质可以惠及科技创新、卫生建设、人口现代化、文明意识等各方面,所以拥有较高科学文化修养的知识分子已成为社会发展最重要的推动力量和决定力量。② 要提高人口素质,就必须以科学文化素质为核心,把各种因素一并充分调动起来,发挥整体功能和综合作用,人口的健康水平和文明程度才能不断提高。③ 中华人民共和国成立以来,江苏人口科学文化素质建设始终处于领先水平,特别是最近十余年来,教育文化事业全面协调发展,成绩突出,主要表现在以下三个方面。

1. 文盲率大幅下降

文盲率④是社会人口素质受教育程度的另一个指标,文盲率的下降是保证人口受教育水平程度提升的又一因素,其高低不仅是一个国家和地区社会进步、经济实力的反映,也是人民生活水平是否得到提高的体现。截至 2010 年第六次人口普查,我国文盲人口(15 岁及以上不识字的人)为 54 656 573 人,文盲率为 4.08%。⑤ 江苏全省常住人口中,文盲人口为 2 995 352 人,同 2000 年第五次全国人口普查相比,文盲人口减少 1 698 203 人,文盲率由 6.31% 下降为 3.81%,下降 2.5 个百分点。⑥ 由此可见,江苏的文盲率低于全国平均水平,近年来更是出现了接近四成的下降,这是江苏普及义务教育的必然结果。

2. 初等教育全面普及

江苏省政府认真实施教育改革发展的中长期规划纲要,大力支持学前教育的发展,推行全面实行城乡免费义务教育,并进一步使高中阶段教育普及化。截至

---

① 韩海浪、叶南客:《提高江苏人口文化素质的战略思考》,《江苏教育学院学报》(社会科学版)1998 年第 1 期。
② 孟建等主编:《城市形象与软实力:宁波市形象战略研究》,上海:复旦大学出版社,2008 年,第 82 页。
③ 马庆国、楼阳生等:《区域软实力的理论与实践》,北京:中国社会科学出版社,2007 年,第 17 页。
④ 在我国,文盲率指超过学龄期(12~15 岁以上)的年龄,既不会读又不会写字的人在相应的人口中所占的比例。文盲率在一定程度上可反映出整体人口的受教育程度。
⑤ 数据来源于中华人民共和国国家统计局网站:http://www.stats.gov.cn/tjgb/rkpcgb/qgrkpcgb/t20110428_402722232.htm。
⑥ 数据来源于江苏省统计局网站:http://www.jssb.gov.cn/jssq/zrhj/201109/t20110906_17303.htm。

2011年,江苏全省幼儿园在园幼儿220.45万人,全省小学学龄儿童入学率、小学在校生年巩固率、初中在校生年巩固率分别为99.94％、99.85％和98.55％。初中毕业生升学率97.66％,比2002年提高了19.09个百分点,高中阶段教育毛入学率达97％,基本普及了高中阶段教育。① 上述数据表明,江苏人口在接受初等教育方面已达常态化。同时,江苏省抓住人口低速增长、小学生源减少的有利时机,积极调整学校布局,实现了教育资源配置的进一步优化,推动了初等教育的全面发展,这不仅是教育事业一大优势的体现,也是带动高等教育入学率提高的原因之一。

3. 接受高等教育人口的比例迅速提高

截至2011年末,江苏全省共有普通高等学校126所,比2002年增加32所;在校本专科生165.9万人,增加了2.37倍;在校研究生13.4万人,增加了3.27倍。高等教育毛入学率达到45％。② 基于2000年和2010年的人口普查资料,对江苏十年间人口受教育年限的比较可发现,高等教育普及化趋势非常明显:至2010年,全省6岁及以上人口中,具有研究生受教育程度(包括毕业生、肄业生和在校生,下同)人口31.38万人,大学本科受教育程度人口329.81万人,大学专科受教育程度人口489.95万人,高中(含中专)受教育程度人口1 270.38万人,初中受教育程度人口3 042.30万人,小学受教育程度人口1 903.31万人。同2000年人口普查相比,全省每10万常住人口中,具有大专及以上受教育程度人口由3 919人增加到10 820人,增长1.8倍;具有高中(含中专)受教育程度人口由13 039人增加到16 150人,增长23.48％;具有初中受教育程度人口由36 365人增加到38 676人,增长6.36％;具有小学受教育程度人口由32 882人减少到24 196人,下降26.42％。③ 大专及以上受教育程度人口大幅增加,是目前江苏人口受教育年限所呈现的一大特色。基于2000年和2010年相关数据,江苏人口受教育状况如图5-2所示。

---

① 参见江苏省统计局网站:http://www.jssb.gov.cn/tjxxgk/tjfx/sjfx/201210/t20121030_147247.html.
② 数据来源于江苏省统计局网站:http://www.jssb.gov.cn/tjxxgk/tjfx/sjfx/201210/t20121030_147247.html.
③ 数据来源于江苏省统计局网站:http://www.jssb.gov.cn/tjxxgk/tjfx/sjfx/201210/t20121031_147357.html.

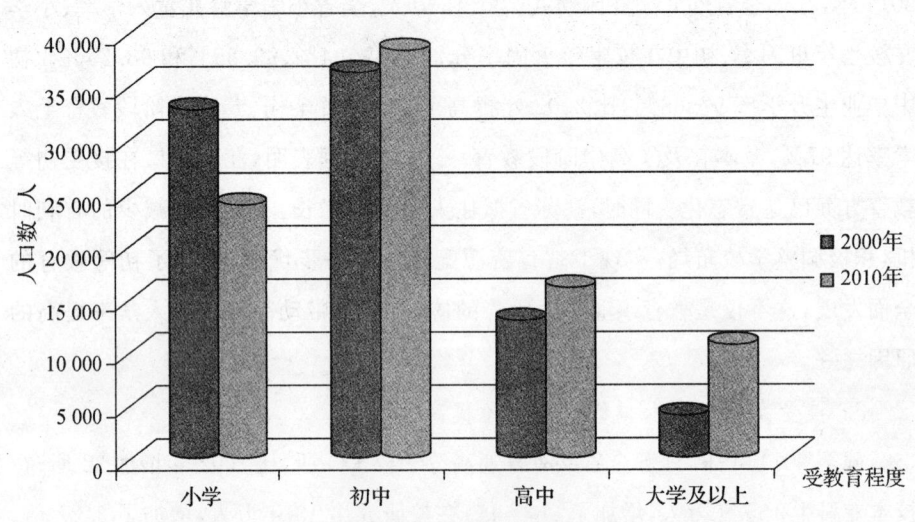

图 5-2　江苏省拥有各类教育程度人口数（每 10 万人）
（以 2000 年、2010 年数据比较）

由图 5-2 分析可知，除小学程度大幅下降（26.42%）以外，初中、高中、大专及以上都出现上升，但在后三者之中，初中程度的增长量（6.36%）最小，高中程度增长量（23.48%）次之，而大专及以上程度增长量（1.8 倍）最大。由对比可发现，21 世纪以来的十年，江苏省内大学受教育程度人口呈现出大幅增加，小学受教育程度人口大量减少。这种结构变化说明，江苏受教育人口中受高等教育程度呈现大幅度、跨越式提升，这也奠定了未来江苏人口科学文化素质高端化的趋势。

综合而言，江苏科学文化素质建设取得了长足进步，促进了整体文化素质的提高。科学文化素质是人口素质的核心，一个地区整体人口科学文化水平的高低关系到该地区在卫生保健、科研创新等方面的发展程度，所以江苏科学文化素质的提升也成为其整体人口素质提高的关键。

第三节　江苏人口素质建设的不足

人口素质建设是一项浩大的综合性工程，面临着各方面的挑战。江苏社会经济正处在急剧转型之中，人口素质水平在某些方面相对于经济发展稍显滞后，问题突出表现在城乡教育水平失衡、人口素质呈现区域差异、人口结构老化和职业教育相对不足这几个方面。

一、城乡教育水平失衡

江苏教育事业一直处于全国领先地位,近年来更是取得了文盲率大幅下降、初等教育普及和高等教育快速发展等成就,已经成为教育强省。在全省教育大发展背景下,江苏农村的教育水平也取得了长足进步,并已改变了长久以来农村人口文化素质落后的局面。但从总体上看,农村教育基础仍旧低于城市,表现在人均受教育程度和教育支出相对较低、经费不足、师资缺乏等方面。

1. 农村人口受教育程度低于城市

江苏农村人口平均受教育年限仅为8年,而具有初、高中文化程度的人多数也缺少就业必需的技术、技能,如近几年转移出来的农村劳动力,转移前培训率仅为21%。① 截至2012年11月1日零时,江苏省6岁以上人口受教育程度为:城镇中,不识字或识字很少占4%,小学占21.1%,初中占37.4%,高中占21%,大学及以上占16.5%;乡村中,不识字或识字很少占8%,小学占33.5%,初中占43%,高中占11.7%,大学及以上占3.8%。② 根据以上数据统计,江苏城乡间人口受教育年限相关情况如图5-3所示。

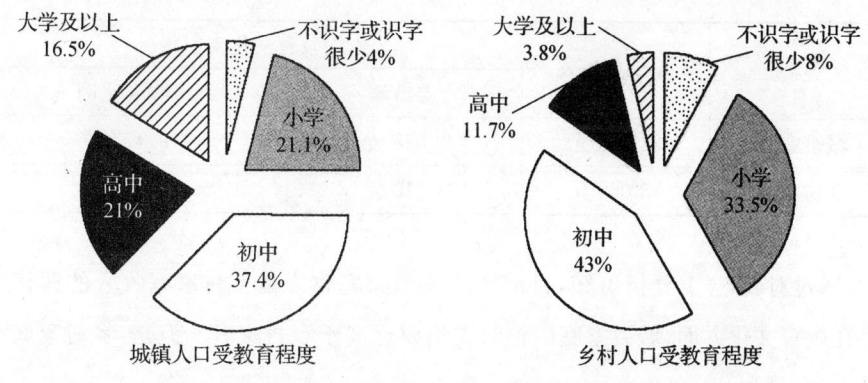

图5-3 江苏城镇、乡村6岁以上人口受教育程度比较(2012年)

---

① 袁丽英:《"十一五"江苏职业教育发展基础与宏观环境》,《职教论坛》2006年第13期。
② 基本数据来源于《江苏统计年鉴(2013)》,http://www.jssb.gov.cn/2013nj/indexc.htm。

通过图 5-3 中对比可知,江苏乡村人口受教育状况要远低于城镇人口,主要表现在:乡村文盲率是城镇两倍;乡村小学和初中教育程度人口比例要高过城镇近两成;乡村高中教育程度人口比例仅占城镇比例的二分之一左右;乡村大学及以上教育程度人口比例不到城镇的四分之一。可见,乡村人口主体仍然停留在初中、小学水平,而城市人口中高中及以上水平占有相当大的比例,乡村人口教育水平偏低显而易见。归其原因,一方面,农村地区经济水平较城市低下,教育资金投入不够造成基础教育不够完善;[①]另一方面,农村家庭教育观念落后,"在农民自身看来,所接受的教育成功与否,不是现实的力量可以改变的,是注定的,是需要承受的"[②]。这种对教育认识的滞后思维,导致学龄人口得不到延续性、长久性的教育。

2. 乡镇人均教育文化支出额低于城市

教育文化支出除教育支出外,还包含诸如各种文化活动、文化学习行为、图书购买等文化消费,从其额度大小可以看出不同家庭的文化消费观念,这也反映出各类家庭对文化素质培养的重视程度。根据 2012 年江苏城乡家庭人均收支状况调查数据,江苏城镇家庭人均总收入为 32 519 元,人均教育消费支出额为 3 078 元;乡村家庭人均总收入为 15 069 元,人均教育文化支出额为 1 210 元。[③] 根据以上数据统计,江苏城乡家庭人均教育文化支出情况如表 5-1 所示。

表 5-1 江苏城乡家庭人均教育文化支出情况(2012 年)

类别	人均总收入	人均教育文化支出状况	
		支出额	占收入比例
城镇家庭	32 519 元	3 078 元	9.47%
乡村家庭	15 069 元	1 210 元	8.03%

通过对表 5-1 分析可知,目前江苏城镇家庭收入是乡村家庭收入的两倍以上,在教育文化方面,城镇家庭的绝对支出要远高于乡村家庭。但是,乡村家庭支

---

① 张子珩、冯九璋:《可持续发展中的江苏人口素质研究》,《人口研究》2002 年第 2 期。
② 陈坚:《延续的痛苦——身体社会学视域中的农村教育研究》,东北师范大学博士学位论文,2009 年,第 77-78 页。
③ 基本数据来源于《江苏统计年鉴(2013)》,http://www.jssb.gov.cn/2013nj/indexc.htm。

出额占收入比例要低于城镇家庭近1.5个百分点,说明在消费观念上城镇家庭对教育文化活动重视度要稍高于乡村家庭。乡村人口受教育程度本来就低于城镇人口,而乡村家庭在教育文化消费上又不够重视,自然就会拉大城乡间人口文化素质水平差距。所以,提高乡村人口文化素质,改变乡村家庭消费观念势在必行。

3. 乡村教育经费投入仍有较大缺口

教育经费的投入直接关系到教育事业发展,江苏乡村教育水平落后于城市也与经费不足有关。一是行政缺陷造成经费不足。以吴江市为例,自从实行分税财政管理,经济基础薄弱的乡镇财政负担加大,这导致无法满足国家教育投入占GDP比例4%的标准。又如对无锡市调查显示,村办学校经费渠道不畅,8市(县)区村小多由镇中心管理,镇、村领导都忽视该问题,造成村小办学经费不足,建设和维修无法保障。二是经费受到财政政策和债务问题的影响。以苏中某市所反映情况为例,税费改革取消农户附加征收和集资之后,全市每年教育投入净减6 000万元,对教育建设形成制约;很多农村学校债务重重,部分乡镇甚至举债办教育,截至2010年,该市义务教育负债累计近2.5亿元。三是经费使用不合理。如苏北某县反映,地方政府配套资金不到位,出现有电脑无电脑室、有音乐器材无音乐室、有图书无阅览室的情况,甚至有电脑室的学校又付不起电费,造成大量教学设备闲置;基本经费也配套不到位,小学每人每学期公用经费175元到了学校只剩每生45元,再加上各种杂样校务费用占去公用经费大头,造成入不敷出,根本无法维持学校基本办公。① 由此可见,乡村教育经费的欠缺在很大程度上是源自于体制问题。不合理的行政行为致使教育经费投入不足,同时也带来教育资源的浪费。要保障教育经费能取得更有收益的效果,就需要制定更为合理的财政政策来保障教育经费投入。

4. 乡村学校教师水平偏低

教师身处教学工作第一线,其自身素养深刻影响学生教育素质水平,因而师资力量是教育事业发展的关键因素。目前江苏乡村学校教师整体状况不容乐观,要提高乡村教育事业,就应当设法引入师资人才,提高师资待遇。

一是乡村学校教师质量不高。例如,据苏中某市调查,师范类录取学生起分线

---

① 杨曙明:《江苏乡村教育调查报告》,《江苏教育》2011年第4期。

比四星级高中低 132.3 分,比三星级高中低 59.3 分,基本上三流生源流向师范类,这类学生毕业后一般被分到村小,从而造成农村中小学师源起点偏低。农村中小学教师结构矛盾凸显,如自然、美术、音乐学科专职教师不足,严重影响课程开设。同时,农村教师队伍也普遍老化。据苏南某大市调查,乡村学校教师老化的比例超过 50%,一些村小 35 岁以下青年教师一个也没有;苏北某市农村小学教师年龄一般都在 50 岁左右,近几年难有青年新教师补充到乡村学校;苏中某市一所村小教师平均年龄已超过 52 岁。老龄教师知识相对僵化,很难适应新课程要求,这是乡村基础教育落后的原因之一。

二是乡村学校教师逆向流动现象严重。例如,盐城一所县实验小学扩展到近 100 个教学班,一年就抽调数十名农村优秀教师进入。优秀教师持续从乡村涌向城里名校,农村学校想补充新教师却极其不易。农村学校教师逆向流动的主要原因还是教育经费不足,农村学校教师收入水平低于城市,农村学校对优秀师资没有吸引力。同时,在生活压力大、待遇低的情况下,农村学校教师生活幸福感不断下降,即便是留在农村学校的教师对教学活动的热情也日易殆尽,乡村学校的教育质量随之下滑。

三是乡村教师研修培训不到位,教师群体科研素质偏低。以苏北某市三份抽样调查表为例,没参加过培训的教师占总数 56.6%,参加过 1 次的占 10.7%,2 次以上的占 32.7%,总体研修状况较差;没有在市级刊物上发表论文的教师占总数的 70.3%,发表 1 篇的占 17.7%,发表 4 篇的占 0.9%;教师中没有市级课题的占总数的 88.6%,有 1 项课题的占 9.7%,2 项的占 1.2%,3 项的占 0.3%,4 项的占 0.2%。[1] 农村学校教师培训总体状况不够理想,主要原因是经费欠缺。任职教员的自身水平难以提高,再加上这部分教员以中高年龄为主,他们逐渐失去对进修的兴趣,最终形成恶性循环,导致农村教师整体素质水平出现下滑。

综合上述,我们可以对当前江苏乡村教育问题做一概览。截至 2012 年底,江苏乡村人口有 2 929.89 万人,占总人口比例为 37%。[2] 乡村人口是江苏人口重要组成部分,其教育素质的提高关系到江苏人口素质建设成效。教学设施差、乡村教

---

[1] 杨曙明:《江苏乡村教育调查报告》,《江苏教育》2011 年第 4 期。
[2] 基本数据来源于《江苏统计年鉴(2013)》,http://www.jssb.gov.cn/2013nj/indexc.htm。

育观念落后及师资水平不高造成乡村人口受学校教育的程度不及城市。① 江苏要解决城乡间的教育差距,就必须立足经济发展,实施正确的发展战略和新政策制度,②改变教育不均衡、落后地区教育薄弱现状,这是江苏乡村人口素质水平提高的重要方面。

二、人口素质呈现区域差异

在江苏省政府的努力之下,人口素质建设已实现全方位、大幅度提升,人口受教育水平及医疗保健水平走在全国前列,省内整体人口素质状况优良。但从区域分布来看,苏南、苏北、苏中三地的人口素质水平却呈现出不平衡的特点。根据人口素质综合排名,苏南五市人口素质水平居首位,苏中其次,苏北最末。③ 三个地区的差距主要表现在文盲率、文化事业水平、卫生保健水平等方面。

1. 南北文盲率程度不同

文盲率是人口受教育程度的重要指标,文盲率的下降不仅反映着人口素质的提升,也是地区经济、社会进步的标志。一方面,江苏全省文盲率最高的是苏北地区,达9.79%,苏中地区为8.00%,苏南地区为4.59%。④ 由数据可知,苏北地区的文盲率要高过苏南一倍以上;而苏中文盲率虽稍低于苏北,但也超过苏南三分之一左右。这种地域性的差距,是由于苏北、苏中文盲人口基数较大,同时文教水平低于苏南所致,而三地经济发展水平不均衡、教育事业投入有差别则是本质原因。另一方面,以2009年统计数据为准来看区域文盲率的变化,苏北地区下降速度最快,比2005年下降4.02个百分点,其次是苏中地区,下降3.23个百分点,最慢的是苏南地区,下降1.2个百分点。⑤ 可见,虽然地区间文盲率有差距,但在文盲率下降速

---

① [美]阿历克斯·英克尔斯:《人的现代化:心理·思想·态度·行为》,殷陆君译,成都:四川人民出版社,1985年,第166页。
② 杨来胜、黄润龙:《江苏人力资源与经济社会可持续发展关系研究》,《南京人口管理干部学院学报》2003年第3期。
③ 屈云龙、许燕:《主成分分析法在人口素质评价中的应用——以江苏省为例》,《南京人口管理干部学院学报》2010年第2期。
④ 参见江苏省统计局:《江苏人口文化素质呈现五大特点》,http://www.jssb.gov.cn/jstj/fxxx/tjfx/200906/t20090605_109505.htm。
⑤ 参见江苏省统计局:《江苏人口文化素质呈现五大特点》,http://www.jssb.gov.cn/jstj/fxxx/tjfx/200906/t20090605_109505.htm。

度上,苏北高于苏中、苏中高于苏南,其原因在于:在全省教育事业快速发展的背景下,落后地区会有更多的文盲人口接受教育以实现扫盲。据此推断,未来苏北、苏中的扫盲事业仍有较大的提高空间,只要政府更为重视地方教育事业发展,三个地区的文盲率最终会共同降低并趋于接近。

2. 南北文化服务不均

文化服务业是社会的特殊文化平台,具有一定公益性,其直接关系到区域内人口的文化水平提升。由于经济基础的差异,江苏各区域间文化服务发展呈现不均。一方面,地方政府对文化设施建设的投入存在很大差距。以公共图书馆为例,截至2012年统计,江苏公共图书馆图书藏量为苏南3 518万册,苏中496万册,苏北657万册。① 江苏常住人口数量分地区为苏南3 284.4万人,苏中1 637.81万人,苏北2 976.59万人。② 结合三地人口数量,经过计算可知图书馆藏书的每万人占有量为:苏南1.07万册,苏中0.3万册,苏北0.22万册。苏南遥遥领先,苏中则稍好于苏北。文化设施建设的不足必然使得落后地区人口在享有文化服务上不及发达地区,这是造成苏北、苏中人口文化水平落后的原因之一。另一方面,苏南、苏中、苏北的人均教育文化消费额呈阶梯状差异。人均教育文化消费包含教育、文化活动、文化产品购买等,是了解人均文化消费水平的直接数据。截至2012年,江苏省分地区家庭人均总收入为:苏南34 239元,苏中23 896元,苏北18 526元。江苏人均教育文化服务支出额为:苏南3 440元,苏中2 446元,苏北1 860元。③

表5-2 江苏分地区家庭人均教育文化支出情况(2012年)

地区	人均家庭总收入	人均教育文化服务支出状况	
		支出额	占收入比例
苏南	34 239元	3 440元	10.05%
苏中	23 896元	2 446元	10.24%
苏北	18 526元	1 860元	10.04%

---

① 基本数据来源于《江苏统计年鉴(2013)》,http://www.jssb.gov.cn/2013nj/indexc.htm.
② 基本数据来源于《江苏统计年鉴(2013)》,http://www.jssb.gov.cn/2013nj/indexc.htm.
③ 基本数据来源于《江苏统计年鉴(2013)》,http://www.jssb.gov.cn/2013nj/indexc.htm.

通过分析可知,苏南人均教育文化支出高于苏中,苏中高于苏北,这和三地家庭收入差距有一定关系。苏南人均家庭收入高于苏中四分之一,又高过苏北三分之一,因而在消费水平上会高于后两者。但通过对支出额度占收入比例的对比,又可以发现:苏南、苏中与苏北三地的差距很小,几乎可忽略。这也表明,江苏各地家庭对于教育文化重视程度相当。可以预见,只要对落后地区的文化事业进行扶助,特别是在硬件方面让其享有发达地区同等的文化资源,那么落后地区人口文化水平便会迅速赶上发达地区。

3. 南北高等教育发展不平衡

"普九"工作的顺利实施已使得江苏各区域的初级教育有了长足进步,教育事业的新方向则是要在全省范围内普及高等教育。以全国范围来看,江苏高等教育基础好且发展迅速,成绩令人瞩目,但以长江为界来看却极不均衡,江南地区(苏南)高校云集,而江北地区(苏中、苏北)高校却屈指可数。[1] 目前,苏南、苏中、苏北的高等教育水平存在很大差距。截至2012年数据,江苏分地区普通高校数为苏南94所,苏中20所,苏北25所;高等学校在校学生数为苏南105.91万人,苏中19.57万人,苏北28.81万人。[2] 结合三地人口数量,通过计算可知:每百万人拥有普通高校数为苏南2.86所,苏中1.22所,苏北0.84所;每万人高等学校在校学生数为苏南322人,苏中119人,苏北97人。从中可以看出,苏南的高校数量是苏中、苏北两地之和的两倍,差距十分明显。高校数量不足造成苏中、苏北人口拥有高校比例偏低,苏南每百万人拥有高校数是苏中的两倍多,是苏北的3.5倍;而高校在校生的数量则反映出苏中、苏北学龄人口受高等教育水平远落后于苏南。因此,要实现全省高等教育普及化,必须大力发展苏北地区高等教育事业,解决人口受高等教育不均状况。

4. 南北卫生设施建设失衡

近年来,江苏全省在公共卫生、重大疾病控制和农村卫生等方面实施了重点建设,解决了人口健康这一大难题。但若分区域来看,苏北的卫生保健水平仍旧低于

---

[1] 屈云龙、许燕:《主成分分析法在人口素质评价中的应用——以江苏省为例》,《南京人口管理干部学院学报》2010年第2期。
[2] 基本数据来源于《江苏统计年鉴(2013)》,http://www.jssb.gov.cn/2013nj/indexc.htm。

苏中、苏南地区。一方面,南北基础卫生设施数量相差大。截至 2012 年数据,江苏分地区基础卫生设施如下:卫生机构数为苏南 5 695 个,苏中 2 514 个,苏北 4 627 个;卫生机构床位数为苏南 10.31 万张,苏中 3.03 万张,苏北 5.45 万张;执业(助理)医师为苏南 4.87 万人,苏中 1.41 万人,苏北 2.21 万人。① 结合三地人口数量,通过计算可知:卫生机构每万人占有数为苏南 1.7 个,苏中 1.5 个,苏北 1.5 个;卫生机构床位每万人占有数为苏南 31 个,苏中 19 个,苏北 18 个;执业(助理)医师每万人占有数为苏南 15 人,苏中 9 人,苏北 7 人。从中可以看出,基础卫生设施的人均占有量苏南远远超过苏中、苏北,后两者差距不大。卫生设施数量关系到医疗保障问题,与人口保健水平密切相关,苏中、苏北在该方面的不足会直接造成人口身体素质水平落后于苏南。另一方面,南北家庭医疗支出有一定差别。截至 2012 年数据,人均医疗保健支出额为苏南 1 081 元,苏中 755 元,苏北 606 元,如表 5-3 所示。②

表 5-3　江苏分地区家庭人均医疗保健支出情况(2012 年)

地区	人均家庭总收入	人均医疗保健支出状况	
		支出额	占收入比例
苏南	34 239 元	1 081 元	3.16%
苏中	23 896 元	755 元	3.16%
苏北	18 526 元	606 元	3.27%

通过对表 5-3 分析可知,南北人均医疗保健支出差距的主要原因在于人均家庭收入水平不同,苏南家庭收入高于苏中四成,同时远高于苏北八成左右。三地医疗支出额度占收入比例呈现出苏北最高,苏中其次,苏南最后。这反映出收入最高的苏南家庭在医疗支出方面花费的比例却很低,而收入最低的苏北家庭却要在医疗方面付出较高比例的费用。这一状况的出现也是因基础卫生设施数量的不均造成的:苏北卫生设施相对缺乏,人口健康自然会逊于苏南,因此苏北家庭的医疗花

---

① 基本数据来源于《江苏统计年鉴(2013)》,http://www.jssb.gov.cn/2013nj/indexc.htm.
② 基本数据来源于《江苏统计年鉴(2013)》,http://www.jssb.gov.cn/2013nj/indexc.htm.

费比例就稍高;而且卫生设施的不足使得苏北家庭就医成本加大,更加抬升其医疗花费比例。可以看出,缩小基础卫生设施的数量差距,是解决南北医疗保健水平不均问题的关键。

综上可见,造成江苏南北人口素质差距的主要原因在于区域经济发展的不协调。苏北地区经济发展最慢,苏中高于苏北,苏南则由于地处长三角核心,经济实力最强。[①] 经济实力差距造成南北在人口素质建设方面投入不一,进而导致了南北人口在受教育程度、文化素质水平、卫生保健能力等方面出现不均衡现象。协调南北人口素质差距,关键要从资金和政策两方面对落后地区进行扶持,改变江北地区文教、卫生设施建设的落后现状,才能实现江苏人口素质的整体提高。

三、人口结构老化

人口结构的持续老化是江苏目前人口素质所面临的一个突出问题。随着近年江苏社会转型加快,育龄人群的生育观念发生了转变,人口数量增长得到有效控制。在这一背景下,新的问题开始出现——江苏人口出生率不断下降,加上平均人口寿命增长,人口年龄中位数[②]逐年升高,进而引起新生劳动力供给递减、人口老龄化等负面效应。这主要表现在以下三个方面。

1. 人口出生率降低

人口出生率[③]反映着地区内人口的出生水平,它的起伏变化直接影响到该地区人口结构组成,人口出生率过高会在未来形成人口基数过大,造成人口压力,而人口出生率下降则会造成新生人口不足、人口年龄结构老化。截至2011年,江苏省常住人口出生率为9.59‰,仅高过北京(8.32‰)和上海(6.99‰)两地,低于全国其他省份。以十年为阶段做一比较,1992年至2002年江苏人口出生率年均为

---

① 薛庆根:《江苏省苏南、苏中、苏北地区差距透视》,《新疆农垦经济》2005年第12期。
② 年龄中位数是指按全体人口按年龄大小排列,位于中点的人的年龄,年龄在这个人以上的人数和以下的人数相等。参考于中国国家统计局网站:http://www.stats.gov.cn/tjzs/t20030704_402369616.htm。
③ 本文所用人口出生率标准是一年内某地出生人数与平均人口的比例,以千分数表示。来源于中国网:http://www.china.com.cn/chinese/renkou/576991.htm。

11.1‰;2002 年至 2011 年年均则为 9.4‰,下降了 1.7 个千分点。① 通过数据我们发现,目前江苏的人口出生率不仅低于全国水平,而且还在不断降低。这一现象主要是由于计划生育政策的全面落实,②同时也与家庭生育观念转变有一定关系——年轻育龄人口偏重选择晚育、少育。截至 2010 年统计,全省计划生育率保持在 95%以上,现家庭只有一个孩子的妇女占已婚育龄妇女总数的 74%,全省独生子女超过 1 200 万人,累计独生子女率 82%左右。③

出生率降低和独生子女现象会造成两个负面影响:一方面,未来可能导致人口零增长甚至负增长,由此将会带来人力资源(尤其是年轻劳动力)的不足。预计十年之后,江苏 15—64 岁劳动适龄人口的总抚养系数④将超过 60%,届时会出现劳动力供给由富足转为结构性缺失,就业形势不容乐观。人口出生率低下造成年轻劳力后继乏人,在未来可能会以"用工荒"问题向社会发难。另一方面,少子化现象逐渐严重将造成家庭规模不断缩小,随之出现一对独生子女年轻夫妇要赡养 4—8 位老人的严重"倒金字塔"现象,无论从经济负担层面还是从精力层面看这都将难以承受,⑤近年来已经出现的老龄化问题也将会因此而加剧。可以看出,江苏人口控制策略已经不再顺应社会发展,计生政策需要更新和调整。

2. 人口年龄中位数升高

年龄中位数又称中位年龄,其在一定程度上可以显现出人口构成中主要人群的年龄值。一般来说,一个社会的中流年龄群体是从事生产活动的主要人力资源。根据 2010 年第六次全国人口普查数据,江苏全省常住人口中 0—14 岁人口为 10 230 180 人,占 13.01%;15—64 岁人口为 59 861 916 人,占 76.10%;65 岁及以上人口为 8 567 807 人,占 10.89%。同 2000 年第五次全国人口普查相比,0—14 岁人口的比重下降 6.64 个百分点,15—64 岁人口的比重上升 4.51 个百分点,65 岁

---

① 参见江苏省统计局网站:http://www.jssb.gov.cn/tjxxgk/tjfx/sjfx/201210/t20121031_147357.html.
② 黄健元、杨飞:《人口现代化状况评析——基于苏、浙、沪、京、粤、鲁、全国的比较》,《西北人口》2008 年第 4 期.
③ 孙丽燕、张肖敏主编:《改革开放 30 年江苏人口与发展》,南京:河海大学出版社,2009 年,第 1 页.
④ 抚养系数指被抚养人口数除以劳动人口数比例,其中被抚养人口包括少年儿童和老人。概念参考于中国知网:http://wiki.cnki.com.cn/HotWord/1319865.htm.
⑤ 杨来胜、黄润龙:《江苏人口安全目标选择与人口计生工作机制创新》,《人口与发展》2012 年第 5 期.

及以上人口的比重上升 2.13 个百分点。① 结合人口数据进行计算,江苏 2010 年全省人口年龄中位数为 38.73 岁,较十年前"五普"时的 33.51 岁增加 5.22 岁,升幅为 15.58%。② 从以上数据可以看出,江苏人口年龄的重心呈现上扬的趋势,这是生育率降低、死亡率进一步稳定所致。其中新生人口下降比重过大,而老龄人口上升比重小于中年人口,所以当前人口年龄结构的最大问题是新生人口缺乏。另外,占主要比例的中年人口将会在以后 20 年内步入老年行列,这将在未来造成更加严峻的老龄化问题。以上结果传递出两个信息:一是江苏劳动力的供给呈递减趋势,劳动力短缺将成为现实,③江苏也将逐渐由当前的"人口红利期"转入 20 年后的"人口负债期"。二是"未富先老"及经济增长、社会发展将对未来社会抚养比、储蓄率、消费结构、社会保障产生严重的负面效应并带来较大压力。④

3. 老龄化问题严重

国际上通常将 65 岁以上的人口确定为老年人,我国统计指标中通常也将 65 岁及以上人群作为整体研究。联合国人口委员会对人口老龄化的定义是:当总人口中因年轻人口数量减少、年长人口数量增加而导致的老年人口比例相应增长的动态过程就是人口老龄化。江苏自 1986 年就进入了人口老龄化社会,比全国超前 13 年;到 2010 年,全省 60 岁及以上老年人口约为 1 437.64 万人,占总人口比例 18.83%,人口老龄化指数高于全国水平近 5 个百分点,位居全国第三。80 岁及以上高龄老人占老年人口 14.64%,并且正在以年均 3.8% 的速度递增,预计到 2030 年该指数将达 34.79%,2050 年达 38.11%。⑤ 江苏人口预期平均寿命已从 1949 年的 39 岁提高到目前的 76 岁。老年人口负担系数在 2010 年已达 17.72%,预计到 2030 年为 41.53%,2050 年为 54.55%。

通过以上数据可见,江苏的人口老龄化越发严重,其过程将会带来严重的社会

---

① 数据来源于江苏省统计局网站:http://www.jssb.gov.cn/jssq/zrhj/201109/t20110906_17303.htm.
② 数据来源于江苏省统计局网站:http://www.jssb.gov.cn/tjxxgk/tjfx/tjxx/201203/t20120315_111125.html.
③ 张亮:《我国新型农民培训模式研究》,河北农业大学博士学位论文,2010 年,第 2 页。
④ 堵怀东:《统筹解决江苏盐城人口问题的思考——以国家沿海发展战略为背景》,《学理论》2012 年第 36 期。
⑤ 黄润龙、陈绍军主编:《长寿的代价——老龄化对社会经济的影响研究》,北京:社会科学文献出版社,2011 年,第 176 页。

负担,主要表现在:一是家庭规模不断缩小。全省家庭规模已从 1990 年的 3.4 人减少到 2010 年的 2.6 人,一对独生子女年轻夫妇赡养多位老人的"421"家庭结构大量出现,无论从经济负担还是在精力上都难以承受。二是"空巢"现象增多。目前江苏城乡空巢老人分别占 43%、38% 以上,其中 80 岁以上高龄老人"空巢"率达 20%。① 老年人的精神慰藉和生活照料的家庭功能不断弱化,倘若社区管理缺位或处理失当,势必对人口安全构成冲击。三是对社会保障供给构成挑战。随着体质下降,老年人的生活质量也逐渐降低,健康护理成本随之升高。②

综上所述,江苏人口素质建设中的一大风险即是人口结构老化现象。在经济快速发展背景下,江苏在卫生保健方面的投入力度不断加大,人口身体素质更加健康,平均寿命不断提高;与之相对应的是,计划生育政策的限制和育龄人口生育观念的转变,造成江苏人口出生率逐渐下降。人口结构老化现象成为江苏人口发展的主要趋势,随之而来的负面效应以及人口不安全因素也愈加明显,这一点必须引起政府足够重视。

四、职业教育相对不足

江苏省政府坚持实行教育改革中长期规划纲要,已达成城乡免费义务教育全面覆盖,并实现高等教育快速发展。教育不仅仅包括正规教育,还包括其他多种教育模式,职业教育就是其中重要的一项。在生产实用性上,正规教育人才所起到的作用有限,职业教育是弥补这一缺陷的重要途径。③ 江苏省高中阶段普通高中与职业高中的比例为 7:1,职业教育的比重偏低。与正规教育高速发展相比,江苏的职业教育相对落后,既不能满足经济社会发展对技术劳动力的需求,也难以解决部分上不了大学的普通高中毕业生的就业问题。④ 当前,江苏职业教育面临的发展难题主要表现在以下两个方面。

---

① 杨来胜、黄润龙:《江苏人口安全目标选择与人口计生工作机制创新》,《人口与发展》2012 年第 5 期。
② 张盼铖:《江苏省部分地区老年人体质现状及其影响因素的研究》,南京师范大学硕士学位论文,2012 年,第 1 页。
③ 李晓纯:《教育、人力资本、经济增长——理论阐释和实证检验》,吉林大学博士学位论文,2009 年,第 96 页。
④ 赵德滋:《江苏可持续发展面临的人口问题与对策建议》,《南京人口管理干部学院学报》2003 年第 1 期。

1. 职业学校数量相对偏少

据统计,自2005年开始,全省初中毕业生人数处于高峰期,一些社会声誉较高的职校已经"生满为患",之后三年这种状况一直延续。2007年之后,初中生源逐渐回落,而优质职业教育学校数量仍旧难以满足入学要求。[1] 这表明,江苏职业教育学校数量仍旧不足。下面通过对江苏与上海、北京两地的比较,从横向来观察江苏与其他东部发达地区职教学校数量上的差别。截至2012年统计数据,上海常住人口2 380.43万人,中等职业教育学校12所,成人中专学校23所,技工学校799所。[2] 北京常住人口2 069.3万人,拥有中等职业教育学校130所,成人中专学校11所,技工学校34所。[3] 江苏常住人口为7 919.98万人,中等职业教育学校75所,成人中专学校42所,技工学校126所。[4] 通过数据计算,江苏、上海、北京三地职业学校拥有程度如表5-4所示。

表5-4 江苏、上海、北京职业教育学校拥有程度(2012年)

	江苏（所/每百万人）	上海（所/每百万人）	北京（所/每百万人）
中等职业教育学校	0.95	0.50	6.28
成人中专学校	0.53	0.97	0.53
技工学校	1.59	33.57	1.64

通过分析可知,江苏每百万人口拥有的职业教育学校在数量上落后于上海、北京。其中,江苏中等职业教育学校拥有度虽稍高于上海,但却只有北京的七分之一;成人中专学校拥有度与北京相等,但远落后于上海;技工学校拥有度与北京相等,但连上海的二十分之一都不到。

可见,江苏没有一项指标能够领先。江苏职业教育学校数量不足,是长期以来政府对职教发展重视度不够以及由此引起的学校建设资金缺乏造成的。由于作为职教投资主体的政府、企业和个人在责、权、利三方面分担不合理,民间资本参与职

---

[1] 袁丽英:《"十一五"江苏职业教育发展基础与宏观环境》,《职教论坛》2006年第13期。
[2] 数据来源于《上海统计年鉴(2013)》,http://tjj.sh.gov.cn/html/sjfb/201701/1000199.html.
[3] 数据来源于《北京统计年鉴(2013)》,http://www.bjstats.gov.cn/nj/main/2013_ch/index.htm.
[4] 数据来源于《江苏统计年鉴(2013)》,http://www.jssb.gov.cn/2013nj/indexc.htm.

教建设的积极性不高,从而使办学经费来源难以多元化。相比之下,江苏职业教育要明显落后于普通教育。2003年,江苏省职教生均预算内教育事业费和公用经费同比分别下降4.46和2.54个百分点;2004年,全省普通高中生均预算内教育事业费2 140元,而全省职业中学生均预算内教育事业费只有1 960元,全省职业中学生均预算内公用经费192元,比上年的160元增长20%,不过仍低于全省普通高中生均预算内公用经费196元。[①] 之后,预算内教育经费中职业教育经费所占比例也一直不高。经费总量不足,生均预算内公用经费和生均预算内教育事业费增长缓慢甚至负增长,可能致使职教事业发展落后于普通教育,而这两种教育发展的不均衡终将使江苏人口科学文化素质的整体提升遇到瓶颈。

2. 结构管理明显失调

首先,整体发展水平不均衡,表现在南北区域和城乡间的不平衡。苏南在职教办学、师资素质、招生就业各个方面都要好过苏北,而城市职教发展的状况又明显强于农村,这是由于区域间、城乡间经济水平差距使得职教投资难以实现一致,其结果是农业职业教育大量萎缩,苏北职教资源流失情况严重。其次,职教专业结构与经济结构不匹配。专业设置盲目、固守现象依然普遍,陈旧狭窄的专业使职教学校人才培养与社会需求脱节。最后,管理制度尚不完善。江苏现行的职业教育制度难以与社会发展相适应,教育体系较封闭,不适应各类人群教育需求,教育模式单一。而且,职教运行机制也不够健全,最主要的体制外障碍——社会用工制度与教育培训制度相互脱节,存在多头管理、条块分割、职能不明等状况。[②] 结构管理的不合理将造成职教资源分布不均,难以满足群众对优质职教的需求,这是职教管理机构体制不健全的表现。

综合而言,江苏在职教事业发展方面需要由政府牵头建立一套妥善的、统筹性的规划处理方案。职业教育事业能否在江苏进一步发展,直接关系到未来江苏人口素质全面提升的成败,它是考验政府机构施政和规划能力的一项重要挑战。

---

① 袁丽英:《"十一五"江苏职业教育发展基础与宏观环境》,《职教论坛》2006年第13期。
② 袁丽英:《"十一五"江苏职业教育发展基础与宏观环境》,《职教论坛》2006年第13期。

第四节 江苏人口素质建设的对策

人口素质建设是一项长期事业。江苏拥有良好的经济基础与社会基础,并拥有全国领先的科教实力,这些都与人口素质提升有着密切联系。如何发挥江苏这些自有优势,协调体制与人口素质提高之间的关系进而使两者相统一就成为关键所在。在对已有的不足之处进行分析后,我们认为,要解决江苏人口素质发展中存在的问题,就必须在文化教育方面加大投入,城乡兼顾并协调区域间发展,调整人口结构,优化整合职教资源,最终把全省人口素质提高到可持续发展的要求上来。①

一、提高乡村教育水平

针对江苏城乡间教育水平差异问题,郭春华与印笋提出要增加乡村教育经费投入,为乡村学校大力引进优质师资;杨曙明则认为要加强农村教育经费使用监管,提高乡村教师待遇,增加乡村教师培训机会等;另外,张亮则论证了农村劳动力培训的可行性方案。② 综合众多意见,我们认为,要促进乡村教育事业发展,不仅需在财政方面进行扶持,还要在政策方面做出有利推动。具体来说,需从增加经费投入、改变教育观念、引进师资人才和提高农村劳动力文化素质四个方面入手。

1. 增加经费投入

江苏省政府和地方政府要加大乡村教育经费的投入,加强经费使用监管力度。一是要确保省财政对教育的投入与江苏省经济发展水平相适应,省政府应拨专款用于落后地区农村教育的发展。③ 财政拨款时要消除对落后地区的歧视,对贫困农村须有偏向性,制定政策时要将更多经费及优质教育资源向这些落后地区引导,改善其办学环境、办学条件。各级地方政府更要改变唯经济发展论的传统思维,要保障上级政府财政拨款的落实,也要增加自身在乡村教育经费上的投入,使之在地

---

① 张子珩、冯九璋:《可持续发展中的江苏人口素质研究》,《人口研究》2002年第2期。
② 郭春华、印笋:《江苏农村女性人力资源开发问题探析》,《农村经济与科技》2008年第7期;杨曙明:《江苏乡村教育调查报告》,《江苏教育》2011年第4期;张亮:《我国新型农民培训模式研究》,河北农业大学博士学位论文,2010年。
③ 郭春华、印笋:《江苏农村女性人力资源开发问题探析》,《农村经济与科技》2008年第7期。

方 GDP 中所占比例上升。地方政府要加大监管力度,严格经费的专项使用,使农村地区能在学校建设、教学设施购置、教师培训和工资待遇几个方面得到切实保证,并对经济困难的家庭进行助学补贴,保障学龄儿童入学。二是县级单位应在财政、人事管理体制上进行改革。根据国务院办公厅发出的《关于完善农村义务教育管理体制的通知》,明确农村义务教育投入主体是县级政府,改变过去以乡镇为主的经费管理体制,真正落实"以县为主"的教育统筹管理。对于农村中小学的学校公用经费和教师工资,要由县级单位出面建立经费保障机制,并将其纳入县级预算,制定相关工作制度,对农村教师的工资和培训费用足额拨付、严格监管。取消传统的乡镇政府对乡村中小学人事管理,由县级单位接手,实现以教育管理"四统一"为重点的"以县为主"体制。[①] 三是经费使用要做好规划,避免浪费和盲目。村镇中小学的设置布局要合理,学校建设、教学设施购置要实现标准化,保证教学资源的有效配置。四是经费来源要广开渠道,挖掘社会资源,在保证财政拨款之外还要推动各种项目增资和社会捐赠,确保教育投资源源不断。

2. 改变教育观念

应由政府出台各项措施,改变乡村教育传统观念。一是加强教育事业宣传,促进农村家庭对教育的重视,让其意识到个人文化素质的增强是一项长远有利的事情,鼓励、支持乡村子弟接受更高水平的教育,使城乡间人口受教育程度差距逐渐缩小。二是重新定位新型乡村教育事业,乡村学校的教育理念应关注多元化方向,培养农村学生对乡村价值的认同。让农村家庭认识到接受教育不是仅仅为了改变农民身份,而是要培养新观念、掌握新技能,最终无论是升入高等院校继续深造,还是打工、务农或经商,在学校学习知识文化都是不可缺少的人生经历与财富。三是规划重组乡村学校结构,提高学校在农村社会的文化地位。以高中为基础建立村落小学、初中一体性区域学校联合体,构建同步教育机制。乡村学校要对外开放,使其成为村民心目中最文明的场所,成为乡村文化辐射中心和村民精神家园,其教育功能才能得到最大限度的发挥,从而产生持久稳定的社会效应。[②]

---

① 杨曙明:《江苏乡村教育调查报告》,《江苏教育》2011年第4期。
② 杨曙明:《江苏乡村教育调查报告》,《江苏教育》2011年第4期。

3. 引进师资人才

要制定新的人才引入机制、保障机制,建设农村教育工作第一线的优秀师资队伍。一是在城市学校和农村学校之间、优质学校和薄弱学校之间,实行教师相互流动机制,校长、骨干教师定期进行相互轮岗,发挥优秀师资引领作用来促进城乡授课水平均衡发展。① 提高乡村教师进门起点,增加农村就业的定向优秀师范生培养比例,鼓励大学生和青年志愿者去农村学校任教,并在政策上予以倾斜。② 二是多措施优化乡村教师群体,对低水平教师进行分流。要由政府出面严格审查,针对乡村教师老化、不合格教师长期占编情况,对这部分人员推行提前离岗退养,或制定相应政策以优惠补助的办法,鼓励其分流出去,从事其他职业。三是提高乡村教师待遇,并适度进行柔性管理来留住师资人才。要令乡村教师享有城市教师同等待遇,以"高薪养乡教",使乡村教师工作成为人们向往的热门职业,还要关心乡村教师生活,解决好他们的住房、就医、保险、养老、子女入学等实际问题。在管理上要更加人性化、柔和化,无论评职还是选优都要给乡村教职人员更多偏向,用多给实惠、多付敬重的方法令他们感受到温暖,调动其工作积极性。四是重视乡村教师培训研修,努力提高其教学素养。多方面开展各类教科研活动,不断更新知识、转变教育观念。建立"学习型教研组",运用专题沙龙、专题论坛等形式促进深入研究,开阔教师视野,提升教育教学品位。③

4. 提高农村劳动力文化素质

要加强农村务工人员培训力度,提高农村劳动力文化素质。一是大力发展农村职业教育,加强对农村劳动力的培训,提高其就业能力和就业层次。④ 认真贯彻落实2009年农业部等六部门推出的"农村劳动力转移培训工程",按照新型农民的需要开发相关专业,并由政府出台各种政策法规来保障培训事业顺利开展。二是利用多种媒介工具,开拓各种渠道的农民培训方式。根据《2003—2010年新型农民科技培训规划》要求,坚持实用、实际、实效的原则,善于运用广播、电视、互联网

---

① 杨曙明:《江苏乡村教育调查报告》,《江苏教育》2011年第4期。
② 郭春华、印笋:《江苏农村女性人力资源开发问题探析》,《农村经济与科技》2008年第7期。
③ 杨曙明:《江苏乡村教育调查报告》,《江苏教育》2011年第4期。
④ 郭春华、印笋:《江苏农村女性人力资源开发问题探析》,《农村经济与科技》2008年第7期。

等现代媒体和远程教育手段,努力扩大农民科技培训的覆盖面。① 三是放宽农民转移就业培训机构核准力度,强化执业培训资格认证。遵循农民教育的特点,提高转移培训的针对性,加强培训基地建设,提高农村劳动力转移培训的层次和质量,实现农村新增劳动力的高技能、高学历转移。组织农村未能继续升学并准备进入非农产业就业或进城务工的初高中毕业生参加必要的转移就业培训,使其掌握一定的职业技能并取得相应的培训证书或职业资格证书。用人单位招收农民工,属于国家规定实行就业准入控制的职业(工种),应从取得相应职业资格证书的人员中录用。②

综合上述,江苏乡村教育事业虽然薄弱,但只要有针对性的政策扶持,这种不利局面就能实现很大的改观。要实现江苏农村人口教育水平的进一步提升,资金是基础,制度是导向,自身观念的转变是长期保证,三方面缺一不可。

二、消除区域人口素质差异

江苏省各区域之间的人口素质存在较大的差异,这就需要省级政府以及各职能部门在制定人口素质相关政策时区别对待。对此,屈云龙和许燕提出要在各区域之间横向协调以及在省级相关部门宏观调控;胡晓抒则在医疗卫生建设方面提出建立医疗资源协调体制、增加落后地区医疗人力资源等方法;陈正良与马庆国等在国家层面提出解决区域人口素质差距的方法,如协调区域学校建设、增加落后地区文化场馆建设、扩大信息化和网络化的文化传播途径等,③这些对江苏解决人口素质地域间差异问题具有一定的借鉴作用。我们认为,应从均衡地区间教育水平发展、加大落后地区文化服务产业投入以及推进北部地区卫生医疗设施建设三个方面入手。

1. 均衡地区间教育水平发展

一是在财政方面做出有力推动,提高对北部地区(尤其是苏北)教育经费拨付,

---

① 张亮:《我国新型农民培训模式研究》,河北农业大学博士学位论文,2010年,第2—3页。
② 张亮:《我国新型农民培训模式研究》,河北农业大学博士学位论文,2010年,第2页。
③ 屈云龙、许燕:《主成分分析法在人口素质评价中的应用——以江苏省为例》,《南京人口管理干部学院学报》2010年第2期;胡晓抒:《江浙粤三省疾病预防控制机构人力资源配置状况比较研究》,《江苏预防医学》2009年第1期;陈正良:《中国"软实力"发展战略研究》,北京:人民出版社,2008年;马庆国、楼阳生等:《区域软实力的理论与实践》,北京:中国社会科学出版社,2007年。

保证落后地区的学校、教学设施、教学资源都能达到发达地区水平。同时,要采取各种措施,鼓励社会各界对教育进行投入,拓宽教育投资渠道,①改变过去的"学校办社会"格局和机制,走"社会办学校"之路。只有做到教育资金来源及办学模式的多样化,才能保障教育事业发展的可持续,因此政府机构必须改变旧有的办学套路,这样才能使落后地区的学龄人口享有更多的教育机会。二是人事政策要放活,对北部地区要有偏向性,加大对其师资力量的引进。在政策上优待,鼓励教育工作者走进落后地区,并在职称晋升上对其实施照顾;在收入方面,要使落后地区教育工作者享有发达地区同等待遇,还要有特殊补贴;在师资培训方面,也要照顾到北部地区,要增加苏北、苏中教育人员进修机会,提升他们的业务素养。三是平衡各类、各区域教育资源布局,特别是加大北部地区高等教育投入。通过深化改革、调整结构,逐步建立以开放多样、高标准、高质量为特点的"体系完整、布局合理、发展均衡"的教育体系。② 针对北部地区高等教育薄弱的状况,要制订合理可行的方案,对现有高等教育资源进行有偏向性的调配安置,扶持苏北、苏中的高等教育办学。

2. 加大落后地区文化服务产业投入

一是加大苏北、苏中的文化馆舍建设投入,鼓励社会力量和私人力量参与各类文化事业。重点支持图书馆、博物馆、文化宫、体育馆、文化娱乐广场等公共文化设施建设,提高苏北、苏中文化基础设施的利用效率。③ 二是建立苏北、苏中、苏南三地间的科普平台,开发多种方式的文化服务与交流体系。实施科学教育与培训、科普资源开发与共享、大众传媒科技传播能力建设、科普基础建设等基础工程,营造社会化科普平台。④ 完善文化信息资源库和应用体系建设,逐步普及多媒体和远程教育,发展网上技术培训体系,进一步提升教育资源使用率和开发利用能力,⑤以此作为提高全民科学文化素质和职业技术水平强有力的支撑和保障。我们认为,只要大幅度改善苏北、苏中文化基础设施,丰富文化服务内容,两地与苏南之间的人口文化素养差距就能缩小,进而推进全省人口文化素质的提高。

---

① 陈正良:《中国"软实力"发展战略研究》,北京:人民出版社,2008年,第267页。
② 马庆国、楼阳生等:《区域软实力的理论与实践》,北京:中国社会科学出版社,2007年,第156页。
③ 马庆国、楼阳生等:《区域软实力的理论与实践》,北京:中国社会科学出版社,2007年,第156页。
④ 陈正良:《中国"软实力"发展战略研究》,北京:人民出版社,2008年,第274页。
⑤ 马庆国、楼阳生等:《区域软实力的理论与实践》,北京:中国社会科学出版社,2007年,第155页。

3. 推进北部地区卫生医疗设施建设

一是由政府层面增加财政支持,加强苏北、苏中医疗机构建设和医疗设备购置,并在体育场馆、锻炼场所的营建以及公共保健器械的安置等方面也要有所投入,以此提高苏北、苏中两地人均基础卫生设施占有量。二是尽快出台全省统一的《卫生保健服务项目管理规范》,对省内现有卫生设施资源进行优化调配,针对卫生保健从业人员建立长期可持续的培训、交流体系,以此平衡南北地区卫生服务水平,并有效建立起地区性突发公共卫生事件应对体系,适应社会对公共卫生领域的高要求。[1] 三是为落后地区(尤其是苏北)引进高素质的医疗人才,提高北部地区疾控人力资源管理水平。医疗从业者分布不均衡,是造成苏北、苏中地区医疗水平落后的原因之一。人力资源数量在不同地区合理分布、在组合结构上科学配置,是优化人力资源的重要前提,[2]因此,苏北、苏中两地各级医疗机构要始终围绕人力资源的优化来加强医疗卫生事业的人力建设,进一步明确配置标准和人员准入标准。要制定吸引、留住、稳定人才的措施和办法,重点解决好机构的运行机制和人才的激励机制。[3] 缩小江苏南北人口卫生保健水平的差距,不但需要在基础设施建设上下功夫,也离不开相关机构的政策监管与医疗卫生从业人员的增加,三方面缺一不可。

综上所述,缩小江苏南北人口素质水平差距,需要省级政府以及各职能部门在制定人口素质相关政策时区别对待,对落后地区要有偏向照顾,也要注重加强各地区之间人才和资本、技术等生产要素的交流。[4] 这就需要在空间上落实区域统筹思想,建立起区域政府管理和协调机制。江苏必须以区域间的横向协调和省级部门的纵向调控来改善区域间的差异状况,最终促进全省人口素质的整体提升。

三、调整人口控制政策

关于解决江苏人口结构老化问题,唐应天与杨来胜等提出适情开放"生二孩"

---

[1] 胡晓抒等:《江浙粤三省疾病预防控制机构人力资源配置状况比较研究》,《江苏预防医学》2009年第1期。
[2] 杨来胜、黄润龙:《江苏人力资源与经济社会可持续发展关系研究》,《南京人口管理干部学院学报》2003年第3期。
[3] 胡晓抒等:《江浙粤三省疾病预防控制机构人力资源配置状况比较研究》,《江苏预防医学》2009年第1期。
[4] 屈云龙、许燕:《主成分分析法在人口素质评价中的应用——以江苏省为例》,《南京人口管理干部学院学报》2010年第2期。

政策以促进人口出生率提高;夏利民、范围、杨馥等则提出要实施"弹性退休"制度来缓解人口年龄中位数走高所带来的压力;赵德滋在老龄事业建设方面提出要施行社区综合养老服务、开发老龄服务产业等。① 综合各种观点,我们提出:要完成提高人口出生率、增加人口工作年限和保障老年人口健康几项工作,必须在制定政策时考虑到三者间的联系,建议从调整计划生育政策、制订弹性退休方案、加强老龄事业建设三个方面入手。

1. 调整计划生育政策,遏制人口出生率下降

一是落实中央政策,适当开放生二孩限制。2013年,《中共中央关于全面深化改革若干重大问题的决定》提出启动实施"单独二孩"政策,国家卫生计生委在第一时间给出权威解释,称从启动实施"单独二孩"政策着手,稳妥可行,有利于保持生育水平总体稳定,为将来进一步调整完善生育政策打下扎实基础。江苏的计生政策调整应以国家政策为基准,向只松不紧方向进行微调,渐进式形成一体化的宽松生育政策,②要以小步慢行方式逐步放宽。首先,实施凡夫妻一方为独生子女的,可以生育两个孩子;经过一段过渡期之后,再选择合适时机,施行全省内夫妻中有一方属于计划外生育的只能生育一孩,而把其他条件下的生育限制完全放开。要掌控好放开的节奏,根据城乡与地域间经济、文化水平的不同程度,制定相配套的保障优惠政策,以苏南为起点,再到苏中,后至苏北,逐步开口。③ 2015年12月31日,中共中央、国务院下达《关于实施全面两孩政策 改革完善计划生育服务管理的决定》,这是我国人口与计划生育政策的重大转折,必将促成我国人口发展战略的深刻转型。二是加大综合治理力度,遏制非法终止妊娠行为。建立党政负责、部门配合、群众参与的标本兼治工作机制,广泛宣传男女平等、优生优育等文明观念,普及保护妇女儿童权益的法律法规知识。对非法胎儿性别鉴定、选择性别人工终

---

① 唐应天:《我国计划生育政策评估——以江苏省为例》,中国农业大学硕士学位论文,2005年;杨来胜、黄润龙:《江苏人口安全目标选择与人口计生工作机制创新》,《人口与发展》2012年第5期;夏利民:《我国弹性退休制度的法律规制探讨》,《法学杂志》2012年第11期;范围:《退休年龄比较研究》,《人口与经济》2011年第5期;杨馥:《我国退休年龄改革的探讨》,《宁夏社会科学》2013年第2期;赵德滋:《江苏可持续发展面临的人口问题与对策建议》,《南京人口管理干部学院学报》2003年第1期。

② 唐应天:《我国计划生育政策评估——以江苏省为例》,中国农业大学硕士学位论文,2005年,第138页。

③ 杨来胜、黄润龙:《江苏人口安全目标选择与人口计生工作机制创新》,《人口与发展》2012年第5期。

止妊娠进行严厉打击,①建立跨地区、跨部门综合治理的长效工作机制。三是防止生育政策放宽后外省育龄人口的涌入,要建立起人口安全预警机制。在全省形成数字化出生人口信息共享体系,出生人口信息化与国家人口计生委的"金人工程"相衔接,实现人口、家庭的信息化公共服务管理,②由计生管理权威部门公平地、合理地制定出超前的人口发展规划,与民政部门协作监管非苏籍育龄人口的流入量。

2. 革新退休方案,逐步提高劳动者工作年限

我国现行的企业职工、公务员,以及事业单位人员的法定退休年龄是男性年满60周岁,女性年满50周岁,女干部年满55周岁(全国统一,从1978年沿用至今),这一标准的法律依据是《关于颁发〈国务院关于安置老弱病残干部的暂行办法〉》和《〈国务院关于工人退休、退职的暂行办法〉的通知》(国发〔1978〕104号)。对于人口结构发生很大变化的江苏来说,该政策已经不再适应社会发展,需要分情况进行新的调整。

一是严格控制提前退休。由于目前退休年龄的标准较低,在这种情况下,过多人数的提前退休必将影响养老保险基金的筹集,增加支出负担。因此,要对提前退休进行严格限制,但对于繁重体力劳动者、损害健康的工作岗位则应当允许其按时或提前退休,③做到政策的人性化。二是应根据养老保险基金的收支情况、人口结构的变化以及劳动力资源的情况等,逐步提高男女性的退休年龄。具体方案应先实施女职工退休年龄延时五年左右,五年内再将女干部退休年龄与女职工等同,达到55岁;然后实施逐步提高所有人退休年龄,男性每三年提高一岁,女性每两年提高一岁,十五年后达到男性退休年龄延长至65岁,女性退休年龄延长至63岁左右。另外,在政策施行过程中,要注意建立与退休年龄配套的养老金计发制度。④三是尽快建立弹性退休制度。弹性退休是指在最低退休年龄的基础上,劳动者可以自由选择停止工作和开始领取养老金的时间,⑤所以必须给予达到退休年龄以后延迟领取养老金的劳动者足够的激励。具体措施为:每提前退休一年(月),养老

---

① 堵怀东:《统筹解决江苏盐城人口问题的思考——以国家沿海发展战略为背景》,《学理论》2012年第36期。
② 杨来胜、黄润龙:《江苏人口安全目标选择与人口计生工作机制创新》,《人口与发展》2012年第5期。
③ 夏利民:《我国弹性退休制度的法律规制探讨》,《法学杂志》2012年第11期。
④ 范围:《退休年龄比较研究》,《人口与经济》2011年第5期。
⑤ 郑春荣、刘慧倩:《我国弹性退休年龄制度设计——基于美国相关制度的实践》,《人口学刊》2011年第3期。

金给付就减少一定百分比,而每延迟退休一年(月),养老金给付则增加一定百分比。在政策实施过程中,也应制定相应个人所得税等配套措施,防止其加剧收入分配的差距。① 控制提前退休、延迟退休年龄、实施弹性退休都是为了适应江苏人口结构改变所带来的新状况,最终目的是使养老保险基金的支付压力减小,同时使健康状况良好的工作者延缓退出劳动力市场,避免人力资源浪费,特别是科技工作者的弹性退休可以延时高科技人口红利。② 总之,在社会抚养比逐步上升的情形下,实施新的退休政策可以降低江苏人口年龄中位数升高所带来的危害。

3. 加强老龄事业建设,积极应对人口老龄化问题

一是健全养老保障体系,逐步建立覆盖城乡居民的养老保障制度,以此作为社会保障体系建设的重点。全面实施城市居民最低生活保障制度,其中老年受益者应占较大比例,并建立统一的企业职工基本养老保险制度;③在农村建立最低生活保障制度,认真贯彻《农村五保供养工作条例》,兴办各种养老公益事业。二是建立老年社会服务体系,加强社区老年服务机构和基础设施建设,初步构建以居家养老为基础、社区服务为依托、机构照料为补充的养老服务体系。推进社会化养老服务,建立资金到位和服务周全、基本服务和选择服务相结合的养老服务体系。为老年人建立健全生活服务、文体活动、疾病医护和老有所为四大服务体系,并为高龄老人提供家庭病床、医务护理、生活照料等服务。三是加强老年人医疗保健措施。④ 普遍推行农村合作医疗制度,健全公共卫生体系,提高医疗保障的水平,解决好老年人各种看病难、看病贵问题。也要关注老年人的体质提高,倡导老年人参加体育锻炼的意识,要对活动场所、社区锻炼器械加大建设力度,倡导以科学有效的手段进行体育锻炼,使老年人达到增强日常生活活动能力、减缓体质衰退的目的。四是发展老龄产业,大力开拓老年市场。在市场经济条件下,为适应老年人需要,引导企业开发、生产、经营老年人生活用品和服务事业,务求"适用、方便、安全、价实",并向产业化的方向发展。⑤ 要实现老龄事业的发展,需要江苏各级政府与

---

① 杨馥:《我国退休年龄改革的探讨》,《宁夏社会科学》2013年第2期。
② 韩苫等:《江苏省人口素质的综合评价分析》,《淮海工学院学报》(自然科学版)2013年第2期。
③ 赵德滋:《江苏可持续发展面临的人口问题与对策建议》,《南京人口管理干部学院学报》2003年第1期。
④ 黄健元、杨飞:《人口现代化状况评析——基于苏、浙、沪、京、粤、鲁、全国的比较》,《西北人口》2008年第4期。
⑤ 赵德滋:《江苏可持续发展面临的人口问题与对策建议》,《南京人口管理干部学院学报》2003年第1期。

领导增强老龄意识,重视老龄人口,把老龄工作摆上较高位置,把解决老龄问题作为精神文明建设和物质文明建设的重要组成部分。

综合上述建议,要解决江苏人口结构老化问题,必须加强人口机构建设、调整人口机构职能,改革现行退休政策,同时要加强老龄事业建设。要凭借现代化信息管理和与时俱进的行政手段,在多变的人口、社会环境中未雨绸缪,消除人口发展的各种隐患。

四、优化整合职教资源

大力发展江苏职业教育是提高人口劳动素质技能的重要途径,也是进一步提高人口科学文化素质的辅助方式。针对此问题,张新科与贾斌认为,要协调区域与城乡间职教发展,通过加强院校间、院校与科研机构间的交流来增进职教教学水平;徐健等人则认为,要加强职教经费投入,整合职教资源,创建各种教学活动。① 我们认为,改变目前江苏职业教育发展相对不足的状况,关键在于走职教大众化路线,要在教育建设中更多地关注职教,增加受职教人口比重,提高职教质量。综合起来,要通过拓展职教建设渠道、整合优质职教资源、改革职教管理制度和革新职教培训方式四个途径来实现。

1. 拓展职教建设渠道

一是政府要增加经费投入,尽可能加大对欠发达地区职教学校的支持,改变区域、城乡职教水平不均状况,增强欠发达地区职教办学综合实力。② 要利用财政、银行贷款或政府贴息贷款等多种方式为有潜力的职教院校进行融资,提高其办学实力。二是完善持续投入机制,强化职教学校综合预算制度,建立稳定增长的经费保障体系,③保证经费使用的科学化、可持续化。三是拓宽资金来源渠道,放宽民资办学限制。要正确认识到民资融资的作用,吸引多形式职教投资,④提高民营创

---

① 张新科、贾斌:《我国东西部地区高等职业教育政策差异性研究——以江苏和陕西为例》,《职教论坛》2012年第33期;徐健:《江苏"十二五"高中阶段教育生源状况及中职教育发展策略》,《职业与教育》2011年第21期。
② 张新科、贾斌:《我国东西部地区高等职业教育政策差异性研究——以江苏和陕西为例》,《职教论坛》2012年第33期。
③ 徐健:《江苏"十二五"高中阶段教育生源状况及中职教育发展策略》,《职业与教育》2011年第21期。
④ 顾海兵、王亚红等:《中山城市形象定位与提升对策研究》,北京:中国经济出版社,2009年,第134页。

办职教事业的盈利空间。政府要做好行业组织和社会中介作用,①依靠行业、企事业单位及社会各方联合办学,通过共同努力增加职教投资总量,促进江苏职教事业发展。职业教育办学规模浩大,只有广开渠道,调动多方力量合作办学,才能实现职教事业的可持续发展。

2. 整合优质职教资源

一是要提高职教从教人员自身的工作素养,加强继续教育培训工作,提高专业人员比例,②打造高素质的师资团队。现代服务业的产业特征要求职业技术教育强调专业技能、学习能力、创新能力及社会基本适应能力等综合能力,③这对从事职教的教师队伍提出了更高要求。院校需要创造机会和环境,鼓励教师去企业挂职锻炼,④营造深造氛围,全面提高职教学校教师队伍整体素质。二是增强与高校、科研院所交流互动,吸收其先进的教学、科研仪器设备及运作管理模式,提升职教院校自身教学水平。相关部门要制定可操作的鼓励政策,促进职教院校与科研院所、高校之间的基地共建,实现优势互补、互利双赢。⑤ 三是依靠现代科技,拓展多元化的职教手段。按照《国家中长期教育改革和发展规划纲要(2010—2020年)》提出的"大力发展现代远程教育,建设以卫星、电视和互联网等为载体的远程开放继续教育及公共服务平台,为学习者提供方便、灵活、个性化的学习条件"之要求,⑥职教机构要积极开展平台建设,不断推进基于网络环境的人才培养模式改革,深化远程开放教育,提高办学质量。四是促进职教布局优化调整,从区域发展角度出发,全局考虑,坚决打破各类教育培训机构自成体系、各自办学、互不沟通、效益低下的局面,最大限度地盘活教育资源,优化教育资源配置。⑦ 整合优质职教资源,离不开教育主管部门和院校单位两者间的合作与协调,要面向社会发展、结合市场需要,建立起全省统一的职业教育资源流动体系。

---

① 徐健:《江苏"十二五"高中阶段教育生源状况及中职教育发展策略》,《职业与教育》2011年第21期。
② 韩苕等:《江苏省人口素质的综合评价分析》,《淮海工学院学报》(自然科学版)2013年第2期。
③ 韩轶强:《加强职业技术教育与提升江苏服务业竞争力研究》,《产业与科技论坛》2010年第3期。
④ 徐健:《江苏"十二五"高中阶段教育生源状况及中职教育发展策略》,《职业与教育》2011年第21期。
⑤ 张新科、贾斌:《我国东西部地区高等职业教育政策差异性研究——以江苏和陕西为例》,《职教论坛》2012年第33期。
⑥ 吴学峰:《民国时期无锡社会教育对集成电大开展社区教育的启示》,《江苏广播电视大学学报》2012年第5期。
⑦ 徐健:《江苏"十二五"高中阶段教育生源状况及中职教育发展策略》,《职业与教育》2011年第21期。

3. 改革职教管理制度

管理机构要对现有的职教管理制度进行革新,完善保障机制,促进职业教育的科学发展。一是贯彻落实《中华人民共和国职业教育法》,加强基本制度建设,围绕内部管理研制各项规章制度、管理办法和执行机制。① 整理和编印职业教育改革与发展制度汇编,促进政府机构的科学决策和管理水平。二是教育主管部门应进一步研究方案,明确行业、企业在职业教育中的责任和权利,出台可操作性文件,只有做到责、全、利分明,企业才会对职教事业抱有更浓厚的参与热情。三是地方政府要把职业教育院校发展纳入本地经济、社会发展规划中来,作为政府相关部门和领导的业绩考核指标;省级教育行政部门则要做好整体统筹工作,对不同类型的职教院校建立相关质量评价体系和质量监控体系。② 四是相关部门要强化区域职教生源预测监控,③以区域高中教育生源变化为基准,按照职教、普教大致相当的比例,协调普通高中教育与职业教育招生规模。在招生方式上,要对职教院校鼓励创新,增加招生次数,扩大招生范围和招生类别,还要推进院校间的联合招生,实现优势互补,要对各院校适当放宽招生限制。职业教育的发展不能无序进行,从院校建设、办学合作到招生统筹,每一环节都需要各相关部门的协调、监管,任何环节的疏漏都会对江苏职教事业发展造成损失,因此职教管理制度的各项革新政策要做到审慎制定、详尽讨论、落实到位。

4. 革新职教培训方式

江苏职业教育要实现全新发展,就必须勇于突破传统教育模式,以培养创新、注重实践为目的,确立培训方式新思路。一是要在教学之外加强实践训练,提高学生动手操作、基层管理能力,把学生培养成为符合现代服务行业和职业特点要求、具备较强操作经验的实用型人才。这就需要院校方和企业方加强合作,尽力为学生创造实习和实践环境,让学生在"做中学",教师在"做中教"。④ 二是要尽力培养学生的创新意识,这是素质教育的重要组成部分之一。职业技术教育不仅要培养

---

① 徐健:《江苏"十二五"高中阶段教育生源状况及中职教育发展策略》,《职业与教育》2011年第21期。
② 张新科、贾斌:《我国东西部地区高等职业教育政策差异性研究——以江苏和陕西为例》,《职教论坛》2012年第33期。
③ 徐健:《江苏"十二五"高中阶段教育生源状况及中职教育发展策略》,《职业与教育》2011年第21期。
④ 韩轶强:《加强职业技术教育与提升江苏服务业竞争力研究》,《产业与科技论坛》2010年第3期。

基层人才职业化、规范化、标准化,还要通过校园体验、情境引导等多种途径,开展鼓励创新的主题活动,举办各种创新设计大赛,培养学生的思维力、开拓力。① 三是教育主管部门要构建综合教学评价体系,推进中等职业教育教学改革,构建和实施以学生为主体、以能力为本位、理论实践一体化、中高职相衔接的课程教学体系。各院校要从整体上推进教研工作和教学管理模式的创新,引进国际通用职业资格证书和对应课程方法,使专业课程与国际通用职业资格证书相对接。校方也要建立多种形式的学校师生技能大赛制度,在职业学校技能考工考级的基础上,将职业学校技能大赛融入职业教育人才培养目标和教学过程中。② 职业教育培训模式创新,就是要通过学校、企业和学生的三方对接,开展多样化的教学活动和实践活动,最终提高学生的就业质量。

综合上述,江苏职业教育事业的发展水平还有一定的提升空间。教育机构职能部门一定要引起足够重视,加大职业教育投入,并做好监管、协调工作,在地方政府、院校、企业之间构建起合作平台,这是职业教育进一步发展的基本条件。对江苏而言,唯有把职业教育提升到与普通教育同等的地位,人口科技文化素质与劳动技能素质的提升才能获得全面的保障。

---

① 韩轶强:《加强职业技术教育与提升江苏服务业竞争力研究》,《产业与科技论坛》2010 年第 3 期。
② 徐健:《江苏"十二五"高中阶段教育生源状况及中职教育发展策略》,《职业与教育》2011 年第 21 期。

第六章 区域形象建设

区域形象是区域软实力的重要组成部分,良好的区域形象对提升区域软实力有着至关重要的作用,并且由于区域形象的直观性及其涵盖内容的全面性,它在一定程度上可以视作区域软实力的近似表征。江苏是一个有着悠久历史和良好形象基础的地区。提升江苏区域形象,首先要紧紧围绕江苏区域形象资源,深入研究江苏区域形象的现状及其存在的问题,建立系统的、连贯的、有针对性的区域形象提升战略。此外,在区域形象建设的过程中,还必须抓住时代机遇,紧跟时代步伐,把江苏形象打造成为江苏走向全国、面向世界的优势品牌,为江苏区域未来发展和区域竞争力的提升提供新的引擎。

第一节 区域形象概述

关于区域形象的概念在学界有多种不同的界定。马志强教授认为,区域形象是指一个区域对内和对外的整体形象,是区域内外的公众对区域的印象和评价,是区域社会的总括,也是区域社会进步与否的标志之一。① 胡兆量教授认为,区域形象是对一个区域的认知和评估,是历史的积累,区域形象反映一个区域的环境、素质和声誉,是经济发展的重要资源。② 禹贡认为,区域形象既是一种客观的社会存在,又是一种主观的社会评价,它是对整个区域形象系统的认知。③ 我们认为,区域形象是区域软实力的要素之一,是整体区域在公众头脑中形成的总印象和总评价。区域形象构成了区域凝聚力、吸引力和辐射力的基础,是一种无形的财富。

---

① 马志强:《论区域可持续发展中的区域形象问题》,《商业经济与管理》1999年第6期。
② 胡兆量:《区域形象设计》,《地域研究与开发》2003年第2期。
③ 禹贡:《区域形象系统探索》,《地域研究与开发》1999年第3期。

一、区域形象的特征

一般来讲,区域形象由硬形象与软形象两个要素构成。硬形象是指具有客观形体或可以精确测量的各种因素,它包括区位形象、经济形象、科技形象、教育形象、交通形象、自然资源形象、人口形象等。软形象是指无法精确测量的、受心理因素影响较大的区域形象,它包括历史文化形象、旅游形象、公共文明形象、政府形象等。

区域形象作为公众对区域整体的一种无形认知与评价,它具有一些典型的特征。其一,区域形象具有历史性。区域形象并非完全取决于区域的现状,而是有一定的历史继承性。换句话说,区域形象是历史与现状的统一,历史形象与现实形象相结合才是人们头脑中对该区域的整体印象。

其二,区域形象具有整体性。区域内部虽然存在千差万别,但由于共同的地理区位、文化传统、政府管理等的影响,一个区域总有一些被视为共同点的地方,这些共同点使得区域形象具有整体性的特点。区域内的差异相互影响、共同作用于区域整体形象的形成。例如,江苏南北在经济发展上存在着梯形差异,即苏南地区经济发达,苏北地区相对落后,但是江苏作为一个整体,其经济形象对于区域外部的人们来说却有着统一性,即江苏是一个经济发达的区域。

其三,区域形象具有独特性或差异性。区域内独特的历史文化传统、地理区位、人口与人种等因素,使该区域与其他区域相比往往具有明显的差异性,这种独特性或差异性正是区域形象建设尤其应关注的地方。大力弘扬和宣传区域的特色能够加深区域外公众的印象,提高区域的知名度。

其四,区域形象具有相对稳定性。区域形象是历史与现状的统一,区域形象是区域内外公众对区域历史和现实的综合印象,其形成是一个长期而复杂的过程,因而具有相对的稳定性,突发的事件和短期内的形象工程并不能使区域形象发生大的变动。区域形象的建设和改变都是一个长期的过程。

其五,区域形象还具有一定的可建设性。区域形象虽然是相对稳定的,但是长期的、持续的区域形象建设可以对区域形象产生一定程度的影响。长期的区域形象建设战略可以缓慢地提高区域的知名度和美誉度,将不利于区域发展的形象转化为对区域发展有利的形象。区域形象的可建设性是制定区域形象战略目标和政策的前提。

通过对区域形象内容和特征的分析可以看出,区域形象是一种复杂而有章可循的主客观结合体,通过分析特定区域形象的现状与问题,可以有针对性地制定长期战略来改善或塑造区域形象,从而为区域的发展服务。

二、区域形象建设的意义与思路

区域形象是一种复杂而有章可循的主客观结合体,是区域凝聚力、吸引力和辐射力的基础,在一定程度上可以作为"区域软实力的直接近似表征"[①]。通过分析特定区域形象的现状与问题,可以有针对性地制定长期战略来改善或塑造区域形象,从而为区域的发展服务。

江苏区域形象提升战略是江苏提升自身软实力,增强区域综合竞争力的重要一环。制定区域形象提升政策具有深远的意义。一方面,区域形象提升政策的制定能为区域经济发展注入新的动力;另一方面,区域形象提升政策的制定能为区域政治、社会、文化各方面的可持续发展带来新的契机。

区域形象提升是一个系统而宏大的过程,江苏有着良好的形象基础和巨大的提升潜力。在形象提升过程中,江苏各级政府、企事业单位、各类媒体和广大群众应团结互助,发挥各自职能,走一条有江苏区域特色的形象提升之路。一方面,江苏区域形象提升应坚持以人为本、以公众为主体的路线。公众既是区域形象的载体,也是区域形象的创造者。以公众为主体的区域形象提升战略是必然选择。另一方面,江苏区域形象应突出江苏特色,最大限度地利用江苏优势形象资源,确立特色形象定位。总之,江苏区域形象提升战略应始终坚持"以公众为主体、突出特色、整体协调、长远规划、分步实施"的基本思路。

---

① 马庆国、楼阳生等:《区域软实力的理论与实施》,北京:中国社会科学出版社,2007年,第24页。

第二节 江苏区域形象建设现状

江苏是中国改革开放较早的地区之一,也是中国经济崛起的领跑者之一,经济上的飞速发展带动了江苏区域社会文化等各领域的进步。2012年3月,课题组成员分成三组在江苏省内外多个城市进行了问卷调查(参见附录)。此次发放调查问卷220份,收回有效问卷206份。通过对江苏区域形象问卷调查结果的分析可以看出,在区域形象上,公众对江苏的主体评价良好,但负面批评也很多,特别是在具体层面上,公众的反馈意见更多。下面我们基于问卷调查结果、统计材料和我们的观察体会,从江苏区域整体形象建设和江苏区域形象诸要素建设两个层面对江苏区域形象建设的现状与问题进行探讨。

一、江苏区域整体形象建设

江苏自古就是中国的文化和经济重心之一,江苏的区域形象具备良好的历史资源。改革开放以来,江苏获得了空前的发展机遇,区域形象也随着江苏的崛起而大大提高。不过,在看到成绩的同时,我们也要注意江苏区域形象建设中存在的一些问题,防微杜渐,更上一层楼。

1. 区域整体形象现状

江苏区域整体形象有着自己独特的优势,在多数总体指标上都有良好的记录,但这并不能掩盖整体形象中一些值得深思的现象。首先,从问卷调查结果来看,在关于江苏的区域整体形象在全国所处地位的调查中,如图6-1所示,多达42%的被调查者认为江苏的区域形象在全国位居"前列",11%的被调查者认为江苏的区域形象在全国"首屈一指"。这表明对江苏区域形象持乐观态度的人占到了一半以上,但是仍有47%的人并不十分看好江苏的区域形象,其中包括9%的人认为江苏的区域形象在全国处于"后列"。

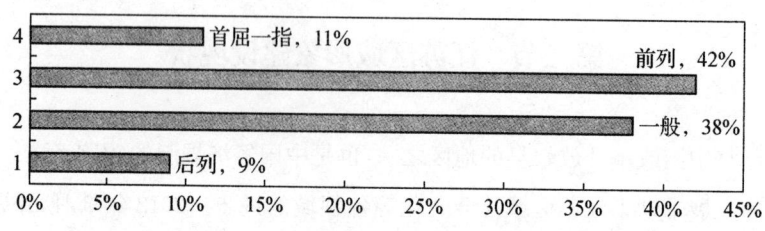

图6-1 江苏的区域整体形象

其次,我们将江苏的形象和与其规模差不多的省份进行对比,包括广东(图6-2)、浙江(图6-3)、山东(图6-4)、安徽(图6-5)、河南(图6-6)五省,区域形象对比的调查结果如下所示。

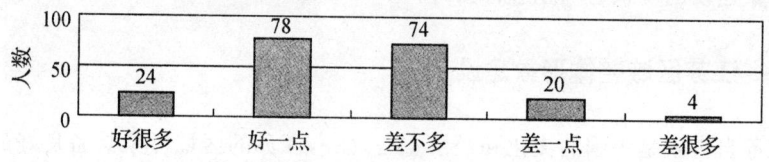

图6-2 广东相较于江苏的形象评价

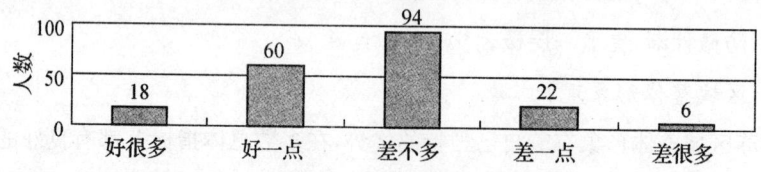

图6-3 浙江相较于江苏的形象评价

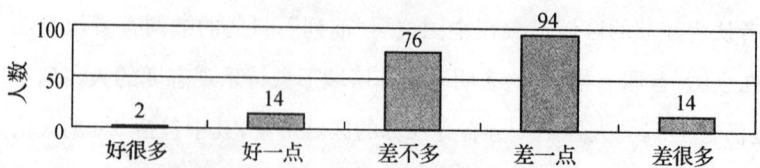

图6-4 山东相较于江苏的形象评价

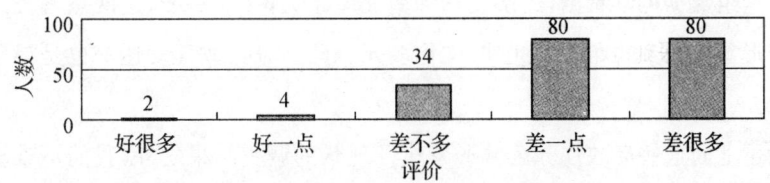

图 6-5 安徽相较于江苏的形象评价

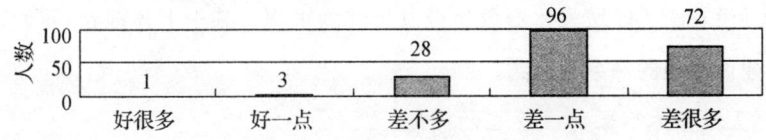

图 6-6 河南相较于江苏的形象评价

从这一组柱状图可以看出,对比于广东,有超过半数的人认为其比江苏好很多(24 人)或好一点(78 人);对比于浙江,认为比江苏好的人数(78 人)明显多于认为其不如江苏的人数(28 人);对比于山东、安徽、河南来说,认为其比江苏差的人数明显多于认为其不如江苏的人数。可以看出,总体来说,江苏的整体形象不如广东和浙江,而好于山东、安徽和河南。

再次,在对江苏给人的最深刻印象的调查中,如图 6-7 所示,选择"经济发达"和"南北差距大"两项的分别为 55 人和 51 人,均超过了总人数的四分之一以上;选择"文化多元"和"舒适宜居"两项的均为 31 人;选择"教育发达"的人数为 15 人。

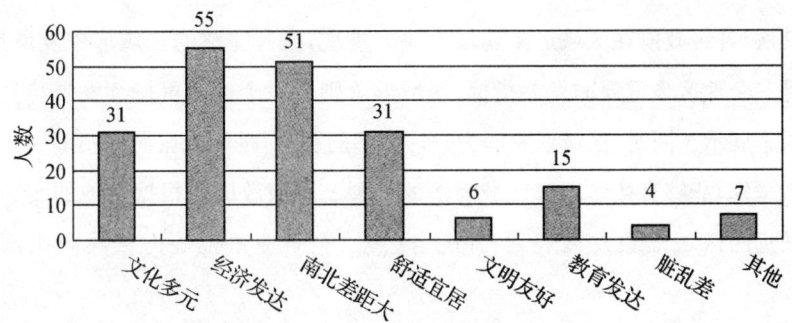

图 6-7 对江苏的最深刻印象

从这组数据可以看出,经济发达和南北差距大,一褒一贬,这两点是公众对江苏区域形象最深刻的印象。此外,文化多元、舒适宜居、教育发达等也是得票较多的印象。

除了上面这些反映江苏区域形象建设现状的调查结果之外,我们不难从实际的观察和与江苏不同区域的人们进行交流中得出更多的答案。总的印象是,江苏是一个难以形成统一形象、内部差异极大的省份。同时,政府和公众及省内各种其他力量并没有给予区域整体形象建设以足够的重视。基于上述现状,我们可以发现形象建设存在的一系列问题。

2. 区域整体形象建设存在的问题

江苏区域整体形象建设存在一系列尚未解决的问题,这些问题影响了区域形象的形成和改善,并间接造成其他许多方面的优势形象大打折扣。具体表现在以下几个方面。

首先,区域内部形象差距大,缺乏深入人心的整体形象认知。江苏是南北发展差距最大的区域之一,这在问卷调查中一再反映出来,江苏南北发展的巨大梯形差距不仅表现在经济发展水平上,更重要的是在区域形象上。人们很难形成一个对江苏整体形象的统一评价,而偏向于把江苏人为地划分为苏南、苏中、苏北三个地区进行评价,并且其评价相差极大。此外,江苏也是一个东西差距较大的省份,沿海和内陆判然分野,人们的传统习惯、饮食起居差异很大。这既阻碍了江苏统一形象的形成,也极大地影响了江苏形象的对外宣传和营销。

其次,各级政府在区域形象建设上缺乏重视,没有完整的区域形象发展规划。经济是一个地区最重要的发展指标,区域形象则是一个地区可持续发展与发展成就的根本展示。同时,区域形象作为一种无形的资源,是区域旅游和招商引资等重要参考坐标,能够直接作用于区域经济的发展。各级政府应根据各地的实际情况制定长远的区域形象发展规划,并配合公众、企事业单位等力量共同执行规划项目。

再次,对区域形象提升至为关键的媒体的形象宣传作用没有被充分重视。江苏是一个媒体大省,在广播、电视、图书、报纸和期刊等各方面的发展都拥有骄人的成就。在广播、电视方面,各项数据指标均位列全国前列,具体数据如表 6-1 所示;在图书出版方面,2009 年,江苏出版图书种数达 12 587 种,总印量近 5 万册;[①]报纸、期刊出版方面的情况如表 6-2 所示。可见,江苏媒体资源丰富,但在江苏区域形象宣传上并没有能够充分利用。

表 6-1　江苏广播电视发展情况(2009 年)

职工人数(人)	42 575
广播电台(座)	14
广播人口覆盖率(%)	100.0
电视台(座)	14
电视人口覆盖率(%)	99.9
有线电视用户数(万户)	1 724
有线电视入户率(%)	72.2

表 6-2　江苏报纸、期刊出版情况(2009 年)

指标	种数(种)	总印数(万册、万份)	总印张(万印张)
报纸	142	264 971	1 134 141
期刊	439	9 578	38 683

总的看来,江苏区域整体形象的建设还存在一些关键性的问题,而解决这些问题将是区域形象提升的必要之路。对于上面提到的三大问题来说,它们也并非孤立存在、毫无关联的。事实上,可以通过政府主导制定区域形象提升战略规划来指导解决江苏区域内部形象差距的问题,同时还可以充分有效地利用媒体资源,更好地促进战略目标的实施。

二、江苏区域形象诸要素建设

对于江苏区域诸要素形象建设的现状与存在的问题,我们从其硬形象和软形

---

① 数据来源于《江苏统计年鉴(2010)》,http://www.jssb.gov.cn/jstj/jsnj/2010/tjnj.htm。

象两个方面进行探讨。硬形象具有客观形态,可以通过一个或多个具体的标准进行精确测量。下面我们基于问卷调查结果及统计局等政府部门公布的数据材料对江苏省区域硬形象的现状进行分析,同时我们还对其存在的主要问题进行深入探讨。

1. 区位形象

江苏位于中国东部沿海,处于亚热带向暖温带过渡区,气候温和,降雨量适中。江苏属沿海开放区,海岸线954千米,优良港口众多。长江横贯东西,全长425千米。京杭大运河纵贯南北,全长718千米。区域内湖泊众多,达290多个,更有太湖和洪泽湖居于全国五大淡水湖之列。河流遍布,达2 900多条。江苏水域面积占区域总面积17%,居于全国之首。全省海拔最高625米(连云港玉女峰),69%是平原,14%为低山丘陵。[①]这些数据直观地反映了江苏地理的基本情况。总体来讲,江苏具有独特的区位优势,对于区域的经济、旅游等各方面都有极大的积极作用。通过对江苏区位形象的问卷调查,也证实了这一看法。

首先,对江苏的区位形象及与江苏发展的关系的调查中,如图6-8所示,有45%的人认为江苏的地理位置"非常优越",40%的人认为"较优越"。在对江苏的地理位置与江苏的发展的关系的调查中,如图6-9所示,多达91%的人认为江苏的地理位置对其发展有帮助。可见,江苏具有得天独厚的地理优势,善于把握住这一优势,将为江苏发展提供强大的动力,从而有效提升江苏区域形象。

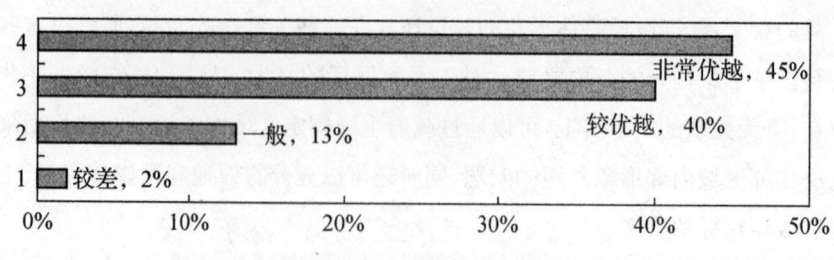

图6-8 江苏的地理位置

---

① 以上数据来源于江苏省人民政府网站:http://www.js.gov.cn/zgjszjjs/jsgl/zrdl/.

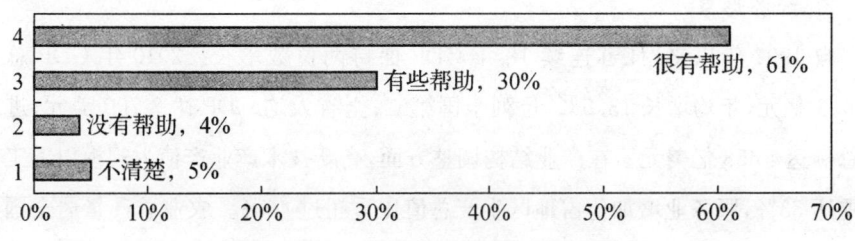

图 6-9　江苏的地理位置对发展的作用

其次,在对江苏的区位形象定位的调查中,如图 6-10 所示,超过半数(62%)的被调查者认为江苏是"沿海地区",30%的人认为江苏是"长三角地区"。

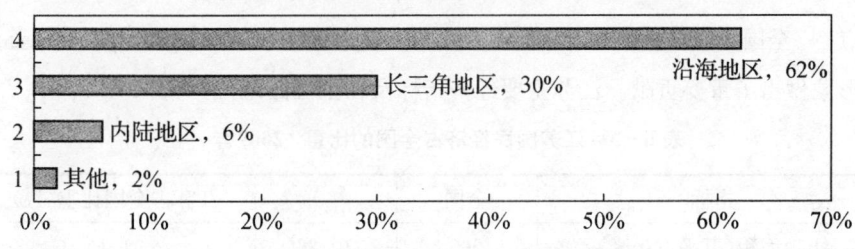

图 6-10　江苏的区位形象定位

在对"哪一区位对江苏发展帮助最大"的调查中,如图 6-11 所示,超过半数(53%)的被调查者认为长三角区位优势对江苏发展最有帮助,而认为沿海区位优势最有帮助的为 34%,这与江苏省的区位形象定位不符。这一现象表明虽然江苏是典型的沿海省份,但更多的人认为长三角优势才是江苏发展最大的区位优势。这一认知忽视了沿海在江苏发展中的重要价值,也是形成"全国优势在沿海,江苏优势在沿江"这一奇怪现象最重要的诱因。

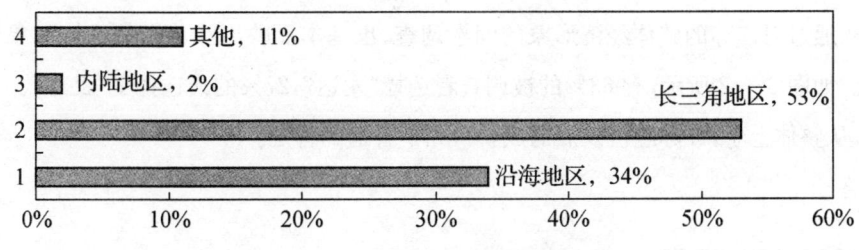

图 6-11　对江苏发展推动最大的区位

2. 经济形象

自 1992 年以来,江苏连续 18 年 GDP 保持两位数增长。2010 年 GDP 总值 40 903 亿元,年均增长 13.5%,位列全国第二;全省人均 GDP 达 7 700 美元;进出口总额达 4 658 亿美元。在产业结构调整方面,高新技术产业产值占规模以上工业比重达 33%,服务业增加值占地区生产总值比重超过 40%。农业总产量居全国第四位,单产居全国第二位,农业增加值位列全国第三位。农民人均纯收入 9 118 元,年均增长 11.6%。城乡居民收入比为 2.53∶1,是全国差距较小的省份之一。在区域协调方面,江苏县域经济发展尤其突出,2010 年全国百强县中,江苏占 28 个,其中 7 个跻身十强。苏北、苏中经济发展快,经济总量占全省比重五年提高 1.8 个百分点。① 全国 500 强企业中江苏达 49 家,知名企业在国内外的发展为提升江苏经济形象做出了重要贡献。江苏主要经济指标及在全国的地位,见表 6-3。

表 6-3 江苏国民经济占全国的比重（2009 年）②

指标	全国	江苏	江苏占全国比重(%)
土地面积(万平方千米)	960	10.26	1.1
年末总人口(万人)	133 474	7 724.50	5.8
地区生产总值(亿元)	340 507	34 457.30	10.1
第一产业	35 226	2 261.86	6.4
第二产业	157 639	18 566.37	11.8
第三产业	147 642	13 629.07	9.2
人均地区生产总值(元)	25 575	44 744	高 19 169 元
进出口总额(亿美元)	22 072	3 388.31	15.4

通过对江苏的整体经济形象的问卷调查,也基本反映出江苏省的经济形象现状。如图 6-12 所示,有 63% 的被调查者选择"发达",27% 的人选择了"良好"。可见,从整体上看,江苏经济发展的成就得到了普遍的肯定。

---

① 以上数据来源于江苏省人民政府网站：http://www.js.gov.cn/zgjszjjs/index.html。
② 数据来源于《江苏统计年鉴(2010)》,http://www.jssb.gov.cn/jstj/jsnj/2010/tjnj.htm。

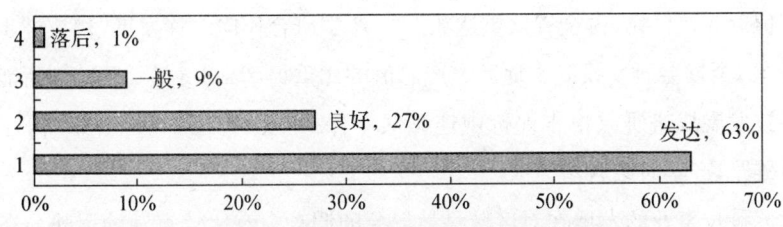

图 6-12　江苏的整体经济形象

不过,整体形象上的良好并非表明其不存在严重的问题。在对影响江苏经济形象的主要问题的调查中,如图 6-13 所示,有 148 人选择了"南北差距大",占据了近四分之三的比例。可见,南北差距是江苏经济形象提升最大的障碍,提升江苏经济形象,不能只看整体形象,应加强对南北协调发展的重视,努力把江苏建设成为南北共进步的经济强省。整体上的良好与内部的巨大阶梯状差异,是江苏经济建设成就备受质疑的关键问题,也是江苏经济整体形象上最大的污点。

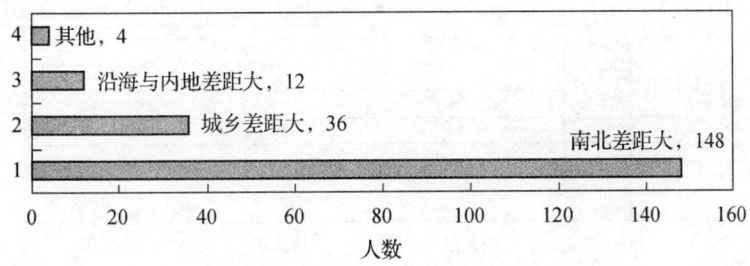

图 6-13　影响江苏经济形象的主要问题

3. 科技形象

科技是区域竞争力的核心,是区域健康良性发展最为关键的因素之一。一个区域的科技发展水平可以从科技贡献力、科研机构数、科技创新园数、科研成果数量与质量等方面体现。根据 2009 年江苏省科技统计公报显示,江苏各类科技机构 6 093 个,科技创业园、大学科技园、软件园等各类科技孵化器 200 家,总量居全国第一位;全省专业技术人员 421.53 万人,拥有中国科学院院士 43 人,中国工程院院士 48 人,数量居全国第三位;全省专利申请量和授权量均位居第一;高新技术产品出口额达 930 亿美元,占全省出口总额的 46.7%。① 2010 年,江苏高新技术产业

---

① 数据来源于江苏省科技厅网站:http://www.jstd.gov.cn/zwgk/tjsj/20101215/141837500.html。

实现产值近 3 万亿元,占全省比重达 33%。产学研合作向纵深发展,科技进步贡献率达 54%,全社会研发投入占地区生产总值的比重提高到 2.1%。区域创新能力在中国科技发展战略研究报告评价中连续两年保持全国首位。[①] 综合来看,江苏科技实力雄厚,产学研结合潜力大。

江苏科技事业的发展在对区域科教形象的调查中有比较直观的反映。在对江苏的科技形象的调查中,如图 6-14 所示,被调查的 200 人中,有 135 人认为江苏"科技发达",40 人认为"一般,但未来潜力大"。在对影响江苏科技形象的主要问题的调查中,如图 6-15 所示,被调查的 200 人中有 90 人认为"创新力不足",58 人认为"人才缺乏",39 人认为"科研条件不足"。可见,江苏的科技形象具有一定优势,人们对其形象评价良好,但也存在一定的问题,特别是在创新力方面应继续进一步提高。此外,在人才和科研设备上也有进一步提高的余地。对科技形象的重视将对江苏区域形象的提升有极大的助益。

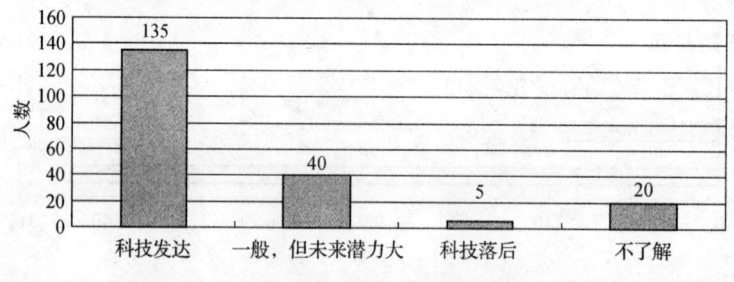

图 6-14 江苏的科技形象

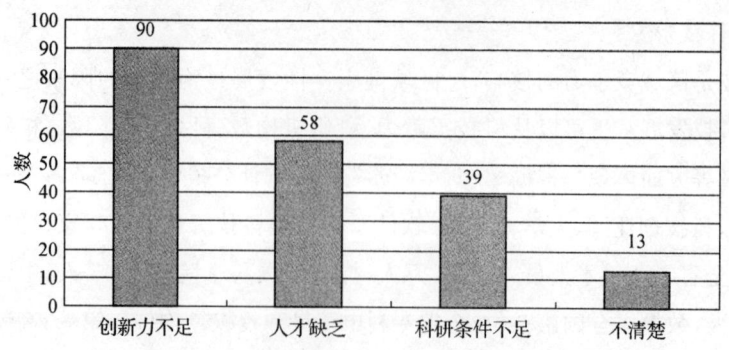

图 6-15 影响江苏科技形象的主要问题

---

① 数据来源于江苏省人民政府网站:http://www.js.gov.cn/zgjszjjs/jjfz/cyjg.

4. 教育形象

教育是区域发展的根基。江苏自古就是人才会聚之地，明清两朝江苏出了66名文状元，占全国三分之一。2007年，江苏率先基本普及十五年教育；2009年，江苏省高中阶段毛入学率95%，大大高于全国79.2%的平均水平；高等教育毛入学率达42%，远远高于全国24.2%的平均水平，高校数和在校生人数位居全国第一。① 普通高等学校本专科在校生165.34万人，占全国的7.7%。②

在对江苏的教育形象的问卷调查中，有47%的人认为"发达"，有44%的人认为"良好"，可见江苏的教育形象也是江苏区域形象的优势之一（图6-16）。不过，我们不能放松对教育这一优势形象的进一步提升。在对影响江苏教育形象的主要问题的调查中，有90人选择了"忽视素质教育"，58人选择了"教育设施不完善"，39人选择了"教育管理混乱"，13人选择了"教师队伍参差不齐"（图6-17）。所以，在素质教育的实施和教育管理、教育设施配备上，江苏教育发展还有进一步提升的空间，特别是素质教育方面，应得到足够的重视。总的来看，江苏教育规模大、质量高，教育事业在全国居于前列，有"全国教育看江苏"的良好口碑，形成了良好的区域教育形象。

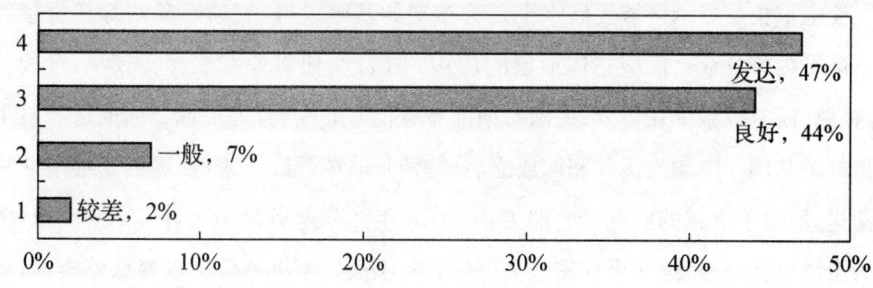

图6-16 江苏的教育形象

---

① 数据来源于中华人民共和国教育部网站：http://www.moe.edu.cn/publicfiles/business/htmlfiles/moe/s4959/201012/113470.html，江苏省人民政府网站：http://www.js.gov.cn/zgjszjjs/shsy/jysy。
② 数据来源于《江苏统计年鉴(2010)》，http://www.jssb.gov.cn/jstj/jsnj/2010/tjnj.htm。

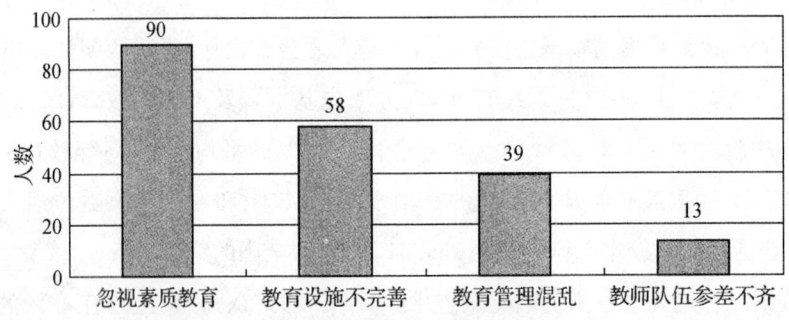

图 6-17 影响江苏教育形象的主要问题

教育形象与经济形象一样,江苏的突出特点是南北形象差距明显,公众难以形成对江苏整体教育形象的良好认知。江苏是教育大省,但是在素质教育方面,江苏落后于其他一些地区。值得注意的是,在苏中和苏北的一些地方,学生被称作"考分机器",个别地方教育部门和学校为了拼成绩,利用在国内被广泛淘汰的应试教育手段进行教学和管理,虽然提高了江苏各级学校的升学率,但也给江苏的教育形象带来一定的负面影响。

5. 交通形象

交通形象是展示区域发展水平最为重要的基础设施,交通形象的好坏直接作用于区域内外公众对区域整体形象的认知。江苏交通事业发展起步较早,近代公路、铁路、航空等系统在清末、民国时期即有着良好的发展,为现代交通的进步打下了良好的基础。中华人民共和国成立后,特别是改革开放以来,江苏的交通事业突飞猛进,取得了卓越的成就。公路方面,2010 年江苏全省高速公路 4 059 千米,密度为全国之首;铁路运营里程超过 2 000 千米,南京、徐州是全国重要铁路枢纽;水路方面,全省等级航道与四级以上航道里程位居全国第一;港口吞吐能力位居全国前列,全省港口通过能力、港口货物吞吐量、万吨级以上泊位数、亿吨大港数等四项指标均位居全国第一。① 总的来看,江苏交通设施完善、便捷度高,交通事业发展位居全国前列。不过,与交通事业发展同步的是交通事故频发,特别是一些震惊全国的恶性交通事故给江苏的交通形象造成了极大的负面影响。以 2009 年为例,江

---

① 数据来源于江苏省人民政府网站:http://www.js.gov.cn/zgjszjjs/shsy/jcss。

苏共发生交通事故 14 547 起,死亡 5 202 人,受伤 14 010 人,一次死亡 3 人以上事故就达 40 起,如表 6-4 所示。①

表 6-4　江苏交通事故情况（2009 年）

类别	发生数（起）	死亡人数（人）	受伤人数（人）	损失折款（万元）
总计	14 547	5 202	14 010	5 514.0
一次死亡 3 人以上事故	40	144	44	242.0

正是基于上述江苏交通发展的现状,在对江苏交通形象评价的问卷调查中,如图 6-18 所示,选择"一般"的人数最多,达 41%;选择"非常好"和"不好"的分别占到 28%和 22%。可见,在公众印象中,江苏整体的交通形象大体处于"一般"的水平。在对影响江苏交通形象的主要问题的调查中,如图 6-19 所示,有近四分之三的被调查者(148 人)认为"交通拥堵"是影响江苏交通形象的主要问题,其次是"交通设施不健全"(36 人)、"交通管理混乱"(12 人)。

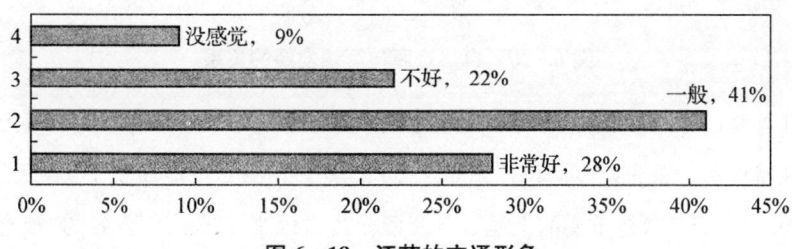

图 6-18　江苏的交通形象

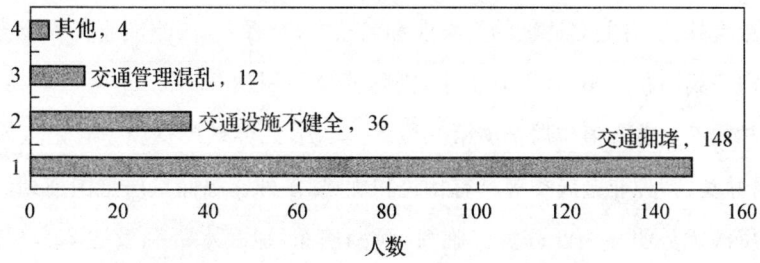

图 6-19　影响江苏交通形象的主要问题

---

① 数据来源于《江苏统计年鉴(2010)》,http://www.jssb.gov.cn/jstj/jsnj/2010/tjnj.htm.

通过上述对江苏交通事业发展现状和交通形象的评价调查结果的分析,我们发现江苏交通形象处于"一般"水平的关键问题在于交通拥堵和交通事故发生频繁等。此外,进一步健全交通设施、完善交通管理体系也是摆在相关部门面前的重要任务。

6. 自然资源形象

自然资源是区域发展潜力和可持续性的关键要素,它不仅影响着人们对区域投资环境的评价,也直接影响着区域整体形象的建设。在对自然资源对区域发展作用的调查中,如图6-20所示,87%的被调查者认为自然资源与区域发展有一定或极大的作用。

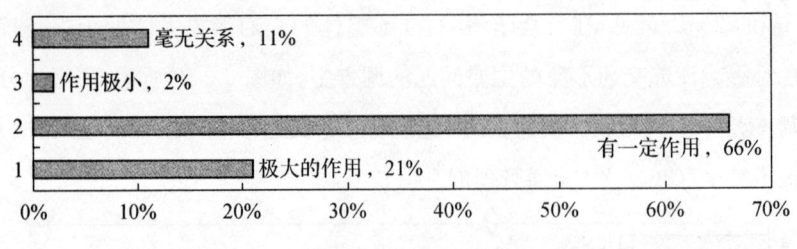

图6-20 自然资源与区域发展的关系

江苏是一个跨江临海、平原广袤的省份,农业资源、矿产资源、水资源等方面都具有独特优势。首先,江苏素有"鱼米之乡"的美誉。江苏耕地面积7 032万亩,沿海滩涂1 031万亩,是重要的土地后备资源。自古以来江苏就是著名的"粮仓",古有"扬一益二""苏湖熟,天下足"等说法,都是对江苏区域农业资源的称颂。除了盛产大宗粮食外,更有闻名遐迩的蚕桑业和名茶"碧螺春"。江苏渔业资源极为丰富。东部沿海渔场面积达10万平方千米,内陆养殖面积达829万亩,淡水鱼类140多种。农林牧渔业总产值位居全国第三位。① 其次,江苏矿产资源中有色金属类、建材类、膏盐类、特种非金属类等具有特色和优势,多种资源储量居全国前列。此外,江苏水资源优势明显。江苏滨江临海,河湖遍布,地表水资源量达264.9亿立方米,总水资源量达320.2亿立方米。② 总的来讲,江苏自然资源丰富,农业、渔业和

---

① 数据来源于《江苏统计年鉴(2010)》,http://www.jssb.gov.cn/jstj/jshj/2010/tjnj.htm.
② 数据来源于江苏省人民政府网站:http://www.js.gov.cn/zgjszjjs/jsgl/zrzy.

水资源尤为突出,无愧于"鱼米之乡""水之江苏"的称号。

不过,虽然江苏在水资源、渔业资源等方面有着独特的优势,但在矿产资源等方面亦有着明显的劣势。此外,由于江苏人口众多,人口密度大,因而江苏人均自然资源在全国处于劣势。在对江苏的自然资源形象的调查中,如图6-21所示,近半数的被调查者(45%)认为江苏的自然资源并不能用"丰富"或"贫乏"来一概而论,而是"有些丰富,有些贫乏"。

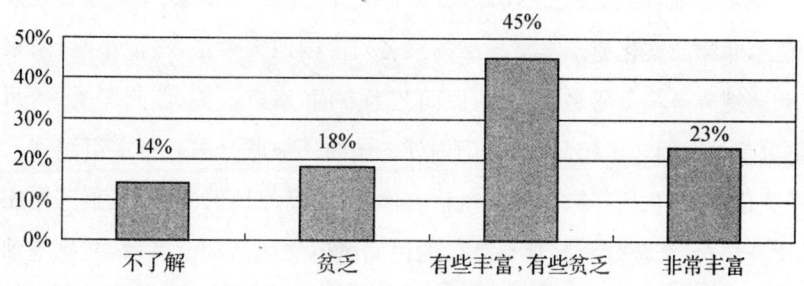

图6-21 江苏的自然资源形象

7. 人口形象

第六次全国人口普查结果显示,江苏全省常住人口78 659 903人(以2010年11月1日零时为标准时点),人口年平均增长率为0.56%,略低于全国的0.57%。常住人口中,男性占50.38%,女性占49.62%,性别比为101.54,低于全国的105.20。在年龄构成方面,0—14岁人口占13.01%,低于全国平均水平的16.60%;65岁以上人口占10.89%,高于全国平均水平的8.87%。[1] 人口密度为753人/平方千米,平均期望寿命为75.32岁。

综合来看,江苏的人口形象表现为人口密度大、老龄化趋势明显。众所周知,合理的人口结构是一个区域可持续健康发展的保障,虽然目前江苏还没有严重人口老龄化,大量的外来人口也能够为区域的发展提供充足的劳动力,但从长远来说,人口老龄化问题将成为制约江苏未来发展的重要问题。

---

[1] 以上数据来源于江苏省人民政府网站:http://www.js.gov.cn/zgjszjjs/jsgl/rkjg. 中华人民共和国国家统计网站:http://www.stats.gov.cn/tjgb/rkpcgb/qgrkpcgb/t20110428_402722232.htm.

8. 历史文化形象

江苏自古就以文化昌盛闻名全国,历史文化资源非常丰富。其一,名胜古迹多。全省现有全国重点文物保护单位 120 处;国家历史文化名城 10 座,为全国之最;水乡古镇如周庄、同里、甪直等都享誉国内外;名山众多,如苏州虎丘、南京钟山等;享有历史文化盛名的江河湖泊多亦是江苏一大特色,如太湖、大运河、秦淮河、长江等。其二,江苏历史文化名人辈出。古代政治家、军事家、科学家、文学家、艺术家、思想家等灿若繁星;近现代以来,实业家、科学家、艺术家、革命家亦是数不胜数。其三,非物质文化遗产丰富。淮扬菜名列中国四大菜系,秦淮小吃、南京桂花鸭、苏州碧螺春等均负盛名。其四,民间艺术方面,南京云锦、苏州刺绣、扬州玉器和漆器等都是民间艺术精品,享誉国内外。昆曲还被联合国教科文组织列入世界非物质文化遗产名录。其五,民间风俗方面,南京高淳地区的"跳五猖"、周庄的摇快船、虎丘庙会、金陵灯会等都是著名的民间风俗文化活动。其六,文化基础设施好、产业发达。如全省国家一级图书馆、文化馆、博物馆总数位居全国第一。

江苏的文化具有两个鲜明的特征。一是历史文化资源丰富。二是多元文化共存。江苏南北地理跨度大(北纬 $30°45'$—$35°20'$),分为苏北、苏中和苏南三个地区,包含了中原文化圈、淮扬文化圈、江南吴文化圈、金陵文化圈,四个文化圈都是中华文明腹地内的文化精华,各自有着悠久而独特的文化魅力和特色。东西方向,江苏分为沿海和内陆两大地区。滨海文化和内陆文化既相互交融又各具特色。这种多元性文化经历数千年的积淀,形成了厚重的文化底蕴,使江苏成为享誉国内外的文化胜地。

正是基于上述江苏文化的发展现状,在对江苏的历史形象的问卷调查中,如图 6-22 所示,有 120 人选择了"才子佳人辈出,文化繁荣",68 人选择了"中国政治中心,自古兵家必争之地"。可见,江苏历史形象的定位为政治文化中心。在对江苏的文化形象的调查中,如图 6-23 所示,有 164 人选择了"自古以来文化繁荣昌盛",30 人选择了"古代文化繁荣,近代以来衰落"。总的来说,从古至今江苏文化繁荣是主流看法。在对江苏的历史文化形象在整体区域形象中所处地位的调查中,如图 6-24 所示,大多数人(140 人)认为江苏的历史文化形象在整体区域形象中处于"优势,值得大力弘扬"。

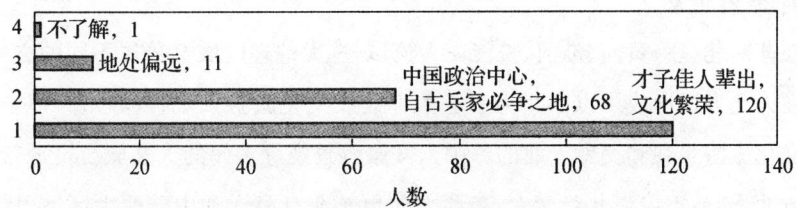

图 6-22　江苏的历史形象

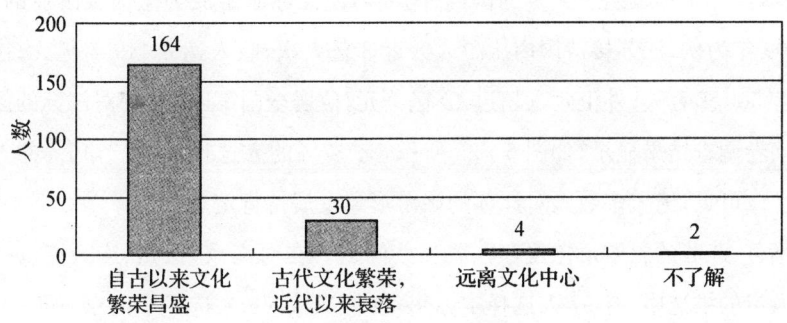

图 6-23　江苏的文化形象

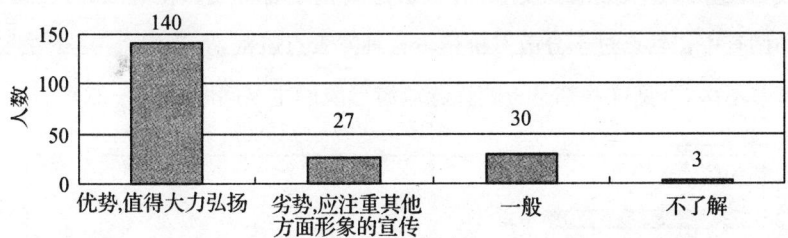

图 6-24　江苏的历史文化形象在整体区域形象中所处地位

综合来看,在历史文化形象方面,江苏有着先天优势,厚重的历史文化积淀应该成为江苏区域形象中的一张王牌。但是,在江苏历史文化形象的建设中存在一些问题,其中最主要的是对江苏历史文化形象的整合与开发力度不够。江苏区域内部南北文化差异巨大,对各地的历史文化形象的开发并没有一个协调统一的长远规划,这不利于发挥历史文化形象作为江苏名牌的作用。

9. 旅游形象

江苏南北纵跨黄河、淮河、长江三大流域，三大地理区域又分属不同的文化圈，从而在人文方面形成了以徐州为中心的苏北汉文化旅游景观、以苏州为中心的苏南吴文化旅游景观和交融南北的苏中人文旅游景观等多元的人文旅游资源带。在自然方面，江苏不仅南北跨度大，东西方向更是兼有海洋和内陆两大区域，从而形成了不同的地理风貌，使自然旅游资源亦别具多元特色。凭借这种多元的旅游资源现状，江苏每年吸引着大量的国内外游客，使江苏旅游成为全国旅游业的翘楚。以2009年为例，江苏接待国内旅游人数近3亿人次，收入达3 449.5亿元；接待海外游客500多万人，外汇收入超过40亿美元，位居全国第四位。[①] 对江苏的旅游形象的问卷调查结果显示，如图6-25所示，有37%的人选择了"优"，46%的人选择了"良"。可见，绝大多数人对江苏的旅游形象发展持肯定态度。

不过，江苏的旅游形象也存在着一些问题。在对南京、徐州、连云港、苏州、扬州等城市的推选中，有97人选择了苏州，接近半数，68人选择了南京，而对其他城市则少有人推荐（图6-26）。可见，江苏旅游资源分布并不十分合理，苏州、南京等城市成为江苏旅游人数的主要去向，城市之间差距非常大。在对江苏的旅游形象问题的调查中，"景点过于分散""价格不合理""景点脏乱，管理混乱"三个主要问题得票率差不多，可见这些都是影响江苏旅游形象的主要问题（图6-27）。

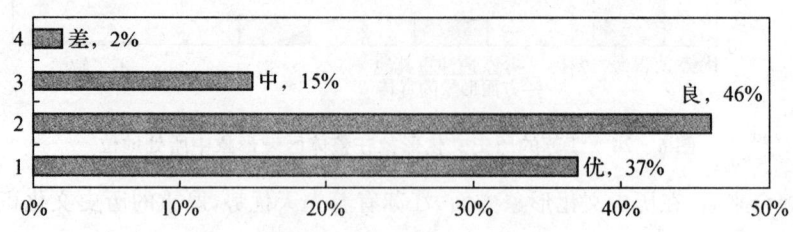

图6-25　江苏的旅游形象

---

① 数据来源于《江苏统计年鉴(2010)》，http://www.jssb.gov.cn/jstj/jsnj/2010/tjnj.htm。

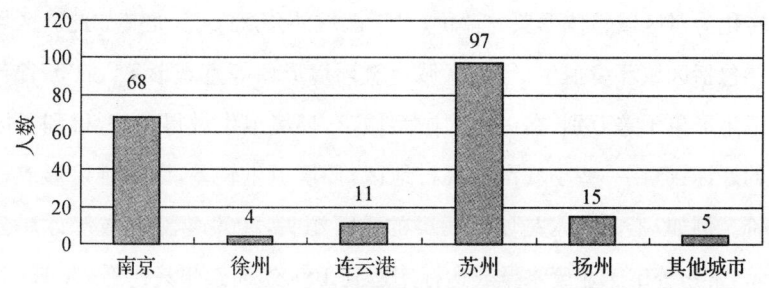

图 6-26　江苏旅游城市推选

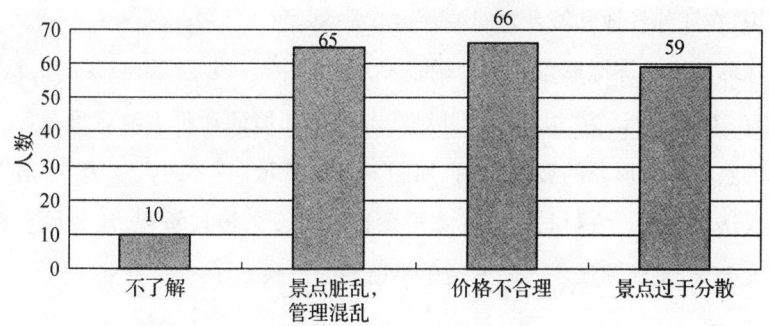

图 6-27　影响江苏旅游形象的主要问题

总的来说,旅游资源分散,旅游形象不统一以及管理、价格等方面都存在着一定的问题亟待解决。此外,值得注意的是,作为一个临海省份,江苏对海洋旅游资源的开发不够,在旅游形象中对"吴韵汉风"的定位就明显地忽视了自然景观如海洋资源的利用。

10. 公共文明形象

公共文明指数是描述城市市民文明素质发展状况、评价市民文明素质发展水平和群众性精神文明创建工作成效的重要工具,包括城市公共环境、公共治安状况、人民素质等项目内容。2011年,江苏省委确立新时期的江苏精神为"创业创新创优、争先领先率先"。这一江苏精神是对改革开放以来江苏人民精神较为准确的提炼,既反映了江苏人的现实精神,也是江苏人的未来追求。基于江苏精神,提升公共文明形象是摆在江苏人民面前的现实任务。

首先,在环境方面,区域环境形象是一个区域最直观的形象,也是判定一个区域其他形象的重要参考。由于视觉的直观性,公众对区域环境形象的评价有时可以直接转化为对区域整体形象的评价,对于区域外公众来说,尤其如此。区域环境形象主要包括区域环境卫生形象、区域建筑环境形象等直观形象。江苏省各地区域环境卫生形象千差万别,在一些大中型城市,环境卫生做得较好,得到了区域内外公众的好评;但在一些小城市和农村地区,环境卫生较差,因而难以形成较好的形象评价。例如,工业废水是城市污染的重要源头,2009 年江苏省统计局公布的数字显示,常州等市工业废水排放达标率达到 100%,而泰州只达到 91.8%。[1]这一对比显示了区域内不同城市在环境保护上的差距。区域建筑环境是区域内最为直观的标识,在江苏各地和城乡之间差距也非常大。

对江苏的城市环境形象的问卷调查显示,如图 6-28 所示,47% 的人认为"较好",另有 31% 的人认为"很好",可见对江苏城市环境的评价主流意见是好的。但对江苏的农村环境形象的调查显示,如图 6-29 所示,47% 的人认为"一般",更有 11% 的人认为较差。农村与城市环境形象评价的反差值得重视,江苏城乡在环境上的巨大差异,是江苏城乡共同发展中不谐调的反映。

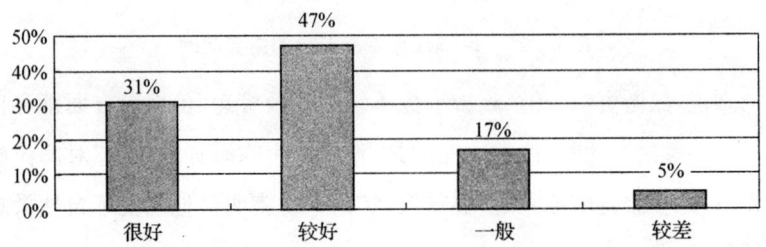

图 6-28 江苏的城市环境形象

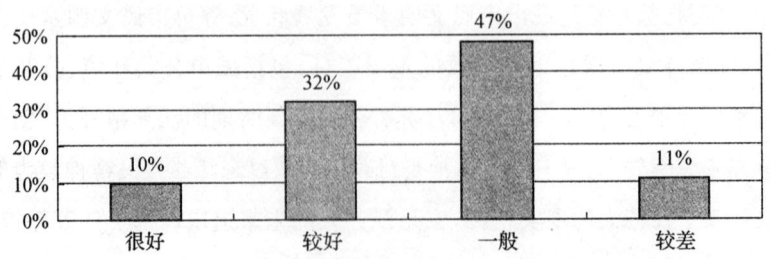

图 6-29 江苏的农村环境形象

---

[1] 数据来源于《江苏统计年鉴(2010)》,http://www.jssb.gov.cn/jstj/jsnj/2010/tjnj.htm.

其次，在治安方面，特别是在一些流动人口较多的大中城市和城乡接合部，治安问题已经成为严重影响区域形象建设的重要因素。公安机关受理、查处治安案件情况如表6-5所示，①公安机关立案的刑事案件情况如表6-6所示。②

表6-5 公安机关受理、查处治安案件情况

案件类别	2008年		2009年	
	受理（起）	查处（起）	受理（起）	查处（起）
扰乱公共场所秩序	4 566	4 566	7 947	7 944
寻衅滋事	11 557	11 500	18 792	18 735
非法携带枪支、弹药、管制刀具	4 091	4 089	5 504	5 502
违反危险物品管理规定	956	953	1 492	1 490
殴打他人	260 662	259 191	516 312	515 128
盗窃	403 531	399 393	404 747	400 511
骗取、抢夺、敲诈勒索	22 637	22 477	31 195	31 149
伪造、变造、倒卖有价票证、凭证	323	323	396	396
利用迷信活动危害社会	153	153	148	147
卖淫、嫖娼	11 699	11 699	42 491	42 490
赌博	30 362	30 336	112 090	112 090
其他	194 598	193 924	675 603	674 564
合计	945 135	938 604	1 816 717	1 810 146

表6-6 公安机关立案的刑事案件情况

案件类别	立案（起）		构成（%）	
	2008年	2009年	2008年	2009年
杀人	661	585	0.16	0.14
伤害	5 117	5 365	1.23	1.30
抢劫	4 499	3 407	1.08	0.83
强奸	1 709	1 754	0.41	0.43

---

① 数据来源于《江苏统计年鉴(2010)》，http://www.jssb.gov.cn/jstj/jsnj/2010/tjnj.htm。
② 数据来源于《江苏统计年鉴(2010)》，http://www.jssb.gov.cn/jstj/jsnj/2010/tjnj.htm。

续表

案件类别	立案(起)		构成(%)	
	2008年	2009年	2008年	2009年
拐卖人口	51	130	0.01	0.03
盗窃	338 470	319 863	81.45	77.75
诈骗	18 973	22 369	4.57	5.44
持有使用伪造货币	59	532	0.01	0.13
其他	46 022	57 408	11.08	13.95
合计	415 561	411 413	100	100

在江苏整体治安情况的问卷调查中,56%的人认为"一般",认为"很好"和"差"的人数分别为19%和21%(图6-30)。可见,江苏治安现状尚不乐观,公众的评价较低。

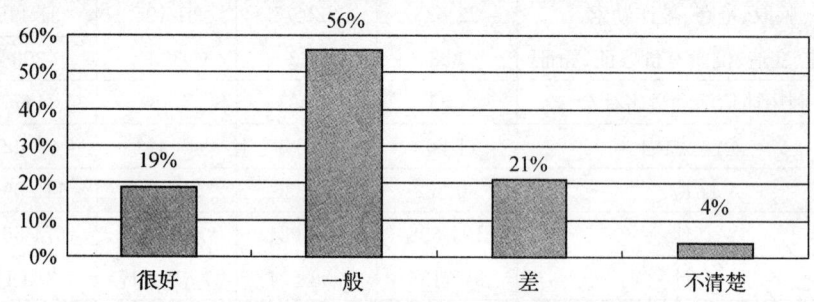

图6-30 江苏整体治安情况

最后,在对江苏人整体素质的问卷调查中,有超过半数(53%)的被调查者认为"整体很好",有41%的人认为"一般"(图6-31)。因而,江苏人整体素质仍有待进一步提高。

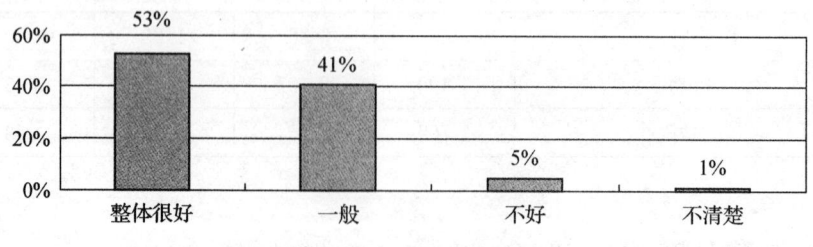

图6-31 江苏人整体素质

总的来讲,江苏公共文明形象还存在许多问题,主要包括:公共环境方面,大小城市之间、城乡之间存在差距;治安状况有待提高,特别是一些震惊全国的大案要案严重影响了江苏省的治安形象;居民素质相差较大,整体素质水平有待提高等。江苏公共文明形象的提升需要广大公众的共同参与,努力解决问题,以"三创三先"作为目标和要求。

11. 政府形象

政府公信力是一个区域政府形象好坏的主要评价来源。政府公信力一般可以从四个方面来看:一是政府的执政能力;二是政府是否以人民为本位;三是政府公务人员是否依法办事;四是政府行为是否公正透明。江苏省各级各届政府能够从容应对各种公共危机,以人民为本位,具备良好的执政水平和执政理念,这也是江苏总体水平位于全国前列的重要原因。但在公务人员依法办事与政府公正透明上,还是存在一些尚未被认识到或仍需改进的地方,特别是个别基层政府的行政执法仍存在不公正、不透明的现象。以2009年为例,江苏检察机关直接立案侦查案件情况如表6-7所示。对江苏的政府形象的问卷调查显示,有44%的人认为"一般",认为"很好"和"不好"的人分别占了21%和19%(图6-32)。①

表6-7 江苏检察机关直接立案侦查案件情况

案件分类	受案（件）	立案件数（件）	立案人数（人）	要案（件）	结案件数（件）	结案人数（人）
▼ 贪污贿赂案件	3 399	1 237	1 437	76	1 194	1 367
贪污	1 250	231	366	7	229	348
贿赂	1 898	894	929	67	844	870
挪用公款	173	108	134	1	117	141
集体私分	33	4	8	1	4	8
巨额财产来源不明	29	0	0	0	0	0
其他	16	0	0	0	0	0

---

① 数据来源于《江苏统计年鉴(2010)》,http://www.jssb.gov.cn/jstj/jsnj/2010/tjnj.htm。

续表

案件分类	受案（件）	立案件数（件）	立案人数（人）	要案（件）	结案件数（件）	结案人数（人）
▼渎职案件	837	239	311	5	238	299
滥用职权	351	103	131	2	100	125
玩忽职守	210	86	102	2	90	103
徇私舞弊	150	22	32	1	27	35
其他	126	28	46	0	21	36
合计	4 236	1 476	1 748	81	1 432	1 666

注：结案中含上年旧存。

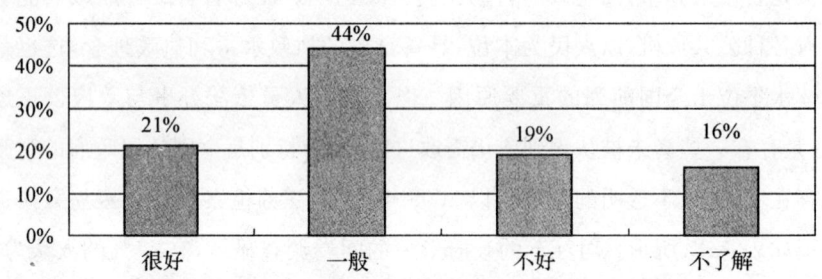

图 6-32 江苏的政府形象

可见，江苏各级政府部门发生腐败案件的总量还是比较多的。这一方面反映了检察机关和公众对公务人员的严格要求，另一方面也表明政府部门确实存在许多贪腐渎职现象，严重损毁了政府在公众心中的形象。在对江苏的政府形象建设应该从哪方面入手的调查中，如图 6-33 所示，选择最多的是"反腐倡廉"（96 人），占到近二分之一；其次是"改善服务态度"（48 人）和"提高办事效率"（41 人）。可见，除了腐败问题，公务人员服务态度和政府办事效率方面也存在一些较为严重的

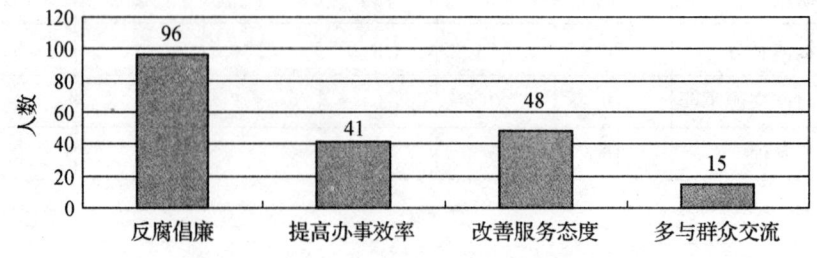

图 6-33 江苏政府形象应该从哪方面入手

问题,对江苏政府形象产生了不利的影响。

综合来看,江苏区域形象各个分要素形象及形象建设整体良好,但个别形象要素与国内其他区域存在一定差距。除了上述软、硬形象要素外,区域内的媒体形象、体育形象、医疗卫生形象等都或多或少地作用于区域整体形象,在此不再一一分析。在宏观和微观两个层面上,江苏区域形象有着极大的改善空间,区域形象建设存在一些偏差,如能克服这些偏差,将把江苏区域形象引向良性可持续的道路。

第三节 江苏区域形象建设的对策

江苏区域形象的提升是一个长期的、复杂的系统工程。它既要求区域内多方力量的参与,也需要依据省情实施有特色的区域形象提升战略。我们认为,首先要根据江苏形象中的优势与劣势制定出总体目标和具体目标,然后整合区域形象资源和各方力量,以达到最优、最快、最省提升区域形象的目的。

一、区域形象建设目标

区域形象的建设离不开战略目标的制定。战略目标是指导区域形象提升具体实施的关键因素。这就要求我们对江苏区域形象建设现状与问题充分调查研究,利用相关结果制定出总体目标和具体目标。

1. 总体目标

通过对江苏区域形象现状和问题的具体分析,我们可以得出,一方面,以一体多元的区域形象为目标是从现实角度出发,整合江苏南北、东西历史文化和发展水平差异的必然选择。另一方面,发挥优势要素的形象提升作用,改善区域形象诸要素中存在的具体问题是在软、硬形象诸要素发展极不平衡的基础上做出的战略性选择。基于此,江苏区域形象提升的总体目标应该定为:通过大力开发区域各地优势形象资源,进行策略性整合,塑造一体多元的强省形象;有针对性地改善区域硬形象与软形象要素中存在的具体问题,扫除影响形象提升战略的死角,塑造经济、社会、文化各方面全面协调发展的区域形象。

2. 具体目标

在探讨了区域形象诸要素建设的现状与问题的基础上,结合江苏区域形象发展的总体目标,我们对江苏区域形象诸要素进行了如下具体的形象定位。

区位形象方面,确立"南北交汇,海陆相接"的形象定位。其中,首先要把"海之江苏"形象作为江苏地理形象宣传的重点,弘扬江苏海洋文化,倡导海洋发展战略。其次,要大力宣传江苏跨江和长三角的区位优势,使之继续保持江苏区位形象优势的代言者角色。

经济形象方面,确立"东西共发展,南北共进步"的形象定位。在具体操作中,一是以苏南带动苏北,重点扶持苏北经济发展;二是注重东西协调发展,发挥江苏临海优势,重点扶持临海地区的经济发展。通过这一经济发展战略,辅之以有力的协调发展宣传,将能够改善江苏整体经济形象。

科技形象方面,确立"科学重镇,技术先锋"的科技形象,大力扶持各地高新技术开发区、科技园的建设,并充分发挥江苏高校和科研院所的优势。特别需要强调的是,政府相关部门应加大对科技发展的投入力度,同时科研院所和企业之间应建立更深层次的合作,加快科技产出与有效利用。

教育形象方面,确立"教育先锋"的形象定位。一是要充分发挥江苏现有教育资源多的优势,重点扶持农村特别是苏北、苏中教育发展;二是要大力推行素质教育,改善部分地区应试教育的负面形象。

交通形象方面,确立"畅通江苏"的形象定位。发挥江苏江海河水路交通优势的同时,完善江苏城市交通建设,大力整改城市交通拥堵现象。

自然资源形象方面,确立"鱼米之乡,水产丰饶"的形象定位。大力开发江苏水产资源,同时注重可持续发展;重点开发江苏海洋渔业资源,开发各种以鱼为主的水产美食,形成"江河湖海,美味江苏"的美食之乡形象。

人口形象方面,确立"结构合理,后备充足"的形象定位。重点改善江苏人口老龄化严重的趋势,特别是在城市合理调整计划生育政策,完善江苏合理的人口结构。

历史文化形象方面,确立"文化多元"的形象定位。江苏独特的文化多元形象是江苏区域形象一体化的阻力,却也是江苏区域形象本身的一大特色。要充分发挥江苏南北各地的多元文化优势，塑造一个多姿多彩的历史文化形象。

旅游形象方面，确立"人文自然，和谐统一"的形象定位。江苏不仅有着全国密度最高的人文旅游景观，也有着以"江风海韵"为代表的大量自然景观。江苏扬州、苏州等地的园林是人文与自然景观的完美结合，打造人文与自然景观和谐统一的旅游形象是江苏区域形象提升的重要一环。

公共文明形象方面，确立"文明江苏，宜居模范"的形象定位。江苏公共文明建设的一大特点是南北之间和城乡之间差距明显，对江苏公共文明形象的提升要求政府和公众对公共文明建设薄弱的地区进行综合整治。文明、宜居的江苏区域公共形象将成为区域内外公众对江苏良好评价最直观的影响要素，也是吸引区域内外人才的重要条件。

政府形象方面，确立"以人为本，廉洁高效"的政府形象。能否以人为本是一个政府能否得到公众良好评价的综合标准，廉洁高效则是公众对政府最直观的评判条件。因而，塑造以服务人民为根本、廉洁奉公、高效运作的政府形象是提升江苏区域形象的重要一环。

二、区域形象建设力量的整合

区域形象的建设是一项涉及区域内几乎所有力量的项目，有效而充分地整合与应用区域内各种力量是提升区域形象战略的首要选择。对江苏区域形象建设推动力量的调查结果显示，如图6-34所示，多数人认为公众、政府和媒体是提升江苏区域形象主要的推动力量。事业单位、企业和民间团体也能够发挥自己的作用。在对最重要的推动力量的选择中，如图6-35所示，公众占64%，政府占21%，媒体占11%，民间团体占4%。可见，多数人把"公众"作为提升江苏区域形象的主体力量。

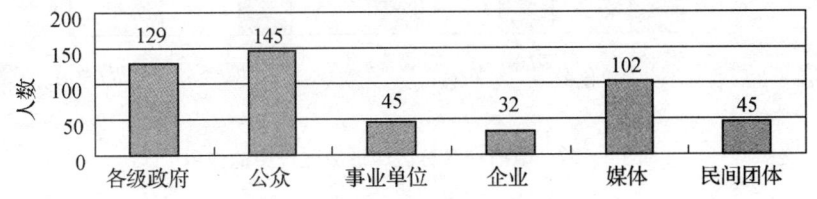

图6-34 江苏区域形象提升的推动力量

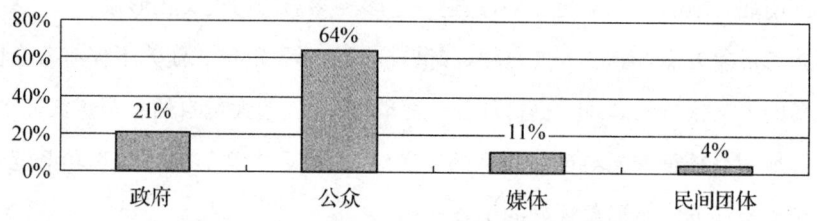

图 6-35　江苏区域形象建设最重要的推动力量

1. 政府

政府无疑是区域形象建设中不可或缺的角色,甚至是最为关键的角色。在对政府应该在江苏区域形象建设中居于什么地位的调查中,如图 6-36 所示,有 115 人选择了"主导地位",占半数以上,48 人选择"先锋地位",34 人选择"辅助地位"。可见,多数人认为政府应该在区域形象提升战略中发挥主导作用。在对政府的具体作用的调查中,如图 6-37 所示,选择"规划形象战略""提升自身形象""引导形象战略实施"的均占到四分之三以上。

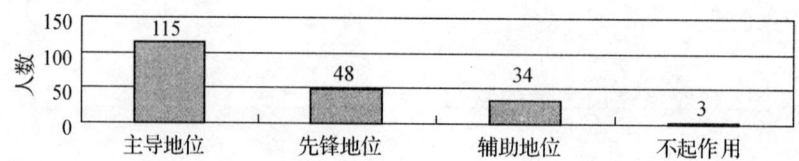

图 6-36　政府在江苏区域形象建设中的地位

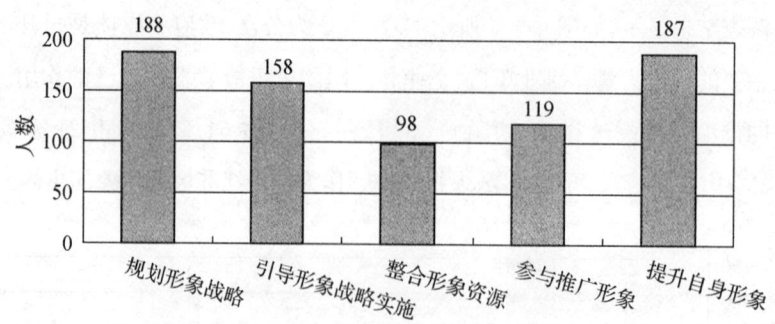

图 6-37　政府在江苏区域形象建设中的作用

发挥政府的主导作用是提升江苏区域形象的必然选择。区域形象建设是一个长期而持续的战略,它需要一个科学长远的规划,也需要一个稳定有力的组织力量。政府作为国家行政性权力机关,具备统合区域资源和各方力量的能力。① 政府可以运用组织、领导和控制等行政手段将社会各种力量、资源进行有效整合,推动区域形象建设规划的实施。因而,在江苏区域形象建设的战略中,政府是不可替代的主导者。

政府的主导地位具体表现在以下几个方面。首先,政府应做好江苏区域形象提升战略的规划者。政府要有长远的目光,同时运用科学的手段,对江苏区域形象进行合理定位,并制定出长期的战略规划。其次,政府应做好区域形象资源的整合者。政府应有宏观的视野,对江苏区域形象的现状和问题有深刻的了解,把分散在省内的各种不同层次、不同方面的形象资源进行有效的整合,从而有效贯彻区域形象提升战略规划。最后,政府还要做好江苏区域形象的营销者。政府不仅是区域形象战略规划的制定者,也是区域形象战略的营销者之一。特别要注意的是,省内各级政府要抓住机遇,特别是要紧抓各种会展、活动、文化体育赛事等机遇,大力展示江苏各方面良好形象。此外,政府在发挥主导作用的同时,也要关注自身形象的提升。作为区域形象的一个方面,"以人为本、廉洁高效"的政府形象对形成良好的区域整体形象起着非常重要的作用。② 总之,以省政府为核心的江苏各级政府应在提升自身形象的同时,做好江苏形象提升的"发动机"和"方向盘",充分发挥区域形象建设中的主导者作用。

2. 公众

公众既是区域内最庞大的力量,也是最松散的力量,同时公众还是区域形象的重要载体。区域形象归根结底是公众在一定历史时期内,依靠相对稳定的自然环境和资源基础创造的精神文化和物质财富在人们头脑中形成的总体印象。换句话说,社会公众是区域形象的创造者。同时,公众形象还是区域整体形象中不可或缺的一部分,是区域形象的载体之一。如何有效利用公众的推动作用将是江苏区域形象建设能否取得显著成就的关键一环。

---

① 顾海兵、王亚红等:《中山城市形象定位与提升对策研究》,北京:中国经济出版社,2009 年,第 119-120 页。
② 顾海兵、王亚红等:《中山城市形象定位与提升对策研究》,北京:中国经济出版社,2009 年,第 81 页。

在对公众在江苏区域形象建设中应该居于什么地位的调查中,如图6-38所示,超过半数的被调查者(104人)认为公众应在江苏区域形象提升中居于"主体地位",61人认为应该居于"主导地位",33人认为应居于"先锋地位"。公众作为区域内最庞大的群体力量,应该发挥主体作用。

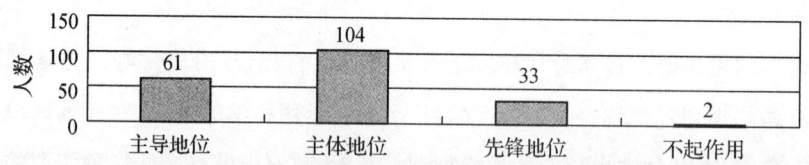

图6-38 公众在江苏区域形象建设中的地位

公众能否发挥好区域形象建设的主体作用,关键是看其凝聚力和参与公共活动的积极性。在对江苏人的凝聚力的调查中,如图6-39所示,认为"团结"的仅占13%,而认为"省内团结,省外不团结"的占31%;认为"省内不团结,省外团结"的占38%,比例最高。可见,江苏人的凝聚力存在严重的问题,这是值得深思的。因此,提高江苏人的凝聚力将是有效发挥公众的主体作用首先需要解决的重要问题。具体来说,政府可以通过举办一些促进公众团结的社会活动,大力弘扬江苏精神,增进江苏人的集体认同感。此外,媒体等也可以通过批判省内地区歧视,特别是苏南对苏北的偏见和歧视以及城乡公众歧视等,宣扬江苏人的集体意识。

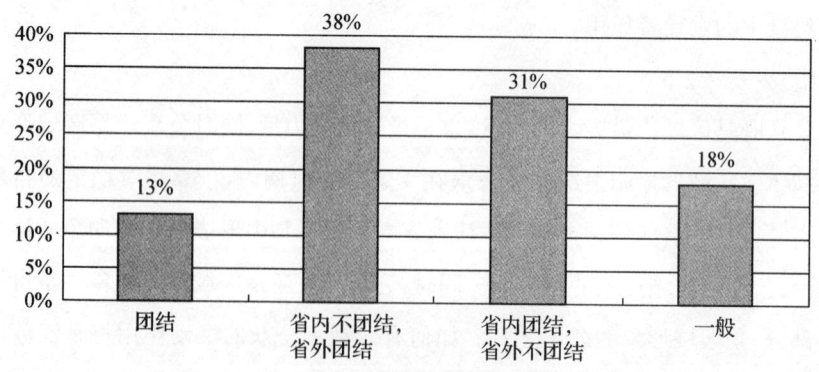

图6-39 江苏人的凝聚力

在对江苏广大群众对参与公共活动的积极性的调查中,如图6-40所示,选择"积极"的占28%,选择"不积极"的占20%,选择"一般"的占36%。这组数据基本可以表明,公众对公共活动的参与热情并不高,如何有效提高公众的积极性将是提升江苏区域形象的重要环节之一。具体来说,政府可以联合企事业单位及媒体等其他力量,积极鼓励公众参与到社会活动中来,对于其中的积极分子给予官方层面上的褒奖。同时,鼓励公众创建民间团体,并给予其各项补助措施,使之能够起到引领公众参与公共活动的作用。

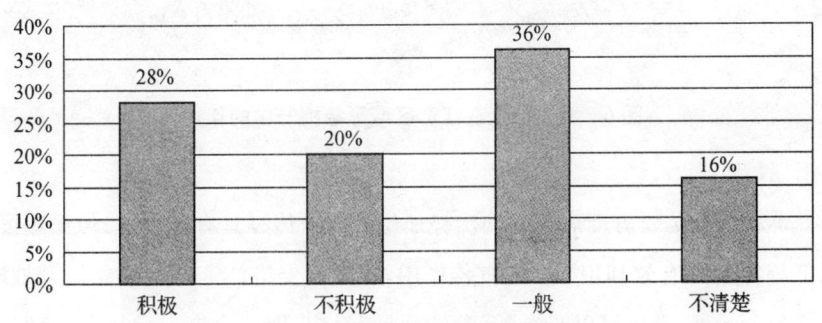

图6-40　江苏广大群众参与公共活动的积极性

公众如何发挥自身的主体形象是江苏区域形象提升战略中的重要环节。在对公众在江苏区域形象提升中的具体作用调查中,如图6-41所示,选择"积极配合政府的形象推广战略"的最多(177人),其次是"积极宣传江苏区域形象"(131人)和"提高公众自身形象"(127人)。总的来说,公众发挥自身的主体地位需做到如下几点。其一,公众要注重自身素质的发展,塑造良好的公众形象。这一内容既反映了江苏人的现实精神,也是江苏人的未来追求。围绕江苏"创业创新创优、争先领先率先"的精神,公众要努力提高自身的觉悟和素质,积极参与江苏区域发展建设,展现江苏人的优良品质。其二,引导公众加强对区域形象价值的认识,使其有意识地在同外部公众交流中为区域形象做宣传,成为塑造和维护区域形象的可靠队伍。① 其三,增强"江苏人"相互认同,提高区域公众凝聚力和集体责任感,引导公众积极参与政府主导下的区域形象建设。

---

① 陆林、刘冰清:《试论区域发展中的区域形象价值》,《经济地理》2005年第3期。

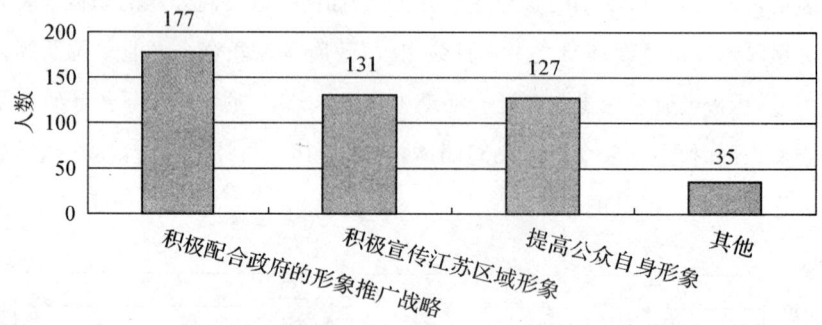

图 6-41 公众在江苏区域形象提升中的作用

3. 媒体

江苏在大众传媒方面居于全国优势地位。大众传媒具有范围广、传播速度快、成本低等特点，①有效利用媒体的宣传作用，能大大促进江苏区域形象提升战略的实施成效。此外，它还可以产生"沉默的螺旋"效应，即公众有一种从众心理，害怕自己的意见或观点被孤立，从而不断迎合媒体的提示性意见，使自己的意见逐渐沉默，而媒体的"优势意见"则螺旋式上升，最终促使社会意见趋于一致。② 这种效应的存在要求政府和媒体应该善于利用媒体在引导舆论方面的积极的社会功能，尽力避免负面形象的过分宣传。③ 大众传媒在区域形象建设中具有直观、有力的先锋作用，是江苏区域形象提升战略选择的重要一环，应给予充分重视。

在对各类媒体对江苏的报道量的调查中，如图 6-42 所示，近一半的被调查者（49%）认为"一般"，有 28% 的人表示"没关注"，选择"充分"和"一般"的人数分别占到 9% 和 14%。可见，媒体对江苏形象的宣传力度亟待提高。

那么，如何充分发挥媒体在区域形象提升中的作用呢？通过对反映江苏内容较多的媒体的调查，如图 6-43 所示，选择"电视"和"网络"的人数最多。因而，投入更多的人力、物力、财力在电视和网络上将是江苏区域形象提升战略的必然选择。

---

① 孟建等主编：《城市形象与软实力：宁波市形象战略研究》，上海：复旦大学出版社，2008 年，第 258-260 页。
② 王新萍、康福升：《从传播学的视角探索区域形象塑造》，《新闻知识》2006 年第 1 期。
③ 孟建等主编：《城市形象与软实力：宁波市形象战略研究》，上海：复旦大学出版社，2008 年，第 267 页。

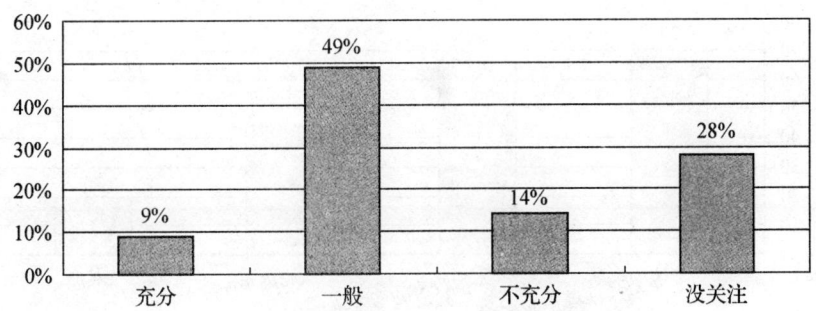

图6-42 各类媒体对江苏的报道量

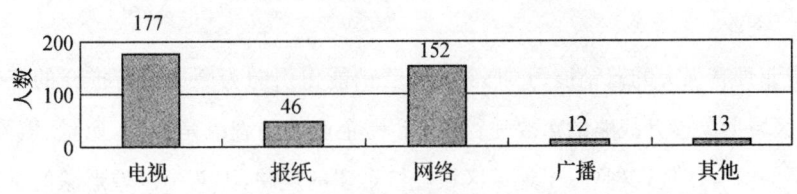

图6-43 反映江苏内容较多的媒体

在媒体反映江苏信息正负面对比的调查中,如图6-44所示,选择"正面的多"和"负面的多"人数差不多。在对媒体在江苏区域形象提升中的作用的调查中,如图6-45所示,有70人选择了"积极宣传江苏正面形象",66人选择了"配合政府的形象推广战略",这两者占据多数。可见,媒体并没有充分发挥其宣传江苏正面形象的作用。政府和媒体应该善于利用传媒在引导舆论方面的积极的社会功能,尽力避免负面形象的过分宣传。同时,媒体应配合政府的形象推广战略,成为政府实施区域形象提升战略中最有力的工具。

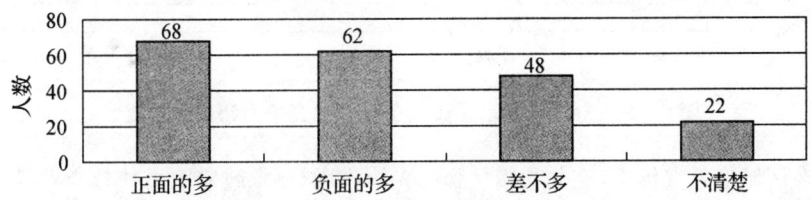

图6-44 媒体对江苏报道内容的正负面对比

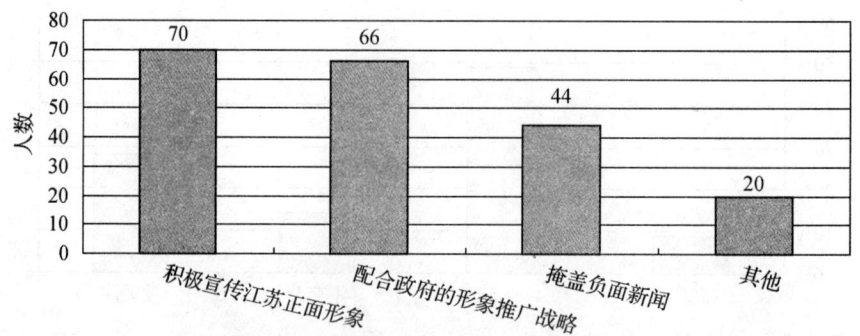

图 6-45 媒体在江苏区域形象提升中的作用

4. 企业

企业具有强大的营销能力,把企业的营销能力引向为区域进行推介的工作上来,是区域形象提升战略的重要途径之一。[①] 企业的品牌既是实力、质量、信誉、服务水平的综合体现,又是一个地区区域经济形象的反映,因而是区域形象的重要载体。[②] 品牌产品的外销即是对外宣传区域形象的一种方式。江苏是经济强省,2010年GDP总值位列全国第二;全国500强企业中,有49家江苏企业上榜。[③]在对"江苏制造"是否具备较强的竞争力和品牌价值的调查中,如图6-46所示,过半数的被调查者(56%)认为"具备",可见"江苏制造"能够成为江苏区域形象提升的一块招牌,在区域形象提升战略中发挥作用。

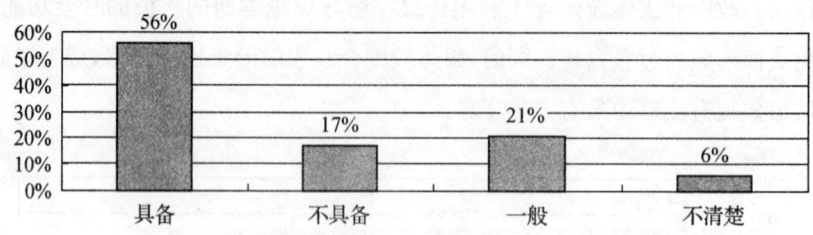

图 6-46 "江苏制造"是否具备较强的竞争力和品牌价值

在区域形象宣传中,充分利用品牌的先锋作用,要求政府大力扶持企业品牌的

[①] 顾海兵、王亚红等:《中山城市形象定位与提升对策研究》,北京:中国经济出版社,2009年,第122页。
[②] 张建昌:《区域经济形象与企业品牌关系论》,《理论导刊》2005年第9期。
[③] 数据来源于《中国统计年鉴(2010)》,http://www.stats.gov.cn/tjsj/ndsj/2010/indexch.htm。

建设,企业也应有意识地加大对品牌形象的投入,通过政府和企业合力把品牌做大、做好,从而以品牌产品在国内外的行销来打造"江苏品质",塑造良好的江苏经济发展形象,提升江苏整体形象。

5. 民间团体

民间团体或称非政府组织(NGO)和非营利组织(NPO),是指不以营利为目的、主要开展公益性或互益性社会服务活动的独立的民间组织。① 江苏民间团体如基督教各地教会、各学术团体、行业协会、商会、各种公益基金会、各种联谊会和志愿者协会等。在对江苏民间公益团体了解程度的调查中,如图 6-47 所示,200 位被调查者中有 129 人选择"听说过",选择"非常了解"和"了解"的仅为 44 人,另有 27 人表示"毫不了解"。可见,江苏民间团体需要扩大自己的活动力度和范围,吸引更多的公众参与进来。在对民间团体能否在江苏区域形象提升中发挥作用的调查中,如图 6-48 所示,有 112 人认为"能",另有 43 人认为"或许可以"。大体上,人们对民间团体在区域形象提升中的作用还是持肯定态度的。

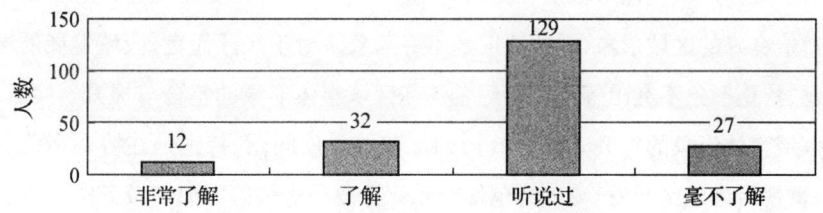

图 6-47 对江苏民间公益团体了解程度

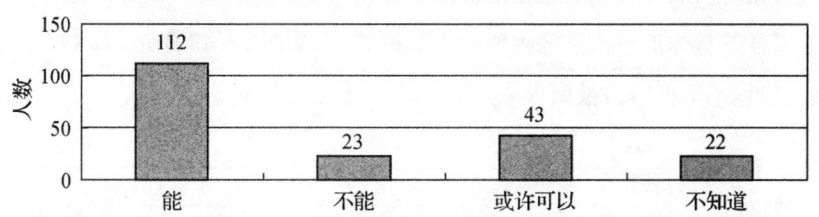

图 6-48 民间团体能否在江苏区域形象提升中发挥作用

---

① 顾海兵、王亚红等:《中山城市形象定位与提升对策研究》,北京:中国经济出版社,2009 年,第 125 页。

对民间团体在区域内外的影响力进行合理运用,将能够有力推动江苏区域形象的提升。一方面,民间团体大多建立在非营利和公益的基础之上,具有一定的影响力和号召力,能够凝聚起一定数量公众的力量,他们从事的公益活动本身就为提升江苏区域形象做出了贡献。另一方面,各种各样的民间团体,有些是具有全国或国际性质的,有些则是全国或国际性民间团体的江苏分部。只要政府能够对它们在国内外的广泛活动加以正确引导,使之成为江苏区域形象的宣传力量,就能够为江苏区域形象的提升提供强大助力。

综合来看,区域形象的提升是一个系统工程,它需要长期的、持续的、多方位的建设,这就要求区域内各方力量的共同参与,充分发挥区域集体优势。江苏区域形象的提升应以政府为主导、以企业和媒体为先锋、以公众为主体,并借助民间团体的助力。各方力量的共同推动,将是江苏区域形象提升战略取得成效的有力保证。

三、江苏区域形象提升的战略

对于江苏区域整体形象的提升,最为重要的是区域的发展问题。区域的发展可以塑造良好的区域形象,并改造旧的不好形象。对于江苏而言,区域发展的不平衡问题、特色形象不突出等问题制约着江苏区域整体形象的整合与提升。换言之,江苏区域整体形象的提升必须有效协调江苏的发展问题,特别是在协调南北发展落差、重视沿海地区开发、突出特色优势和弥补发展劣势等方面多做工作。

1. 协调南北发展落差

江苏南北发展梯形差问题是困扰江苏区域形象统一和提升极为关键的问题之一。在对江苏整体形象构建的主要障碍的调查中,如图6-49所示,有144人选择了"南北发展不平衡",占被调查总人数的近四分之三之多。

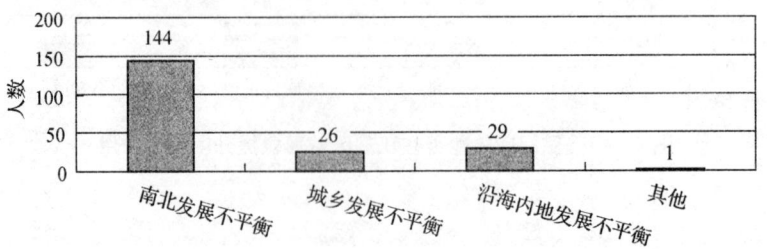

图6-49 江苏整体形象构建的主要障碍

在对苏南地区给您最深的印象的调查中,如图 6-50 所示,选择"经济发达"的人数最多,近半数(96 人),其次是"江南水乡"(67 人)、"舒适宜居"(44 人)。

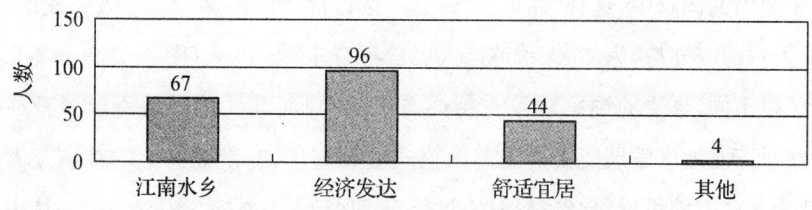

图 6-50　苏南地区给您最深的印象

在对苏北给您最深的印象的调查中,如图 6-51 所示,选择"发展良好,较苏南落后"的人数最多,为 90 人,其次为"城乡差距大"(53 人)、"贫穷落后"(43 人)。在苏南和苏北最主要的差距的调查中,如图 6-52 所示,超过四分之三的人认为是"经济发展"。可见,苏南地区给人的印象非常好,不仅经济发达,而且在其他方面也均为良好,而苏北与苏南相比,最主要的是经济上的差距,同时,城乡差距等问题也成为影响苏北地区形象的关键因素之一。

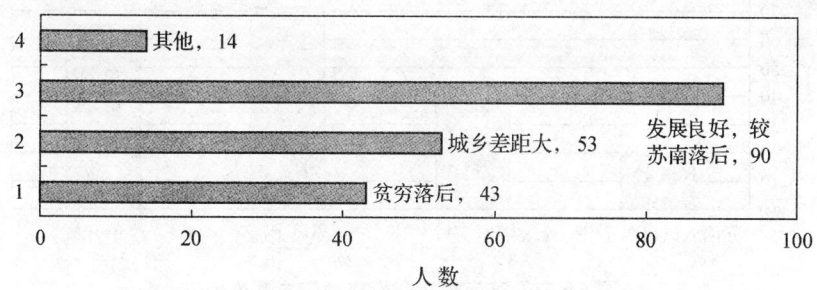

图 6-51　苏北给您最深的印象

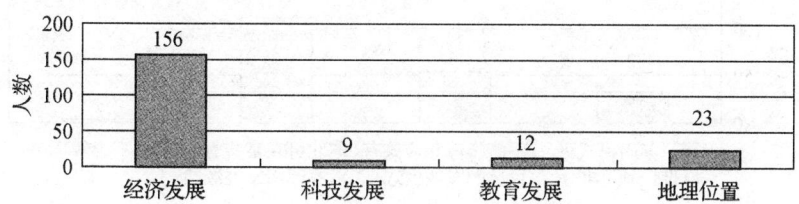

图 6-52　苏南和苏北最主要的差距

苏南在发展上的成功,特别是经济上的成功,有其区位上得天独厚的优势、国家政策的扶持以及历史文化底蕴丰厚等更深层次的原因。在对苏南模式取得成功的主要原因的调查中,选择"靠近上海"这一区位优势的最多,为71人;"改革开放"为65人;"国家支持"为45人;"苏南人民自身奋斗"为19人(图6-53)。苏北与苏南的区位不同,享受的国家政策支持亦有不同,因而苏北的发展不能照搬苏南模式。在对苏北地区发展能否借鉴苏南模式的调查中,有半数以上的被调查者(111人)认为某些方面可以,比例最高,不过仍有54人认为不能(图6-54)。从中可以得知,苏北的发展必须选择符合自身实际的发展道路,在某些方面可以借鉴苏南成功的经验。苏北地区形象的提升,必须从多角度出发,充分利用自己的优势,弥补自身的劣势。在苏北地区的形象提升应从哪方面入手的调查中,选择"改善基础设施"的人最多,为71人;其次是"发展经济",为65人;选择"重视教育,发展科技"的为45人(图6-55)。基础设施是发展的基础,苏北地区应首先从此入手,增加财政投入,使之为经济、教育等其他方面的发展奠定基础。

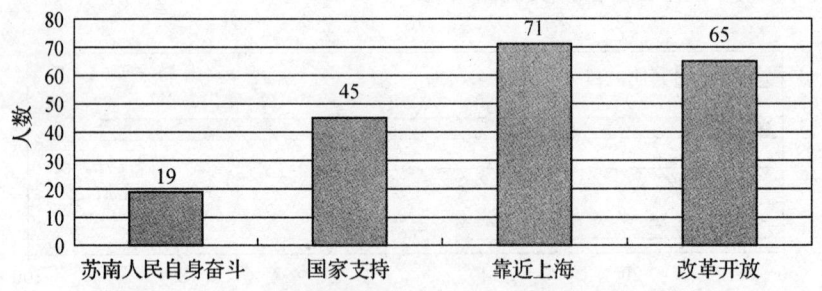

图6-53 苏南模式取得成功的主要原因

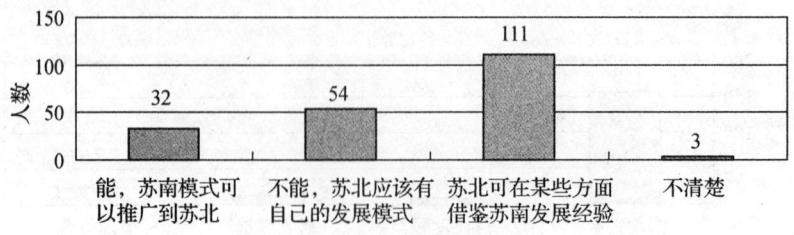

图6-54 苏北地区发展能否借鉴苏南模式

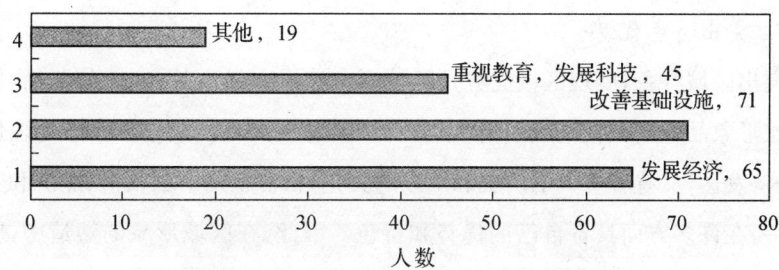

图 6-55　苏北形象提升的主要方式

2. 重视沿海地区开发

江苏发展过程中一个突出的问题是对临海优势不够重视。在对江苏发展最好的地区的调查中,有近四分之三的人认为是"沿江",选择"沿海"和"省会"的分别为28人和23人,只有1人选择了"内陆"(图6-56)。可见,人们普遍认为沿江城市带是江苏发展最好的地区,而全国其他沿海省份一般是沿海地区发展最好。在接下来对"江苏对沿海这一区位优势的利用是否充分"的调查中,有半数以上(118人)认为不充分,60人认为一般,基本与上一调查结果吻合(图6-57)。可见,对沿海地区的开发、对沿海区位优势的充分利用是未来江苏进一步提高自身实力、提升区域形象的主要方向之一。

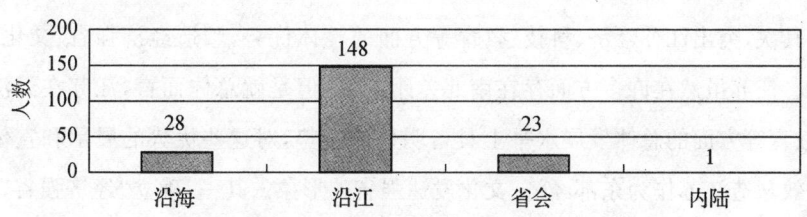

图 6-56　江苏发展最好的地区

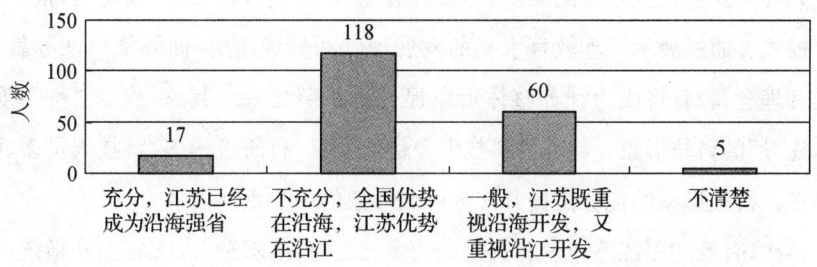

图 6-57　江苏沿海区位优势的利用程度

3. 突出特色优势

突出区域特色,展现区域优势是区域形象建设中最高效、快捷的路径,也是树立区域形象品牌以及提高吸引力、辐射力和美誉度的最佳战略。江苏地理位置优越、经济发达,又有着悠久的历史和灿烂的文化,自古就是中国政治、经济和文化中心之一,在许多方面具备自己的优势和特色。因此,在区域形象的塑造中,应针对省内不同地区形象方面的客观现实和可持续发展能力,充分发挥各自的优势,努力塑造有特色的区域品牌,从而达到提升江苏整体区域形象的目的。

首先,突出江苏区位优势,塑造改革开放的先锋模范形象。江苏位于中国东部沿海,海岸线长达1 000千米,同时又是长江三角洲地区的重要组成部分,具有沿海省份和长三角腹地的双重区位优势。新时期,江苏区位优势的发挥须做到以下两个方面。一方面,江苏应继续利用沿江优势,保持苏南地区的快速发展,使苏南保持全国改革开放的先锋形象。这要求江苏把苏南地区的经济发展融入以上海为龙头的长三角整体发展规划之中,并把苏南地区作为振兴苏北、苏中崛起的可靠支撑力量。另一方面,要转变依赖沿江发展带动全省发展的模式,把江苏发展的重心转移到沿海开发上来,把沿海地区打造成苏南之外的下一个改革开放模范区。通过对沿江和沿海双重区域优势的发挥,塑造"改革开放先锋模范"的江苏形象。

其次,突出江苏经济、科技、教育等方面的整体优势,塑造经济强省、文化大省形象。江苏虽然在许多方面存在南北差距问题,但是就总体而言,江苏在经济、科学、教育等方面的总体发展水平上具备明显的优势,对这些优势的展示和宣传,可以有效塑造江苏作为东部经济、文化发达强省的形象。其一,确立"经济强省,发展典范"的形象定位。江苏经济发展的成果可以通过媒体的宣传、政府的展示、民众的推介等方式进行全方位的展现。其二,确立"教育先行者"的形象定位,推广江苏教育模式。通过展示江苏教育水平的发展现状和辉煌历史,向外推广江苏教育的模式和理念,教育将成为江苏整体形象提升的引擎之一。其三,确立"科学重镇,技术先导"的科技形象。江苏的科技形象优势明显,科研机构多、科技人员多、科技成果多。科技形象的优势是提升江苏区域形象的一个重要资源。

再次,有效利用江苏地理和文化上的多元性特色,塑造"人文自然和谐统一,南北文明多元共融"的江苏旅游与文化特色形象。江苏地跨南北,纵贯中原文化圈、淮扬文化圈、江南吴文化圈、金陵文化圈四个历史悠久的文化圈,具有典型的文化多元性,其跨文化圈数量之多、范围之广在全国独一无二。在提升江苏区域形象的战略中,应力促各文化之间的融合共通,避免文化之间的对立和冲突,从而提升江苏的吸引力和外显活力,塑造旅游和文化上的新形象。就地理环境来说,一是东西地理环境的海陆二元性,二是南北地理环境的梯形多元性。但值得注意的是,江苏旅游形象定位过于强调"吴韵汉风"的文化多元性,而忽略了江苏自然旅游资源的开发,特别是对海洋旅游资源的重视不够。在区域旅游形象建设上,应强调自然景观与人文景观的同等地位。一是要大力开发以海洋为代表的自然景观建设,确立"江风海韵"的形象定位;二是要促进人文与自然景观的共融共建,打造人文与自然景观和谐统一的旅游形象。

此外,在对最看中江苏哪个方面的调查中,如图 6-58 所示,选择"工作机会"和"生活环境"的分别为 68 人和 63 人,两者占到总人数的半数以上,另有 35 人选择了"投资创业环境"。

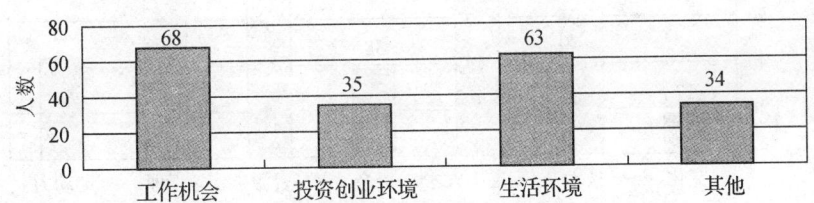

图 6-58　江苏最被看中的方面

在对江苏未来的发展前景的调查中,如图 6-59 所示,选择"很有信心"和"有信心"的人数之和达 137 人,选择"没有信心"的仅为 12 人。这两组数据表明,江苏在工作机会、生活环境和投资创业环境等方面具备一定的优势,人们对江苏未来发展比较看好。这是江苏在未来进一步提升发展水平和区域形象可以依赖的基础条件。

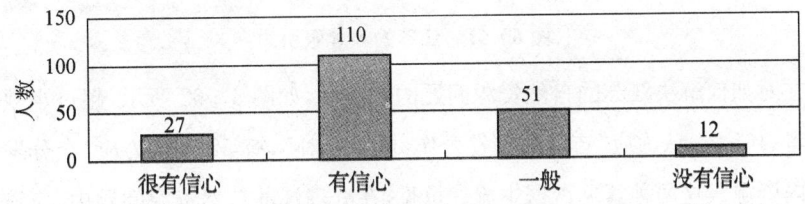

图 6-59　江苏未来的发展前景

4. 弥补发展劣势

在突出特色优势的同时,也要注意弥补江苏区域发展中的劣势。在对江苏最缺乏哪方面优势的调查中,如图 6-60 所示,"高层次人才"得票最高,占半数以上(107 人),其次是"资源"(87 人)、"管理"(72 人)、"技术"(63 人)、"劳动力"(44 人)、"资金"(38 人)、"文化"(17 人)。可见,资源的有效引入与配置以及高层次人才的引进是未来江苏发展必须解决的首要问题。人才是区域发展的核心要素。在对江苏的人才吸引力的调查中,如图 6-61 所示,有 121 人选择"较大",另有 32 人选择"大",两者之和占到被调查总人数的四分之三以上。可见,江苏对人才具备一定的吸引力,通过官方和企事业单位等的共同努力,要大力引进外来人才,同时也要注重区域内部人才的培养,解决高层次人才缺乏的问题。

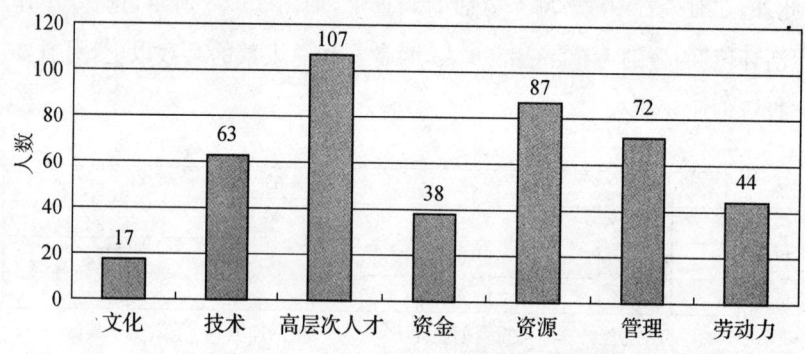

图 6-60 江苏区域发展最缺乏的方面

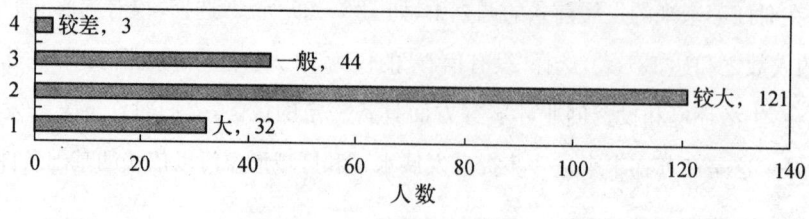

图 6-61 江苏的人才吸引力

在对如何解决江苏的自然资源问题的调查中,如图 6-62 所示,超过半数的被调查者(105 人)认为应"与资源大省合作,优势互补",有 52 人认为应"充分发掘江苏省内资源",这两种意见占据主流。可见,在处理江苏自然资源问题中,应该既充分发掘省内各种优势资源,同时更加重视与其他省份的合作,弥补江苏在某些自然资源方面的贫乏境况。

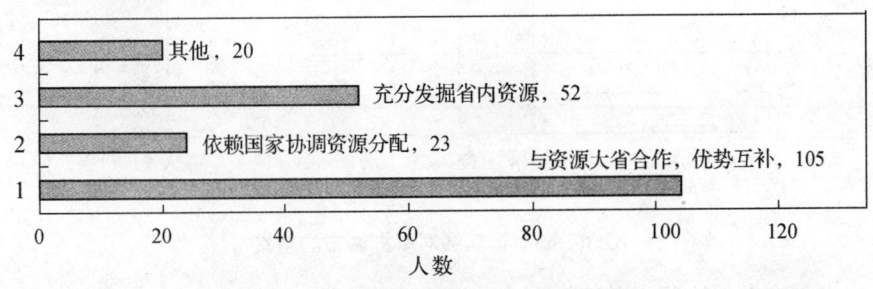

图6-62 解决江苏自然资源问题的途径

总之,区域形象的提升需要采取特定有效的战略支撑,它要求我们对江苏区域形象资源有充分的了解和把握,突出特色优势。对于江苏来说,区位、经济、科技、教育以及多元的文化都可以用来为提升区域形象添光加彩。同时,我们还要注意弥补江苏区域形象资源中的劣势,使之更切合区域形象提升的战略。

四、借住青奥机遇,提升江苏形象

南京于2014年成功举办了青奥会,这不仅是南京城市发展和形象展示的一次重大机遇,也成为江苏提升区域形象、促进区域发展的一次绝佳契机。在迎青奥、办青奥的过程中,江苏各界特别是政府各有关部门领导、广大群众着力做好江苏形象的营销与宣传。青奥会是一场世界各地文化交流、形象展示的盛会,将江苏省的多元文化发展成果、旅游资源和公共文明形象展示置于青奥会带来的世界人民目光的聚焦之下,可以让世界了解江苏、让江苏融入世界,促进江苏整体区域形象不断提升,并迎接新的挑战和机遇。

在青奥会对举办城市的意义的调查中,如图6-63所示,有近半数(94人)认为青奥会是一次"重大发展机遇,有利于城市的发展",有76人认为"有利有弊",可见绝大多数人肯定了青奥会之于举办城市发展的意义。

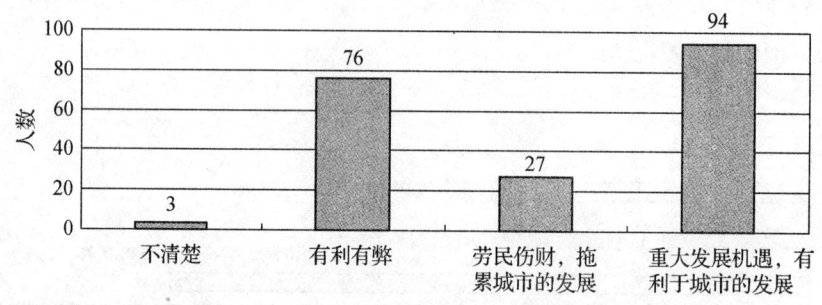

图 6-63 青奥会对举办城市的意义

在对青奥会的举办能否提升江苏省的区域形象的调查中,如图 6-64 所示,有超过四分之三的被调查者(158 人)给予了肯定的答案。可见,青奥会的举办对于南京、对于江苏省的发展,特别是区域形象的提升都是一次重大的机遇,必须将有效利用这次盛会列为区域形象提升战略中的重要一环。

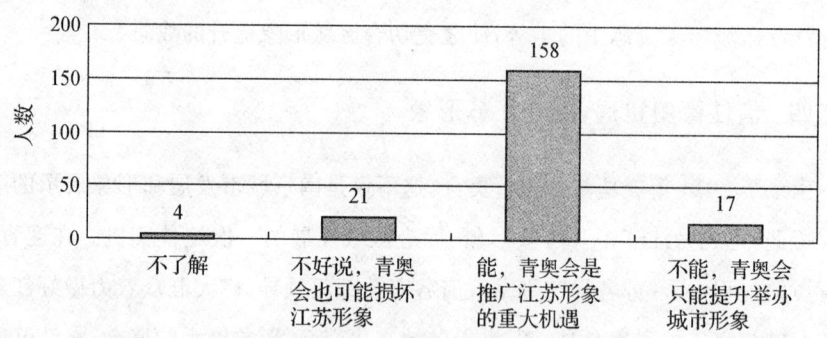

图 6-64 青奥会能否提升江苏省的区域形象

青少年奥林匹克运动会(Youth Olympic Games, YOG),简称青奥会,首届青奥会在新加坡举行,从结果来看,其对新加坡城市、国家形象的推广起到了良好的推广作用。2014 年南京成功举办第二届青奥会,200 多个国家和地区的青少年运动员和工作人员以及大批海内外媒体来到南京,这也使得青奥会成为一个"展示城市品位、城市环境和城市形象的极好机会"[1]。江苏作为举办地所在省份同样得到一次展示本省发展成就和区域形象的绝佳契机,但令人遗憾的是,人们把过多的目光

---

[1] 吴国生、王红:《2010 年新加坡青奥会价值意义解析与青奥会展望》,《运动》2011 年第 5 期。

投注在青奥会之于南京城市发展和形象提升的意义,而忽略了其对于整个江苏省的更宽广、更深层次的意义。基于江苏区域形象的实际发展状况和青奥会的特点,以下将从文化、旅游和公共文明三个方面探讨青奥盛会之于江苏省区域形象提升的意义和战略。

1. 展示多元文化魅力

文化是"深层次竞争能力的灵魂和核心价值链"[①],对文化资源的有效利用是区域形象提升的重要内容。奥运会是多元文化互补、互动的过程,是跨民族、跨国度的世界性文化体系。青奥会秉持奥运会传统,强调文化教育交流功能,注重与现实结合,注重奥林匹克精神与生活的融入,注重多样化文化形式的开辟,搭建文化交流平台。江苏省是一个多元文化并存并且差异很大的省份,这既是江苏区域形象一体化的阻力,同时也是体现江苏多元魅力的因素之一。青奥会与举办地是一种"共生共赢"[②]的关系,发扬青奥会文化交融的精神,促进全省各地、各文化区域之间的交流共融,向世界展示江苏多元文化魅力是江苏区域形象提升的重要一环,同时也是江苏迎青奥、办青奥的重要任务之一。

江苏的文化具有两个鲜明的特征,前文已经讨论过,一是历史文化资源丰富,二是多元文化共存。这种多元性文化经历数千年的积淀,形成了厚重的文化底蕴,使江苏成为享誉国内外的文化胜地。借助青奥会之机,大力弘扬江苏深厚的历史文化底蕴和多元绚丽的文化胜况,让世界更深入地了解江苏,大大有助于江苏区域形象的提升。一方面,针对省内群众,大力举办迎接青奥会、宣扬多元文化的系列活动。以迎青奥为契机,以南京为中心,以省政府为主导,组成文化宣传小组,在全省进行活动。在活动中,大力弘扬青奥会文化交流的理念,宣传江苏南北各地的不同文化。通过系列活动,促进省内不同地区的人们更多地了解其他地区的不同文化特色,推动江苏南北各地群众的相互理解、相互包容,增强凝聚力。另一方面,针对青奥会前后来到江苏的海内外宾朋,以南京为舞台,充分展示江苏多元文化魅力。全省各级政府和辖区文化单位可以组建文化宣传工作小组,在南京进行文化

---

① 孟建等主编:《城市形象与软实力:宁波市形象战略研究》,上海:复旦大学出版社,2008年,第9页。
② 高力翔、王凯:《共生共赢:南京与青奥会共成长》,《南京体育学院学报》(社会科学版)2011年第2期。

宣传和对外交流,将全省各地的文化特色以表演、展览等形式呈现给世界。通过对江苏多元文化的全方位宣传,让全国、全世界了解到江苏文化南北交融、多元共存的特色。总之,借助迎青奥、办青奥之机,向省内外群众和海外宾朋展示江苏丰富而多元的文化交汇共融的魅力色彩,从而促进江苏文化吸引力和输出力的提高,提升江苏区域形象。

2. 塑造和谐旅游形象

江苏旅游素来以景点众多、人文与自然和谐共融著称,其自然风光、历史遗迹、风土人情、美食佳人吸引着海内外游客,使江苏旅游成为全国旅游业的翘楚。就其自然方面来说,江苏跨江临海、河流湖泊纵横交错,形成了"江风海韵""水乡古镇"为特色的旅游形象,如沿江风光带、沿海风光带以及以周庄为代表的水乡名镇等都是著名的旅游佳地。就人文方面来说,江苏历史文化遗产丰富,名胜古迹不胜枚举,吸引着海内外宾朋纷至沓来。此外,江苏旅游以人文与自然和谐共融而久负盛名,如名贯古今的苏州园林、南京秦淮风光带等都是个中代表。青奥会的举办迎来海内外各界人士及大批媒体,通过声势浩大的推广活动和大规模报道,大大提高南京作为人们旅游目的地的概率,[1]对江苏旅游资源进行有力宣传,无疑会给江苏全省旅游业的发展带来新引擎。

首先,确立并强调"人文自然、和谐统一"的旅游形象。江苏不仅有着全国密度最高的人文旅游景观,也有着丰富的自然景观资源。江苏苏州、扬州等地的园林是人文与自然景观的完美结合。一是要充分利用江苏旅游资源,要求各方力量有效利用青奥会机遇大力宣传以海洋为代表的自然景观,打造"江风海韵"的形象定位;二是要促进人文与自然景观的共融共建,打造人文与自然景观和谐统一的旅游形象。

其次,要大力宣传南京、苏州之外其他城市的旅游资源。在对南京、徐州、连云港、苏州、扬州等城市的推荐中,有97人选择了苏州,接近半数,68人选择了南京。因此,应对南京、苏州之外的各城市加大宣传力度,特别是有着丰富旅游资源的扬州、连云港等地。在迎青奥和举办青奥的过程中,各地可以组成旅游宣传工作组在

---

[1] 张谢宁:《青奥会的举办对南京城市形象提升的影响研究》,《哈尔滨体育学院学报》2011年第5期。

当地和南京进行宣传活动,使更多的人在了解青奥会的同时了解江苏各地丰富的旅游资源。

最后,紧抓景区存在的问题,加强管理。青奥会是一场世界性的盛会,来自世界各地的友人齐聚江苏。对举办城市的景区治理应放在首位,同时也应大力改善省内特别是周边城市的旅游形象,杜绝景区"脏、乱、差"现象,景区门票合理定价,杜绝乱收费、私自提高价位的现象发生。

综上所述,青奥会是江苏旅游业发展的绝佳契机。江苏各地区应紧紧抓住这次机遇,不仅把江苏作为一个区域整体的特色和优势旅游资源推广到位,而且要注意对当地旅游资源的宣传、展示旅游形象,促进江苏旅游发展迈上新台阶。

3. 呈现文明青春风采

青奥会的口号是"分享青春,共筑未来",筑造一个环境优雅、社会和谐、治安良好的宜居之地,为青少年营造一个良好的成长环境和美好未来即是江苏发展的目标,也是青奥会的主旨之一。青奥会的举办对公共道德意识的培养、人文环境的改善、人文素质的提高和整个社会精神文明的建设有积极的作用。① 因而,青奥会将成为展示江苏公共文明发展成就、提升江苏文明形象的契机。一个地区的公共文明形象主要通过这一地区的环境形象、居民素质、治安情况等来衡量。在"我与青奥共成长"的系列活动中,应以青少年文明素质教育为着力点,强调公众的普遍参与和政府各公共部门的有力配合与行动。具体来说,应加强如下几个方面的工作。

首先,确立"文明江苏,宜居模范"的形象定位。江苏公共文明建设的一个特点是南北之间和城乡之间差距明显,对江苏公共文明形象的提升要求政府和公众对公共文明建设薄弱的地区进行综合整治。文明、宜居的江苏区域公共形象将成为区域内外公众对江苏良好评价最直观的影响要素,也是吸引区域内外人才的重要条件。

其次,改善区域环境整体形象。环境形象是一个区域最直观的形象,也是判定一个区域整体形象的重要参考。由于视觉的直观性,公众对区域环境形象的评价

---

① 王凯:《耦合性:探究南京承办 2014 年"青奥会"的成功之道》,《南京体育学院学报》(社会科学版)2010 年第 1 期。

有时可以直接转化为对区域整体形象的评价。对于对区域其他形象不太了解的区域外公众来说，尤其如此。区域环境形象主要包括区域环境卫生形象、区域建筑环境形象等直观形象。在迎青奥的过程中，应着重倡导人们的环保意识，特别是在青少年中间开展环保教育，宣扬环境与生活的和谐对于人们的意义。

再次，注重对江苏人整体素质形象的提高。大众是地区文明形象的重要载体。这就要求区域形象提升的各方力量，应注重对人们特别是青少年素质形象的教育宣传，特别是要利用好"我与青奥共成长"的宣传契机。

最后，提升江苏的整体治安形象是摆在江苏人民面前的重要问题。近几年，发生在江苏境内的一系列重大恶性案件严重损毁了江苏的整体治安形象。在迎青奥、树新风之际，大力改善江苏治安状况，提升江苏的整体治安形象是必须充分重视的问题。这就要求江苏各界特别是警察部门加大对犯罪行为的打击力度，加大全省范围内的治安巡逻力度和广度。同时，要把对青少年的保护与教育作为治安形象提升战略的首要任务。在对待青少年犯罪案件时，应秉持教育为主、处罚为辅的方针，加大对青少年法律意识的宣传。此外，要加大对青少年的保护力度，在学校等青少年聚集地进行有效保护，预防针对青少年的犯罪发生，切实维护青少年的人身安全。

总而言之，青奥会是江苏区域形象提升的重要历史机遇，发挥青奥会对江苏发展的作用是摆在江苏人民面前的重大历史命题。基于青奥会本身所宣扬的价值观和理念，我们应该在江苏文化形象、旅游形象和公共文明形象三个方面给予特别重视，在迎青奥过程中，抓住机遇，努力宣传和改善，为提升江苏整体形象和赢得一个更好的发展空间做出贡献。在对江苏历史文化的宣传过程中，应紧抓青奥主题，主打多元交融、青春向上的文化品牌形象。通过青奥会的契机，向世界、向全国展示多元文化交融的魅力和积极向上的青春气息，在旅游形象的宣传和推广中，应大力宣传江苏丰富的人文和自然旅游资源、展示优秀的旅游大省形象，促进江苏旅游发展迈上新台阶。在对江苏公共文明形象的提升方面，应紧抓迎青奥的历史机遇，加大对区域内民众精神文明的宣传与引导，特别是针对青少年进行教育，使江苏区域公共文明形象有质的提高。

结　语

区域软实力作为区域竞争力的关键一环,是区域综合实力的重要体现。区域文化、政府公信力、人口素质和区域形象诸要素之间并非简单、孤立地构筑区域软实力这一整体。四者之间是相互联系、相互补充,甚至是相互渗透、互为表里的。

首先,区域文化既是区域软实力建设的核心要素,又是整个区域软实力建设的基础,其他软实力构成要素的建设都要依赖于区域文化提供的文化软实力平台。江苏有着深厚的历史文化积蕴,是中国古代文化大成之地,近现代以来,江苏文化教育发展水平更是长期处于全国领先地位。良好的文化基础为江苏软实力的提升提供了有利的先决条件。就政府公信力建设而言,其高低在一定程度上依赖于区域内政治文化、历史文化和社会文化的发展层次。良好的政治文化能够为区域政府公信力建设提供良好的行政服务氛围;良好的历史文化滋养着区域政府公务人员的素质,规范着他们的言行与服务意识;良好的社会文化特别是社会监督文化能够有效防止政府公务人员以权谋私、贪污腐败现象的发生。就人口素质的建设而言,良好的文化软实力是提升区域人口素质的基础。没有良好的区域文化做铺垫,提升人口素质就是一句空话,达不到标本兼治的效果。高层次的区域文化是培育高素质人才的摇篮,是提升民众素质的温床。此外,区域文化还是衡量区域形象好坏的重要标尺之一。江苏是文化大省,这是区域内外的共识,但文化建设中也存在着诸多问题,这也是必须承认的事实。文化大省的定位提升了江苏整体形象,但存在和暴露出的诸多问题也深刻制约着江苏区域形象建设的效果。

其次,区域政府公信力是其他诸要素建设和提高的基础和保障。政府作为国家行政性权力机关,具备统合区域资源和各方力量的能力。[1]政府可以运用组织、

---

[1] 顾海兵、王亚红等:《中山城市形象定位与提升对策研究》,北京:中国经济出版社,2009年,第119－120页。

领导和控制等行政手段将社会各种力量、资源进行有效整合。因而,在江苏区域形象建设中,政府是不可替代的"主导者"。①无论是区域文化的推广、人口素质的提高还是区域形象的提升都依赖于政府强有力的支持和保障,特别是政府对相关资源的统筹与整合。区域政府公信力作为衡量政府公共管理能力的标尺,其好坏直接决定了政府在区域软实力建设中"主导"作用的发挥,进而影响其他软实力要素建设的效果。政府公信力反映了民众对政府的信任度,只有较高的区域政府公信力才能凝聚社会各界力量,共同致力于区域软实力的建设,发挥好民众的主体作用、企业和媒体的先锋作用以及民间团体的助力作用。江苏政府公信力建设已经取得了突出成就,但其存在的问题也是不容忽视的。尤为突出的问题是部分政府公务人员为民服务的意识淡薄,以及部分领导干部存在贪污腐化现象和作风问题。这些问题大大削弱了江苏政府公信力建设的效果,从而影响了整个区域软实力建设。

再次,区域人口素质是区域软实力建设的重要载体。区域软实力的提升归根结底还是区域人口或人力在特定区域地理、社会历史背景下表现出的软力量,因而人口是区域软实力的主体和载体。无论是区域文化建设,还是区域政府公信力和区域形象的提升,从本质上都是发挥区域内人口能动性的结果。离开了人口素质的提升,区域软实力就会成为无源之水、无根之木。具体来说,人既是文化创造者,也是文化的体现者。区域文化软实力是区域内过去与当下所有区域人口劳动创造的综合体现。对于政府公信力来说,政府公共管理能力在本质上也是作为"人"的政府公务人员在行政管理中的能力体现。民众对政府的信任与认可本质上是对政府公务人员群体的信任。因而,提升政府公信力的重要途径便是提升作为政府公信力载体的公务人员的素质,特别是行政能力和工作作风的建设。当然,区域人口素质本身还作为区域形象的重要构成要素,其水平也直接影响着区域形象的建设成效。

最后,区域形象作为区域软实力外显活力和内在影响力的基本要素,它反映的是包括区域文化、区域政府公信力和区域人口素质在内的全部内容在人们心中的

---

① 邵政达、刘金源:《江苏区域形象提升战略》,《学海》2012 年第 3 期。

主观认知。换句话说,区域形象是区域综合水平的外在体现。具体来说,一方面,区域形象的提升依赖于其他诸要素的平衡建设。例如,良好的区域文化形象、政府形象和人口素质形象都是区域形象建设的重要环节,它们的提高将能从整体上提升区域形象,而任何一个要素的缺失都将使作为一个整体的区域形象受到影响。江苏的区域文化形象、政府公信力及人口素质在总体上具有良好的基础,从而在整体上推动了区域形象的提升。但是,江苏的政府公信力还存在诸多严重问题,制约着区域形象提升的力度和效果。以苏北地区的政府公信力为例,一些基层地方政府与民众之间存在着府民矛盾和冲突,领导干部贪腐现象频发,这些都大大影响着政府公信力建设,进而对苏北区域形象产生不良影响。人口素质问题同样如此,江苏城乡差距明显,部分农村地区人口素质建设亟待完善,暴露出的大量问题深刻影响着整个区域人口素质的提升,进而对江苏区域形象产生不良后果。另一方面,区域形象的建设也能反过来作用于其他各要素的发展与提高。例如,良好的区域形象将有助于吸引更多高质量的人才,从而提升区域人口素质。江苏南部地区,特别是苏州、常州、无锡、南京等城市由于具备良好的经济形象、历史文化形象、政府形象等,吸引并会聚了大量优秀人才。良好的区域形象也能吸引更多区域外相关单位、团体带来文化交流和文化投资,从而提高区域文化软实力水平。同样,以苏南地区为例,良好的区域形象吸引了大量文化类企事业单位前来投资、交流,促进了地区文化事业的繁荣,提升了文化软实力水平。良好的区域形象也能提升区域内外民众对区域政府公共管理能力的认可度,进而提升区域政府公信力。良好的区域形象本身就反映了区域政府公共管理能力的卓越性。江苏区域形象整体良好,这反映出江苏各级政府在提升区域综合实力的工作中表现优异,从而能够赢得区域内外公众对政府领导能力的认可和对政府的信任。

总之,区域软实力建设是一项系统又复杂的宏大工程。在由区域政府主导、以区域民众为主体、区域内各级各类团体参与的软实力建设中,必须统筹软实力各大要素,协调发展、共同进步,使江苏区域软实力提升一个新台阶。

当然,区域软实力建设还是科学发展观的内在要求。科学发展观是时任中共中央总书记的胡锦涛同志在2003年7月28日的重要讲话中提出的一种推进中国特色社会主义事业改革与发展的方法论。2007年党的十七大上,胡锦涛同志做了

《高举中国特色社会主义伟大旗帜　为夺取全面建设小康社会新胜利而奋斗》的报告,报告提出:科学发展观,第一要义是发展,核心是以人为本,基本要求是全面协调可持续,根本方法是统筹兼顾。这一阐述指明了我们进一步推动经济改革和社会发展的思路和战略,同时也标志着马克思主义中国化,即马克思主义与中国具体国情相结合的理论水平达到新高度。科学发展观是国家战略层面的指导方针,同时也是实现区域发展,推进区域经济改革和社会发展的指导方针。科学发展观当然不是一套教条,而是一套必须落实、能够落实的发展理论。贯彻落实科学发展观要做到"四个坚持",即坚持把发展作为执政兴国第一要义,坚持以人为本,坚持全面协调可持续的发展,坚持统筹兼顾。同时,要努力实现发展观念、经济体制与增长方式、政府职能与干部工作作风的转变。

对于科学发展观与软实力发展的关系,胡锦涛同志在十七大报告中提出:"在新的发展阶段继续全面建设小康社会、发展中国特色社会主义,必须坚持以邓小平理论和'三个代表'重要思想为指导,深入贯彻落实科学发展观。"而同样在十七大报告中,胡锦涛同志还指出:"要坚持社会主义先进文化前进方向,兴起社会主义文化建设新高潮,激发全民族文化创造活力,提高国家文化软实力,使人民基本文化权利得到更好保障,使社会文化生活更加丰富多彩,使人民精神风貌更加昂扬向上。"[1]党的领导人在全国人民代表大会上将科学发展观和软实力共同提出,反映了科学发展观与软实力建设之间的密切关系,也反映了党的领导人的政治智慧。通过对软实力与科学发展观的比较,我们不难发现,两者的确是有机统一的。软实力建设是实践科学发展观的关键一环,而科学发展观是软实力建设的指导方针。

对于区域软实力而言,同样是这样。区域软实力作为一个衍生理论,它是与约瑟夫·奈提出的国家软实力相类比、应用于区域竞争发展研究中产生的。[2]作为一个舶来品,区域软实力在应用于中国区域竞争力发展研究中,必须具有中国特色的内涵和要求。面对我国复杂多样、参差不齐的区域发展现状以及我国社会整体面临转型的新形势,区域特别是省域作为国民经济和社会发展的重要基层支撑体,

---

[1] http://paper.people.com.cn/rmrb/html/2007-10/16/content_25225214.htm.
[2] 朱孔来、亓庆亮、郭春燕:《对区域软实力理论框架体系的思考》,《济南大学学报》(社会科学版)2011年第6期。

在改善人民生活水平、构建和谐社会中发挥着支柱作用。正确认识区域软实力与科学发展观的关系是准确把握区域软实力发展方向和深入落实科学发展观的必经途径。

首先，提升区域软实力是实践科学发展观的重要内容。科学发展观的精髓在于"以人为本"，全面、协调、可持续地促进经济、社会和人的全面发展。科学发展观的提出，标志着新形势下中国现代化战略目标的转变，即不能唯经济增长马首是瞻，而要在经济发展基础上促进人的全面发展以及社会的和谐进步。这也意味着党和国家治国理念和复兴中华民族战略的重要转变。一个社会的发展与繁荣不能只靠经济、军事等硬实力的发展，以文化、政府公信力、人口素质和区域形象为标志的软实力建设同样不可或缺。区域软实力建设将能够大大提升区域综合竞争力，提升人民生活水平、构建更加和谐的社会，为中国特色社会主义建设添砖加瓦。因此，大力推进软实力建设，是落实科学发展观的必然要求和重要内容。

其次，科学发展观是区域软实力建设的指导方针，指引着区域软实力建设的方向。传统的发展模式过度强调经济的中心地位，遗忘了经济建设的最终目的还是人本身，是将手段提高到了目标的位置，而将真正的目标降格为手段。[①] 在"唯GDP论"的观念引导下，中国实现了经济实力的迅猛提升。虽然由于文化、制度和国民素质影响到经济增长而受到了一定重视，但最终衡量标尺仍是经济，其他一切都处于从属、次要地位。这显然是一种重硬实力而轻软实力的陈旧观念，忽略了软实力为硬实力的发展创造条件的事实，直接导致我国改革开放以来，在文化、人居环境、国民素质、公共服务以及国际形象等软实力方面较为薄弱，反过来影响了硬实力的可持续发展。科学发展观提出的目标之一正是要扭转这种局面，实现两种实力的平衡发展。科学发展观要求树立"全面、协调、可持续"的发展观，促进经济社会和人的全面发展，按照"统筹城乡发展、统筹区域发展、统筹经济社会发展、统筹人与自然和谐发展、统筹国内发展和对外开放"的要求推进各项事业。这样，通过突出强调软实力维度，全面统筹社会发展各层次、各方面科学、全面的发展，从而

---

① 《软实力与科学发展观有什么关系》，载人民网，http://theory.people.com.cn/GB/166866/166886/10072586.html.

弥合社会裂痕,化解社会戾气,创造繁荣、自由、和谐的区域社会。

最后,区域软实力践行着科学发展观"以人为本"这一精髓。科学发展观的核心与精髓乃是"以人为本"。同样,在区域软实力建设中,"人"作为区域文化、区域政府公信力、人口素质和区域形象的主要载体,其核心也是"人"的能动性。两者对"人"的重视,其实是对发展思路的改进,是从过去人与自然的关系向人与人之间关系的转变。坚持"以人为本"就是始终把实现好、维护好、发展好最广大人民的根本利益作为一切工作的出发点和落脚点,尊重人民主体地位,发挥人民首创精神,保障人民各项权益,走共同富裕道路,促进人的全面发展,做到发展为了人民、发展依靠人民、发展成果由人民共享。因此,对"人"的重视使区域软实力与科学发展观实现内在统一。

认识到了科学发展观与区域软实力的关系后,需要进一步强调的是科学发展观并非空洞的理论,其精义在于落实。根据科学发展观的内在要求和基本要义,我们必须在推动区域软实力发展的过程中做到"四个坚持",努力实现"三大转变"。

一方面,地方领导干部在引领人民群众贯彻落实科学发展观,实现区域软实力走上新台阶的过程中,必须做到"四个坚持",发挥好自身的主导作用。其一,针对各级党委、政府,必须坚持把发展作为党执政兴国的第一要义。各级党政领导班子都必须紧紧抓住经济发展这个中心不动摇,既要全心全意谋发展、搞建设,不断解放和发展生产力,又要把握发展规律、转变发展理念和方式,提高经济建设的效益与效率,实现经济又好又快的发展。江苏是一个传统经济大省,经济基础好,发展势头强劲,但各级政府不能松懈,必须坚持经济发展的重要地位,结合地方发展优势,加快发展进程。

其二,同样针对各级党委、政府,在引领人民发展的道路上,必须坚持以人为本。江苏在区域经济、文化发展等方面走在全国前列,但也存在南北差距大、城乡差距大等缺陷,苏北、农村地区的发展必须得到足够的重视,区域发展的成果必须与经济较弱地区共享,才能走出一条共同富裕的道路。同时,要尊重这些地区人民的主体地位,发挥他们的创造精神,从根本上解决发展的区域差距问题,促进江苏区域发展由人民创造、由人民分享的人本之路。

其三,科学发展观要求各级党委、各级政府坚持全面协调可持续的发展。结合区域特色和优势,全面推进经济建设、政治改革、文化发展、社会进步,促进现代化建设各个环节、各个方面相互协调,促进生产关系与生产力、上层建筑与经济基础相协调。江苏区域软实力发展最大的问题与经济发展的问题是相一致的,即南北差距与城乡差距的问题。做不到南北之间、城乡之间的协调发展,必然影响江苏作为一个整体的区域竞争力。因而,如何调整南北、城乡之间的经济、文化等各方面的布局,实现人民的共同富裕、文化的共同发展、形象的同步提升、人口素质的全面提升是摆在江苏各级党委、政府面前的重要任务。科学发展观还要求可持续发展,即在推进区域软实力建设的过程中坚持区域文化、人口素质等区域基础竞争力,不能过于注重经济指标等即时性的政绩工程,要实现区域发展的可持续性。

其四,各级党委、政府在制定区域软实力发展战略时,要坚持统筹兼顾。这就要求区域政府应统筹个人利益与集体利益、局部利益和整体利益、当前利益和长远利益,充分调动各方面力量的积极性。要总揽全局、统筹规划、抓住牵动全局的主要工作、事关群众利益的突出问题,着力推进、重点突破。基于此,在江苏区域软实力建设中,要充分发挥省级职能部门的统筹作用,做好各地方政府之间的协调统一,既要关注地方利益,也要做到地方利益服务于整体利益。在这一过程中,要做好突出重点的工作。对于诸如苏北、苏中广大地区农村文化、人口素质、区域形象、政府公信力建设等方面的问题要重点关注。当然,统筹兼顾的根本在于发挥人民群众的主体作用,这就要求政府在加强主导地位的同时,调动群众、各民间团体、企事业单位、媒体等的积极性,在一套统一的软实力发展规划下充分发挥各自作用。[①]

另一方面,以科学发展观为指导,区域软实力建设还要努力实现软实力建设中的"三大转变"。其一,转变软实力建设中的发展理念。科学发展观强调全面、协调、可持续的发展,而在一些地方党委、政府领导干部的头脑中依然将发展视为经济的快速增长,这种思想是与党和国家强调发展软实力的基本方针不一致的,更与科学发展观本身存在根本矛盾。江苏区域软实力建设必须首先在全党、各级政府中抓好发展理念的教育工作,使各级党委、政府领导干部真正做到以科学发展观来主导区域软实力建设事业。文化软实力建设要注重统筹兼顾全省,杜绝指标主义;

---

① 邵政达、刘金源:《江苏区域形象的提升战略》,《学海》2012年第3期。

人口素质建设要注重基础教育、思想教育,杜绝政绩工程和指标主义;区域形象建设要注重全面提升,反对个别形象工程;提升政府公信力则要求政府部门首先转变发展理念,以人为本,制定科学合理、服务人民、依赖人民的发展战略。

其二,转变软、硬实力不能统筹兼顾的旧战略,实现两者相互推动、共同进步的战略目标。经济发展尽管并非区域软实力建设的内容,但却无疑是软实力建设的基础和保障。没有经济发展方式的转变,实现软实力建设的各项目标就成了"无源之水"。这就要求转变经济增长方式和经济体制,深化经济改革,强化区域的可持续发展,促进软、硬实力的协调进步。经济发展要以提高质量效益为中心,逐步减少以资源和环境换取经济增长的旧思路,加大实施可持续发展战略的力度,推进经济增长方式向集约型转变,推进绿色生产方式和文明消费,制定有利于低投入、高产出、少排污、可循环的公共政策和发展机制。同时,完善相关法律法规,以全面建设节约型社会为目标,并以科技进步为支撑。对于经济体制的转变,则要深化金融、投资、财税等各方面改革,消除城乡分割的体制性障碍,推进农民的产业化转移,引导区域资源的合理配置,逐步解决城乡二元结构问题。在推进经济增长方式和经济体制改革的同时,要紧抓软硬两手,推进区域文化、教育、卫生等体制的改革,切实实现文化软实力、人口素质的提升,同时全面统筹地促进区域形象的提升。

其三,转变政府职能及各级干部的工作作风。政府应该在软实力建设中充分发挥主导作用,唯其如此,才能团结区域内部一切力量统筹提升软实力。转变政府职能是这一地位的应有之义,也是科学发展观的内在要求。转变政府职能要尽快建立新的工作考核评价体系,杜绝"唯 GDP 论",特别是要把软实力建设的成效作为政府政绩考核的重要指标,将经济发展与软实力建设的指标体系融合。同时,还要引导各级领导干部树立正确的政绩观,实现政府向服务型政府的全面转化,进一步转变各级领导干部的工作作风,弘扬"求真务实"的精神,克服主观主义、形式主义和官僚主义。各级领导干部还要坚持党的群众路线,不能把"为人民服务"当作空话,要切实转变执政理念、执政作风,并在实践中形成新思路,在群众中寻求新办法,特别是要着力解决关系到人民群众切身利益的突出问题。

江苏各级政府在软实力建设中发挥了较好的主导作用,在政府职能转变方面走在大多数省份前面,这是值得肯定的,但目前的转变仍是不够的。一是政府职能的转变还有待进一步加强。在一些地方政府,特别是基层政府,领导干部的特权意识大于服务意识,政府充当的仍是管理者,甚至有时是单纯的征税者的角色,造成民众不满,危害了区域团结稳定及软实力发展大业。所以,政府自上而下的考核体系一定要坚持以人民群众的利益为出发点,让群众成为领导干部政绩考核的参与者。二是各级领导干部的工作作风建设仍亟待加强。如何教育好我们的领导干部,使廉政建设落到实处,是转变政府职能的前提条件。三是作为软实力四大要素之一的政府公信力建设还存在着诸多问题,表现为公信力的弱化,包括公共政策权威弱化、危机预警准备不足、危机处理措施不当等。紧抓重点,切实扭转江苏政府公信力弱化的趋势是转变政府职能的重要一步。

综合来看,区域软实力建设是在科学发展观"以人为本"的旗帜下贯彻科学发展观的过程,两者是内在统一的。以科学发展观为指导,重视区域软实力发展,开展区域软实力研究,能够为区域发展指明方向。这有利于树立科学发展的理念;有利于进一步深化行政体制改革,提高政府公共管理和公共服务水平;有利于提高群众文化素质,掀起文化发展高潮;有利于推进民众依法办事,注重自身形象的塑造与改善;有利于增强发展的底蕴和后劲。同时,正确处理软实力建设与科学发展观之间的关系,有利于增强贯彻落实科学发展观的主动性。科学发展观的第一要务是发展,而且是全面、协调、可持续的发展,在注重提升区域硬实力的同时,协调其与区域文化、政府公信力、人口素质和区域形象构成的软实力之间的平衡。换句话说,区域软实力建设作为科学发展观的一部分,它的提升既是区域社会发展的目标,又肩负着为硬实力发展创造条件的任务。当然,必须强调的是,重视软实力建设,实际上是将软实力建设纳入了社会发展整体体系,并不是放弃硬实力建设。在实践中,要坚持软硬兼施,既要硬实力,又要软实力,真正实现全面、协调、可持续发展。软实力的提升已然成为未来实现地区可持续发展和增强核心竞争力的重要方面,与"硬实力"一起共同构成各地发展综合实力的重要内容,统一于社会发展的实践中。

参考文献

一、基础文献

1. 《江苏统计年鉴(2011)》
2. 《江苏统计年鉴(2012)》
3. 《江苏统计年鉴(2013)》
4. 《江苏统计年鉴(2014)》
5. 《江苏统计年鉴(2015)》
6. 《江苏省"十二五"规划纲要》
7. 《中共第十七届中央委员会第五次全体会议公报》
8. 《中共中央关于构建社会主义和谐社会若干重大问题的决定》
9. 《关于支持和促进文化产业发展的若干意见》
10. 《深化文化体制改革 增强中国文化软实力》
11. 《提高国家文化软实力》
12. 《高举中国特色社会主义伟大旗帜 为夺取全面建设小康社会新胜利而奋斗——在中国共产党第十七次全国代表大会上的报告》

二、主要网站

1. 江苏省统计局网站:http://www.jssb.gov.cn.
2. 江苏省人民政府网站:http://www.js.gov.cn.
3. 江苏省科技厅网站:http://www.jstd.gov.cn.
4. 中华人民共和国教育部网站:http://www.moe.gov.cn.
5. 中华人民共和国国家统计局网站:http://www.stats.gov.cn.

三、中文著作

1. ［美］戴维·奥斯本、特德·盖布勒：《改革政府——企业精神如何改革着公共部门》，周敦仁译，上海：上海译文出版社，1996年。

2. ［美］菲利克斯·A. 尼格罗、劳埃德·G. 尼格罗：《公共行政学简明教程》，郭晓来等译，北京：中共中央党校出版社，1997年。

3. ［美］约瑟夫·奈：《美国霸权的困惑：为什么美国不能独断专行》，郑志国等译，北京：世界知识出版社，2002年。

4. ［美］约瑟夫·奈：《美国定能领导世界吗》，何小东、盖玉云等译，北京：军事译文出版社，1992年。

5. ［美］约瑟夫·奈：《硬权力与软权力》，门洪华译，北京：北京大学出版社，2005年。

6. 陈崇北、寿晓松、梁晓秋：《威慑战略》，北京：军事科学出版社，1989年。

7. 陈正良：《中国"软实力"发展战略研究》，北京：人民出版社，2008年。

8. 陈志、杨拉克：《城市软实力》，广州：广东人民出版社，2008年。

9. 方标军：《江苏文化研究报告》，南京：江苏人民出版社，2004年。

10. 顾海兵、王亚红等：《中山城市形象定位与提升对策研究》，北京：中国经济出版社，2009年。

11. 郭树勇：《大国成长的逻辑：西方大国崛起的国际政治社会学分析》，北京：北京大学出版社，2006年。

12. 韩勃、江庆勇：《软实力：中国视角》，北京：人民出版社，2009年。

13. 黄润龙、陈绍军主编：《长寿的代价——老龄化对社会经济的影响研究》，北京：社会科学文献出版社，2011年。

14. 黄硕风：《综合国力论》，北京：中国社会科学出版社，1992年。

15. 江苏省文化厅编：《文化建设在江苏》，北京：中共党史出版社，2011年。

16. 江苏省文化厅编：《文化民生的理论与实践》，南京：南京出版社，2011年。

17. 刘建明主编：《宣传舆论学大词典》，北京：经济日报出版社，1992年。

18. 马庆国、楼阳生等：《区域软实力的理论与实施》，北京：中国社会科学出版社,2007年。

19. 门洪华主编:《中国:软实力方略》,杭州:浙江人民出版社,2007年。

20. 孟建等主编:《城市形象与软实力:宁波市形象战略研究》,上海:复旦大学出版社,2008年。

21. 孟亮:《大国策:通向大国之路的软实力》,北京:人民日报出版社,2008年。

22. 秦启文等:《突发事件的管理与应对》,北京:新华出版社,2004年。

23. 上海高校都市文化E-研究院:《2011年全国31个省市自治区公共文化服务指数蓝皮书》,北京:商务印书馆,2012年。

24. 上海社会科学院世界经济与政治研究院编:《国际体系与中国的软力量》,北京:时事出版社,2006年。

25. 孙丽燕、张肖敏主编:《改革开放30年江苏人口与发展》,南京:河海大学出版社,2009年。

26. 邬沧萍主编:《人口学学科体系研究》,北京:中国人民大学出版社,2006年。

27. 徐国亮:《政府权威研究》,济南:山东大学出版社,2006年。

28. 徐京波、翟建军:《区域软实力研究与建构》,北京:红旗出版社,2011年。

29. 薛澜等:《危机管理》,北京:清华大学出版社,2003年。

30. 俞新天等:《强大的无形力量:文化对当代国际关系的作用》,上海:上海人民出版社,2007年。

31. 张成福、党秀云:《公共管理学》,北京:中国人民大学出版社,2001年。

32. 张国祚主编:《中国文化软实力研究报告(2010)》,北京:社会科学文献出版社,2011年。

33. 赵伟鹏、戴元祥主编:《政府公共关系理论与实践》,天津:天津人民出版社,2001年。

34. 郑也夫编:《信任:合作关系的建立与破坏》,北京:中国城市出版社,2003年。

四、中文论文

1. [美]斯蒂格利茨:《自由、知情权和公共话语——透明化在公共生活中的作用》,宋华琳译,《环球法律评论》2002年第3期。

2. 白春阳、马俊峰:《政府公信力:现代公共生活秩序的核心问题》,《天津社会科学》2008年第1期。

3. 陈清华:《江苏文化软实力提升路径研究》,《学海》2011年第6期。

4. 陈永国、钟杨:《公共服务、政府管理对政府公信力的影响——中国城市政府公信力问题的调查研究》,《上海交通大学学报》(哲学社会科学版)2012年第3期。

5. 陈正良:《论增强区域发展的"软实力"》,《社会主义研究》2005年第2期。

6. 戴业炼、陈宏愚:《软实力研究评述》,《科技进步与对策》2006年第11期。

7. 冯春:《政府回应网络舆论的路径选择》,《探索》2011年第1期。

8. 高力翔、王凯:《共生共赢:南京与青奥会共成长》,《南京体育学院学报》(社会科学版)2011年第2期。

9. 高卫星:《试论地方政府公信力的流失与重塑》,《中国行政管理》2005年第7期。

10. 龚娜、罗芳洲:《"城市软实力"综合评价指标体系的构建及其评价方法》,《沈阳教育学院学报》2008年第6期。

11. 郭洁敏:《论软权力的基础、条件及其运用准则》,《现代国际关系》2006年第3期。

12. 国家行政学院邓小平理论和"三个代表"重要思想研究中心:《努力提高政府公信力》,《光明日报》2005年2月1日。

13. 胡建林:《提升四川省软实力对策研究》,四川大学硕士学位论文,2007年。

14. 胡玲敏:《区域软实力及其综合评价指标体系探讨》,《统计科学与实践》2010年第8期。

15. 胡兆量:《区域形象设计》,《地域研究与开发》2003年第2期。

16. 黄健元、杨飞:《人口现代化状况评析——基于苏、浙、沪、京、粤、鲁、全国的比较》,《西北人口》2008 年第 4 期。

17. 黄金辉、丁忠毅:《中国国家软实力研究述评》,《社会科学》2010 年第 5 期。

18. 姜运仓:《区域软实力的概念、要素及评估指标体系》,《桂海论丛》2010 年第 3 期。

19. 蒋海升:《山东"情义"文化的源流、价值与品牌传播——以增强区域"软实力"为视角》,《山东社会科学》2011 年第 6 期。

20. 蒋英州、叶娟丽:《国家软实力研究述评》,《武汉大学学报》(哲学社会科学版)2009 年第 2 期。

21. 解思忠、胡若隐:《国民素质是第一生产力》,《人民日报》2001 年 6 月 22 日。

22. 李屏南、王春选:《县域软实力作用探析》,《当代世界与社会主义》2011 年第 3 期。

23. 李晓纯:《教育、人力资本、经济增长——理论阐释和实证检验》,吉林大学博士学位论文,2009 年。

24. 李正治、杨洪泽:《区域软实力概述及其提升对策实例探讨》,《商业时代》2011 年第 3 期。

25. 李正治、张凤莲:《试论区域软实力与区域经济的发展》,《理论月刊》2009 年第 5 期。

26. 李正治:《试论区域软实力与东北老工业基地振兴》,《理论月刊》2010 年第 10 期。

27. 梁明虎、谭克俭:《退耕还林中的人口与发展矛盾及其解决》,《人口与经济》2002 年第 5 期。

28. 廖芳玲、顾金喜:《网络群体性事件对政府管理的挑战与应对之策》,《浙江学刊》2011 年第 1 期。

29. 林安红:《政府公信力与公共治理》,《天府新论》2006 年第 5 期。

30. 陆林、刘冰清:《试论区域发展中的区域形象价值》,《经济地理》2005 年第 3 期。

31. 吕淑丽:《基于资源禀赋的区域软实力的形成机理》,《系统科学学报》2011

年第1期。

32. 马志强:《论区域可持续发展中的区域形象问题》,《商业经济与管理》1999年第6期。

33. 庞中英:《中国软力量的内涵》,《瞭望新闻周刊》2005年第45期。

34. 秦琴:《区域软实力及作用机理分析》,《管理现代化》2012年第2期。

35. 秦尊文:《区域软实力研究——以武汉市为例》,《学习与实践》2007年第10期。

36. 屈云龙、许燕:《江苏省人口素质评价指标体系的构建及实际测度》,《西安社会科学》2009年第3期。

37. 屈云龙、许燕:《主成分分析法在人口素质评价中的应用——以江苏省为例》,《南京人口管理干部学院学报》2010年第2期。

38. 阮宗泽:《软实力与硬实力》,《人民日报》2004年2月13日。

39. 邵政达、刘金源:《江苏区域形象的提升战略》,《学海》2012年第3期。

40. 申秀清、修长柏:《试论区域软实力与内蒙古经济的可持续发展》,《商业时代》2012年第18期。

41. 宋旭光:《地方政府的危机管理:责任、信息与制度》,《财经问题研究》2006年第11期。

42. 孙爱霞、韩培花:《"软实力"提升与河北区域发展》,《河北学刊》2009年第5期。

43. 台州市发展和改革委员会课题组:《弘扬人文精神 提升台州软实力》,《浙江经济》2006年第18期。

44. 谭伟:《网络舆论概念及特征》,《湖南社会科学》2003年第5期。

45. 唐丽艳、张埔镜、王国红:《基于模糊积分的区域软实力评价研究》,《价值工程》2010年第2期。

46. 唐应天:《我国计划生育政策评估——以江苏省为例》,中国农业大学硕士学位论文,2005年。

47. 陶建杰:《城市软实力评价指标体系的构建与运用——基于中国大陆50个城市的实证研究》,《中州学刊》2010年第3期。

48. 陶莹、陈钰芬:《浙江省 11 市区域软实力评价体系的构建及测度》,《统计科学与实践》2011 年第 5 期。

49. 王春选:《科学发展观视阈下的县域软实力研究》,湖南师范大学博士学位论文,2011 年。

50. 王沪宁:《作为国家实力的文化:软权力》,《复旦学报》(社会科学版)1993年第 3 期。

51. 王凯:《耦合性:探究南京承办 2014 年"青奥会"的成功之道》,《南京体育学院学报》(社会科学版)2010 年第 1 期。

52. 王新萍、康福升:《从传播学的视角探索区域形象塑造》,《新闻知识》2006年第 1 期。

53. 吴光芸、李建华:《社会资本:区域经济发展的软实力》,《未来与发展》2009年第 7 期。

54. 吴光芸、唐兵:《论区域软实力及其对区域经济发展的影响》,《学习与实践》2009 年第 5 期。

55. 吴国生、王红:《2010 年新加坡青奥会价值意义解析与青奥会展望》,《运动》2011 年第 5 期。

56. 吴威威:《良好的公信力:责任政府的必然追求》,《兰州学刊》2003 年第 6 期。

57. 武晓峰:《近年来政府公信力研究综述》,《中国行政管理》2008 年第 5 期。

58. 夏利民:《我国弹性退休制度的法律规制探讨》,《法学杂志》2012 年第 11 期。

59. 徐健:《江苏"十二五"高中阶段教育生源状况及中职教育发展策略》,《教育与职业》2011 年第 21 期。

60. 徐艳红、伍小乐:《中国软实力理论研究综述》,《前沿》2008 年第 6 期。

61. 许佩倩:《提高江苏区域综合竞争力的思考》,《江苏商论》2006 年第 9 期。

62. 许燕、屈云龙:《人口素质评价体系的构建及应用——以江苏省为例》,《人口与发展》2011 年第 1 期。

63. 薛庆根:《江苏省苏南、苏中、苏北地区差距透视》,《新疆农垦经济》2005 年第 12 期。

64. 阎学通:《从和谐世界看中国软实力》,《环球时报》2005 年 12 月 16 日。

65. 杨惠、戴海波:《城市形象网络传播及其建构策略研究——以江苏省淮安市为例》,《新闻知识》2012 年第 11 期。

66. 杨来胜、黄润龙:《江苏人口安全目标选择与人口计生工作机制创新》,《人口与发展》2012 年第 5 期。

67. 杨曙明:《江苏乡村教育调查报告》,《江苏教育》2011 年第 4 期。

68. 杨运秀:《维护政府信用,进一步提升政府公信力》,《学术论坛》2008 年第 10 期。

69. 禹贡:《区域形象系统探索》,《地域研究与开发》1999 年第 3 期。

70. 袁丽英:《"十一五"江苏职业教育发展基础与宏观环境》,《职教论坛》2006 年第 13 期。

71. 张笃勤、但瑞华:《国内软实力研究现状与武汉软实力建设对策》,《长江论坛》2009 年第 2 期。

72. 张国祚:《中国的事要多听中国人说——与约瑟夫·奈的对话》,《中国社会科学报》2012 年 7 月 4 日。

73. 张建昌:《区域经济形象与企业品牌关系论》,《理论导刊》2005 年第 9 期。

74. 张亮:《我国新型农民培训模式研究》,河北农业大学博士学位论文,2010 年。

75. 张敏:《区域软实力评价指标体系研究与实证分析——以内蒙古自治区为例》,《内蒙古社会科学》(汉文版)2012 年第 2 期。

76. 张谢宁:《青奥会的举办对南京城市形象提升的影响研究》,《哈尔滨体育学院学报》2011 年第 5 期。

77. 张旭霞:《试论政府公信力的提升途径》,《南京社会科学》2006 年第 7 期。

78. 张勇:《软实力:观察区域经济资源禀赋的新视角》,《新视野》2007 年第 1 期。

79. 张子珩、冯九璋:《可持续发展中的江苏人口素质研究》,《人口研究》2002 年第 2 期。

80. 赵冬菊、王永红、陈丽:《地域文化资源与重庆文化软实力提升》,《重庆社会科学》2012年第3期。

81. 赵学琳:《区域文化软实力发展路径的整体构建》,《河南师范大学学报》(哲学社会科学版)2009年第2期。

82. 郑仕杰:《区域软实力与东莞经济转型初探》,《特区经济》2010年第11期。

83. 郑旭辉:《政府公信力的失范与规制——一种经济学角度的分析》,《福州大学学报》(哲学社会科学版)2007年第6期。

84. 周国富、吴丹丹:《各省区文化软实力的比较研究》,《统计研究》2010年第2期。

85. 周晓宏、郭文静:《软实力与区域发展简论》,《思想战线》2009年第2期。

86. 周晓宏、王小毅、谢荷锋:《区域软实力及其综合评价体系研究》,《技术经济》2007年第6期。

87. 朱孔来、亓庆亮、郭春燕:《对区域软实力理论框架体系的思考》,《济南大学学报》(社会科学版)2011年第6期。

88. 祝小宁、白秀银:《政府公信力的信息互动选择机理探究》,《中国行政管理》2008年第8期。

附　录

关于"江苏区域形象提升战略"的调查问卷

您好！

　　本调查是江苏省高校哲学社会科学研究重点项目"提升江苏区域软实力的理论与政策研究"(2011ZDIXM007)的一项重要内容。我们按照随机抽样的原则确定调查对象，了解您对江苏区域形象的评价，并希望得到您的宝贵意见。您的回答没有正确和错误之分，我们将对每一位调查者实施绝对保密的原则，所以请您根据自己的真实情况放心填答。非常感谢您的合作！

　　答题方式：请在您认为符合的选项上画"√"。

"提升江苏区域软实力的理论与政策研究"课题组

2012 年 3 月 1 日

一、您的基本资料

1. 您的年龄：_____ 岁。
2. 您的性别：

A. 男　　　　　B. 女

3. 您在江苏生活了多久？（单选）

A. 1 年以下　　B. 1—4 年　　　C. 5—10 年　　　D. 10 年以上

二、您对江苏区域形象的认知

（一）整体认知

4. 您认为江苏的区域整体形象在全国居于什么地位？（单选）

A. 首屈一指　　B. 前列　　　　C. 一般　　　　D. 后列

5. 江苏给您的最深刻印象是（单选）

A. 文化多元　　　B. 经济发达　　　C. 南北差距大　　D. 舒适宜居

E. 文明友好　　　F. 教育发达　　　G. 脏、乱、差　　H. 其他

6. 以下这些省份和江苏规模差不多，您认为它们与江苏相比，在区域形象上如何？（单选）

相比于江苏：

A. 好很多　　　　B. 好一点　　　　C. 差不多　　　　D. 差一点

E. 差很多

(1) 广东　A　B　C　D　E

(2) 浙江　A　B　C　D　E

(3) 山东　A　B　C　D　E

(4) 河南　A　B　C　D　E

(5) 安徽　A　B　C　D　E

（二）区位形象

7. 您认为江苏的地理位置（单选）

A. 非常优越　　　B. 较优越　　　　C. 一般　　　　　D. 较差

8. 在您印象中，下列哪一项最符合您心目中的江苏区位形象？（单选）

A. 沿海地区　　　　　　　　　　　B. 长三角地区

C. 内陆地区　　　　　　　　　　　D. 其他

9. 您认为江苏的地理位置对江苏的发展（单选）

A. 很有帮助　　　　　　　　　　　B. 有些帮助

C. 没有帮助（跳过下一题）　　　　D. 不清楚

10. 您认为下列哪一区位对江苏发展帮助最大？

A. 沿海地区　　　B. 长三角地区　　C. 内陆地区　　　D. 其他

（三）资源形象

11. 您认为自然资源与区域发展（单选）

A. 有极大的作用　　　　　　　　　B. 有一定作用

C. 作用极小　　　　　　　　　　　D. 毫无关系

12. 您认为江苏自然资源（单选）

    A. 非常丰富（跳过下一题）　　　B. 有些丰富，有些贫乏

    C. 贫乏　　　　　　　　　　　　D. 不了解

13. 您认为如何解决江苏的自然资源问题？（单选）

    A. 与资源大省合作，优势互补　　B. 依赖国家协调资源分配

    C. 充分发掘江苏省内资源　　　　D. 其他

（四）经济形象

14. 您认为江苏的整体经济形象如何？（单选）

    A. 发达　　　B. 良好　　　C. 一般　　　D. 落后

15. 您认为影响江苏经济形象的主要问题是什么？（单选）

    A. 南北差距大　　　　　　　　　B. 城乡差距大

    C. 沿海和内地差距大　　　　　　D. 其他

（五）交通形象

16. 您认为江苏的交通形象的整体感觉（单选）

    A. 非常好　　　B. 一般　　　C. 不好　　　D. 没感觉

17. 您认为影响江苏交通形象的主要问题是什么（单选）

    A. 交通拥堵　　　　　　　　　　B. 交通设施不健全

    C. 交通管理混乱　　　　　　　　D. 其他

（六）科教形象

18. 您认为江苏的科技形象（单选）

    A. 科技发达　　　　　　　　　　B. 一般，但未来潜力大

    C. 科技落后　　　　　　　　　　D. 不了解（跳过下一题）

19. 您认为影响江苏科技形象的主要问题是（单选）

    A. 创新力不足　　　　　　　　　B. 人才缺乏

    C. 科研条件不足　　　　　　　　D. 不清楚

20. 您认为江苏的教育发展（单选）

    A. 发达　　　B. 良好　　　C. 一般　　　D. 较差

21. 您认为影响江苏教育形象的主要问题是(单选)

   A. 忽视素质教育　　　　　　B. 教育设施不完善

   C. 教育管理混乱　　　　　　D. 教师队伍参差不齐

(七)旅游形象

22. 您认为江苏的旅游形象(单选)

   A. 优　　　　B. 良　　　　C. 中　　　　D. 差

23. 如果您的朋友来江苏旅游,您会推荐他首先去哪个城市？(单选)

   A. 南京　　　　B. 徐州　　　　C. 连云港　　　　D. 苏州

   E. 扬州　　　　F. 其他城市

24. 您认为影响江苏旅游形象的主要问题是(单选)

   A. 景点过于分散　　　　　　B. 价格不合理

   C. 景点脏乱,管理混乱　　　　D. 不了解

(八)历史文化形象

25. 您认为江苏在历史上的形象(单选)

   A. 才子佳人辈出,文化繁荣　　B. 中国政治中心,自古兵家必争之地

   C. 远离政治文化中心,地处偏远　　D. 不了解

26. 您认为江苏的文化形象(单选)

   A. 自古以来文化繁荣昌盛　　　B. 古代文化繁荣,近代以来衰落

   C. 自古就是偏远地区,远离文化中心　　D. 不了解

27. 您认为江苏的历史文化形象在整体区域形象中处于什么地位？

   A. 优势,值得大力弘扬　　　　B. 劣势,应注重其他方面形象的宣传

   C. 一般　　　　　　　　　　D. 不了解

(九)公共文明形象

28. 您认为江苏的城市环境形象(单选)

   A. 很好　　　　B. 较好　　　　C. 一般　　　　D. 较差

29. 您认为江苏的农村环境形象(单选)

   A. 很好　　　　B. 较好　　　　C. 一般　　　　D. 较差

30. 您觉得江苏人整体素质如何？（单选）

A. 整体很好　　　B. 一般　　　　C. 不好　　　　D. 不清楚

31. 您认为江苏整体治安情况（单选）

A. 很好　　　　　B. 一般　　　　C. 差　　　　　D. 不清楚

（十）政府形象

32. 您认为江苏的政府形象（单选）

A. 很好　　　　　　　　　　　B. 一般

C. 不好　　　　　　　　　　　D. 不了解（跳过下一题）

33. 您认为江苏的政府形象建设应该从哪方面入手？（最多选两项）

A. 反腐倡廉　　　　　　　　　B. 提高办事效率

C. 改善服务态度　　　　　　　D. 多与群众交流

三、江苏区域形象建设的各方力量

34. 您认为江苏区域形象建设需要哪些力量的推动？（可多选）

A. 各级政府　　　　　　　　　B. 公众

C. 事业单位　　　　　　　　　D. 企业

E. 媒体　　　　　　　　　　　F. 民间团体

35. 您认为下列哪一种力量是江苏区域形象建设最重要的推动力量？（单选）

A. 政府　　　　　　　　　　　B. 公众

C. 媒体　　　　　　　　　　　D. 民间团体

（一）政府

36. 您认为政府应该在江苏区域形象建设中居于什么地位？（单选）

A. 主导地位　　　　　　　　　B. 先锋地位

C. 辅助地位　　　　　　　　　D. 不起作用（跳过下一题）

37. 您认为政府在江苏区域形象建设中应起到哪些具体作用?(可多选)

A. 规划形象战略　　　　　　　B. 引导形象战略实施

C. 整合形象资源　　　　　　　D. 参与推广江苏形象

E. 提升自身形象

(二) 公众

38. 您认为公众应该在江苏区域形象建设中居于什么地位?(单选)

A. 主导地位　　　　　　　　　B. 主体地位

C. 先锋地位　　　　　　　　　D. 不起作用(跳过下一题)

39. 您认为社会公众应如何参与到江苏区域形象提升中来?(单选)

A. 积极配合政府的形象推广战略　B. 积极宣传江苏区域形象

C. 提高公众自身形象　　　　　D. 其他

40. 您认为江苏人团结吗?(单选)

A. 团结　　　　　　　　　　　B. 省内不团结,省外团结

C. 省内团结,省外不团结　　　　D. 一般

41. 您认为江苏广大群众对公共活动的参与积极吗?(单选)

A. 积极　　　B. 不积极　　　C. 一般　　　D. 不清楚

(三) 媒体

42. 您认为哪类媒体反映江苏的内容较多?(最多选择两项)

A. 电视　　　B. 报纸　　　C. 网络　　　D. 广播

E. 其他

43. 您认为各类媒体对江苏的报道量(单选)

A. 充分　　　B. 一般　　　C. 不充分　　　D. 没关注过

44. 您认为各类媒体对江苏的报道内容(单选)

A. 客观　　　B. 较客观　　　C. 一般　　　D. 不客观

45. 您认为媒体和企业应该在江苏区域形象建设中居于什么地位?(单选)

A. 主导地位　　　　　　　　　B. 主体地位

C. 先锋地位　　　　　　　　　D. 不起作用(跳过下一题)

46. 您认为媒体如何发挥自己在江苏区域形象提升中的作用？（单选）

　　A. 积极宣传江苏正面形象　　　　　B. 配合政府的形象推广战略

　　C. 掩盖江苏负面新闻　　　　　　　D. 其他

47. 据您了解，在日常媒体公布的信息中，涉及江苏形象方面的信息是正面的多，还是负面多？（单选）

　　A. 正面的多　　B. 负面的多　　C. 差不多　　D. 不清楚

（四）企业

48. 据您了解，"江苏制造"是否具备较强的竞争力和品牌价值？（单选）

　　A. 具备　　　B. 不具备　　C. 一般　　　D. 不清楚

（五）民间团体

49. 您了解江苏民间公益团体的现状吗？（单选）

　　A. 非常了解　　B. 了解　　　C. 听说过　　D. 毫不了解

50. 您认为民间团体能否在江苏区域形象建设发挥作用？（单选）

　　A. 能　　　　B. 不能　　　C. 或许可以　　D. 不知道

四、江苏区域形象建设的对策

（一）区域发展平衡

51. 您认为下列哪一项是影响江苏整体形象构建的主要障碍？（单选）

　　A. 南北发展不平衡　　　　　　　　B. 城乡发展不平衡

　　C. 沿海和内陆发展不平衡　　　　　D. 其他

52. 以苏州为代表的苏南地区给您最深的印象是（单选）

　　A. 江南水乡　　B. 经济发达　　C. 舒适宜居　　D. 其他

53. 您认为苏南模式取得成功的主要原因是什么？（单选）

　　A. 改革开放　　　　　　　　　　　B. 靠近上海

　　C. 国家支持　　　　　　　　　　　D. 苏南人民自身的奋斗

54. 苏北给您最深的印象是（单选）

　　A. 贫穷落后　　　　　　　　　　　B. 城乡差距大

　　C. 发展良好，较苏南落后　　　　　D. 其他

55. 您认为苏南和苏北最主要的差距在哪个方面？（单选）

　　A. 经济发展　　　B. 科技发展　　　C. 教育发展　　　D. 地理位置

56. 您认为苏北地区的发展能否借鉴苏南模式？（单选）

　　A. 能，苏南模式可以推广到苏北

　　B. 不能，苏北应该有自己的发展模式

　　C. 苏北可在某些方面借鉴苏南发展经验

　　D. 不清楚

57. 您认为下列城市中哪一个最有发展前景？（单选）

　　A. 徐州　　　　　B. 扬州　　　　　C. 南京　　　　　D. 苏州

58. 您认为苏北地区的形象提升应首先从哪方面入手？（单选）

　　A. 发展经济　　　　　　　　　　　B. 改善基础设施

　　C. 重视教育，发展科技　　　　　　D. 其他____（请填写您的不同看法）

（二）区域发展对策

59. 您认为江苏区域形象建设应首先从哪方面入手？（单选）

　　A. 经济　　　　　B. 科技　　　　　C. 教育　　　　　D. 旅游

60. 您认为江苏发展最好的地区在（单选）

　　A. 沿海　　　　　B. 沿江　　　　　C. 省会　　　　　D. 内陆

61. 您认为江苏对沿海这一区位优势的利用是否充分？（单选）

　　A. 充分，江苏已经成为沿海强省

　　B. 不充分，全国优势在沿海，江苏优势在沿江

　　C. 一般，江苏既重视沿海开发，又重视沿江开发

　　D. 不清楚

62. 您认为江苏最缺乏的是（可多选）

　　A. 文化　　　　　B. 技术　　　　　C. 高层次人才　　D. 资金

　　E. 资源　　　　　F. 管理　　　　　G. 劳动力

63. 您认为江苏的人才吸引力（单选）

　　A. 大　　　　　　B. 较大　　　　　C. 一般　　　　　D. 较差

64. 您来江苏主要是最看中这里的哪个方面？（单选）

　　A. 工作机会　　　B. 投资创业环境　C. 生活环境　　　D. 其他

65. 您对江苏未来的发展前景(单选)

    A. 很有信心   B. 有信心   C. 一般   D. 没有信心

66. 请您为江苏形象宣传拟一句口号：_____。

五、青奥会

67. 您知道 2014 年世界青年奥运会在江苏哪个城市举行吗？(单选)

    A. 苏州   B. 扬州   C. 南京   D. 不清楚

68. 您认为青奥会对举办城市来说有什么意义？(单选)

    A. 重大发展机遇,有利于城市的发展

    B. 劳民伤财,拖累城市的发展

    C. 有利有弊

    D. 不清楚

69. 您认为青奥会的举办能否提升江苏省的区域形象？(单选)

    A. 不能,青奥会只能提升举办城市形象

    B. 能,青奥会是推广江苏形象的重大机遇

    C. 不好说,青奥会也可能损坏江苏形象

    D. 不了解

70. 请您结合对江苏区域形象的宣传,为青奥会拟一句宣传标语：_____。

后 记

本书是2011年度江苏省高校哲学社会科学研究重点项目"提升江苏区域软实力的理论与政策研究"(项目编号:2011ZDIXM007)之结项成果。课题组成员构成如下:南京大学历史学院刘金源教授,江苏省社会科学院朱珊研究员,南京大学政府管理学院严新明副教授;另有三位当时在读的博士生,分别是邵政达(现任职于江苏师范大学)、初庆东(现任职于华中师范大学)、张迅实(现任职于重庆师范大学)。作为课题负责人,我要对所有成员的辛勤付出表示衷心感谢。

在课题研究过程中,南京大学党委宣传部部长王明生教授、江苏省委研究室仲红岩副主任与阮君华女士等给予了热心的指导与帮助,在此表示感谢。课题通过结项验收后,研究成果的联系出版过程充满周折。幸得南京师范大学出版社垂青,研究成果在尘封两年之后终得以出版,在此要向南京师范大学出版社的独具慧眼表示崇高敬意。

本书具体分工如下:

前　言　刘金源

导　论　刘金源

第一章　初庆东

第二章　刘金源

第三章　朱　珊

第四章　严新明

第五章　张迅实

第六章　邵政达

结　语　邵政达

全书由刘金源设计框架并统稿。由于学识所限,又是多人合作,不足之处,敬请读者不吝指正。

刘金源
2017 年 12 月 30 日